LA MÉMOIRE VIVANTE

Plus de 90 000 combattants reposent dans les cimetières de Normandie : soldats Américains, Britanniques, Canadiens, Français, Polonais… et Allemands. Une trentaine de musées et mémoriaux, plusieurs centaines de stèles, monuments et plaques parsèment la Manche, le Calvados et l'Orne. Les zones côtières sont encore ponctuées d'édifices de béton, vestiges du Mur de l'Atlantique.

Les quatre années d'occupation, de 1940 à 1944, et plus encore, les deux mois et demi de combats pendant la Bataille de Normandie, ont laissé pour  longtemps leur empreinte dans l'âme de cette région. C'est en pèlerin moderne qu'il faut parcourir villes et campagnes pour aller à la recherche de cette mémoire vivante.

Ce guide vous aidera à construire votre itinéraire, au gré de vos envies : du Mémorial de Caen à la stèle perdue dans la campagne ; sites incontournables ou hors des sentiers battus.

L'émotion vous étreindra parfois quand, foulant le gazon humide de rosée matinale d'un cimetière militaire, vous vous recueillerez devant les tombes de ces jeunes hommes, qui ne devinrent pas des vieillards.

D1799559

SOMMAIRE

Photos, textes, et mise en page : Philippe Corvé
Éditions Heimdal - Château de Damigny - BP 61350 -14406
Bayeux CEDEX - Tél. : 02 31 51 68 68 - Fax : 02 31 51 68 60 -
E-mail : Editions.Heimdal@wanadoo.fr

LA BATAILLE DE NORM

CHERBOURG

Manche

UTAH BEACH

CARENTAN

SAINT-LÔ

La tête de pont débute dans la nuit du 5 au 6 juin 1944, avec les premiers parachutages américains et britanniques aux deux extrémités de la Zone de débarquement, puis se poursuit avec le Débarquement et s'achève avec la liaison continue des cinq plages le 13 juin. La phase suivante est La Capture du port, elle se termine le 26 juin avec la reddition de la place forte de Cherbourg. Les deux phases suivantes sont parallèles. La délivrance de Caen, ville-charnière du front de Normandie, débute le 26 juin et finit le 19 juillet avec la libération de la capitale normande. La percée d'Avranches s'achève le 30 juillet avec la prise de la ville et le passage de l'Armée Patton le 31, en Bretagne et en Pays de Loire. La dernière phase voit l'encerclement des armées allemandes dans la poche "Le Chaudron de Falaise", c'est l'encerclement complet le 21 août 1944.

La percée d'Avranches
du 20 au 30 juillet 1944

La libération de Saint-Lô : 18 juillet
Opération Cobra : 25 juillet
Le raid de Pontaubault : 30 juillet
Opération Lüttich: 7 août

AVRANCHES

Échelle

0 km   10 km   20 km

ANDIE 6 juin - 21 août 1944

AVANCE DES FORCES ALLIÉES

12 juin　　30 juin　　24 juillet　　31 juillet　　19 août

Manche

Le Havre

La tête de pont
du 6 au 12 juin 1944

Jour J - le Débarquement : 6 juin
Consolidation de la tête de pont : 12 juin

OMAHA BEACH

GOLD BEACH

JUNO BEACH

SWORD BEACH

LA POINTE DU HOC

BAYEUX

CAEN

Calvados

La délivrance de Caen
du 26 juin au 19 juillet 1944

Opération Epsom : 26 juin
Opération Windsor : 4 juillet
Opération Charnwood : 7 juillet
Opération Goodwood : 18 juillet

FALAISE

VIRE

Orne

ARGENTAN

FLERS

Le "Chaudron de Falaise"
du 30 juillet au 21 août 1944

Opération Bluecoat : 30 juillet
Opération Totalize : 7 août
Opération Tractable : 14 août
La libération de Falaise : 17 août
La jonction de Chambois : 19 août
La libération d'Argentan : 20 août

ALENÇON

5

ALENÇON
Orne

CARTE P225

La 2ᵉ DB entre dans Alençon endormie

Le 11 août, le général Montgomery diffuse une directive, à l'adresse des 1ʳᵉ Armée canadienne et 3ᵉ Armée américaine, sur la vaste manœuvre d'encerclement en cours de la 7ᵉ Armée allemande. La 3ᵉ Armée américaine, partie du Mans, remonte vers Argentan. L'objectif est de faire la jonction entre le IIᵉ Corps canadien qui descend vers le sud et la 3ᵉ Armée, pour fermer la poche à Falaise. Le 11 août, les Français de la 2ᵉ Division Blindée arrivent devant Alençon. Plusieurs Sherman français sont victimes des panzers allemands à Champfleur, à quelques kilomètres au sud de la ville. Les chars allemands sont détruits, et le général Leclerc installe son PC à Champfleur pour la nuit. Les groupements de la 2ᵉ DB sont épuisés et s'arrêtent aux portes de la ville. Il fait encore nuit quand le 4ᵉ Escadron pénètre, le 12 août au matin, dans Alençon encore endormie. Les Français libèrent la ville et s'emparent des ponts intacts sur la Sarthe.

❶ **Musée Leclerc ▸**

Ce musée est situé dans une maison, près de la Sarthe, où le général Leclerc établit temporairement son quartier général au mois d'août 1944. Au premier étage deux salles retracent, à l'aide de documents, d'archives et de photographies, l'histoire de la ville d'Alençon pendant l'Occupation, ainsi que sa libération par la 2ᵉ Division Blindée. Au rez-de-chaussée du même bâtiment se trouve le Musée de la dentelle.
Localisation : adresse et téléphone p 227.

❷ **Monument général Leclerc ▸**

Monument à la mémoire du général Leclerc et de ses campagnes : Mourzouk, Koufra, le Fezzan, Tripoli, Gabès, Tunis, le Débarquement, Alençon, Écouché, Paris, Dompaire, Baccarat, Badonwiller, Strasbourg, Berchtesgaden, Hanoï.
Localisation : en face du Musée Leclerc.

Monument général Leclerc

La tête de pont

AMFREVILLE/LE HAUGER

Calvados - 10 km nord-est de Caen

CARTE P220

LES PREMIERS SOLDATS ALLIÉS EN FRANCE

Dans la nuit du 6 juin 1944, la mission de la 6e Division aéroportée britannique est d'assurer le flanc gauche de la zone de débarquement Sword Beach, en Normandie. Une batterie à neutraliser, des ponts à détruire, d'autres à capturer intacts, les objectifs sont nombreux. Dans des conditions difficiles les parachutistes se lancent à l'assaut. À l'aube, tous les objectifs sont pratiquement atteints, mais les positions sont encore fragiles ; c'est une des missions de la 1st Special Service Brigade commandée par Lord Lovat de les renforcer. En début d'après-midi le N°3 Commando, passant par Pegasus Bridge, s'installe à Amfreville dans l'attente d'une contre-attaque allemande. Vers 20 heures, le N°4 Commando, dont les Français du commandant Kieffer, s'installe autour de Le Hauger.

❶ MONUMENT 1ST SPECIAL SERVICE BRIGADE
Amfreville ▸

Stèle commémorant les hommes de la 1st Special Service Brigade, morts en Normandie de juin à juillet 1944.
Localisation : dans le centre du bourg, sur la place de l'église.

❷ STÈLE N°3 COMMANDO
Amfreville (Le Plein)

Stèle dédiée au N° 3 Commando qui a libéré Amfreville le 6 juin 1944.
Localisation : dans le centre du bourg, sur la place de l'église.

❸ STÈLE N°6 COMMANDO *Amfreville*

Stèle dédiée au N°6 Commando.
Localisation : dans le cen-

tre du bourg, sur la place de l'église.

❹ STÈLE N°4 COMMANDO *Le Hauger*

Stèle dédiée au N°4 Commando qui combattit ici le 6 juin 1944. Sur la stèle on peut lire une citation du poète Montrose.
Localisation : à la sortie d'Amfreville vers Sallenelles, prendre à gau-

che, lieu-dit « Le Hauger » place colonel Dawson.

❺ STÈLE 4TH SPECIAL SERVICE BRIGADE
Le Hauger

Stèle en l'honneur de la 4th Special Service Brigade qui a occupé le secteur, de juin à août 1944.
Localisation : sur la D37B, sur la droite avant d'entrer dans Sallenelles.

❻ STÈLE COLONEL DAWSON *Le Hauger*

Stèle à la mémoire du colonel Robert Dawson, chef du N°4 Commando.
Localisation : à la sortie d'Amfreville vers Sallenelles, prendre à gauche, lieu-dit Le Hauger place colonel Dawson.

AMFREVILLE
Manche - 5 km ouest de Sainte-Mère-Église

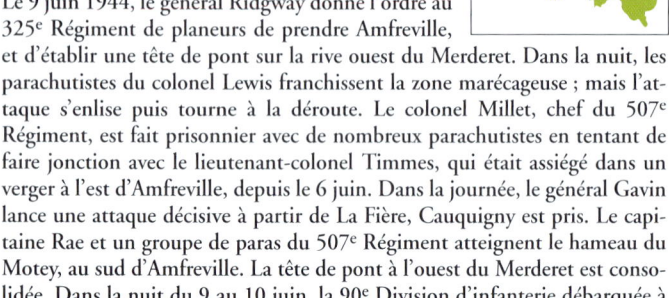

CARTE P221

LA 82ᵉ DIVISION TIENT LA TÊTE DE PONT

Le 9 juin 1944, le général Ridgway donne l'ordre au 325ᵉ Régiment de planeurs de prendre Amfreville, et d'établir une tête de pont sur la rive ouest du Merderet. Dans la nuit, les parachutistes du colonel Lewis franchissent la zone marécageuse ; mais l'attaque s'enlise puis tourne à la déroute. Le colonel Millet, chef du 507ᵉ Régiment, est fait prisonnier avec de nombreux parachutistes en tentant de faire jonction avec le lieutenant-colonel Timmes, qui était assiégé dans un verger à l'est d'Amfreville, depuis le 6 juin. Dans la journée, le général Gavin lance une attaque décisive à partir de La Fière, Cauquigny est pris. Le capitaine Rae et un groupe de paras du 507ᵉ Régiment atteignent le hameau du Motey, au sud d'Amfreville. La tête de pont à l'ouest du Merderet est consolidée. Dans la nuit du 9 au 10 juin, la 90ᵉ Division d'infanterie débarquée à Utah Beach arrive par La Fière, et relève les paras de la 82ᵉ Division aéroportée. Amfreville est libérée dans cette offensive.

❶ MONUMENT 507ᵉ RÉGIMENT D'INFANTERIE PARACHUTISTE

Monument en hommage aux parachutistes américains du 507ᵉ Régiment de la 82ᵉ Division aéroportée. Du Jour J, le 6 juin 1944 au 11 mai 1945 le Régiment a obtenu de nombreuses citations et décorations : 108 Étoiles d'argent, 7 Médailles du soldat, 351 Étoiles de bronze, 1446 Purple Heart. Sept distinctions individuelles ont été décernées.
Localisation : au bord de la D126, dans le hameau des Helpiquets, 1 km avant Amfreville en venant de Sainte-Mère-Église.

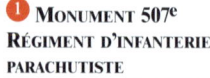

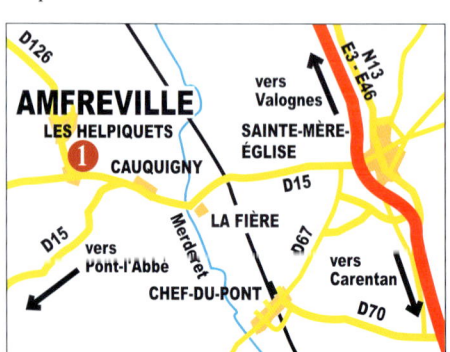

ANGOVILLE-AU-PLAIN
Manche - 4 km nord de Carentan

CARTE P221

COMBATS INDÉCIS POUR LE 506ᵉ RÉGIMENT

Prendre Saint-Côme-du-Mont, telle est la mission du 2ᵉ Bataillon du 501ᵉ Régiment d'infanterie parachutiste américain pour le 6 juin 1944. Dans la nuit du 5 au 6 juin, les hommes du lieutenant-colonel Ballard sautent sur la drop zone D à Angoville-au-Plain. L'officier réunit 150 parachutistes et tente de s'emparer du village des Droueries, où les Allemands sont retranchés. Un poste de secours est installé à Angoville-au-Plain. Pendant que les Américains échouent aux Droueries, les parachutistes allemands reprennent Angoville-au-Plain ; le village est pris et repris plusieurs fois. Les Allemands entrent dans Vierville le 7 juin au matin. Le 8 juin, le colonel Sink, chef du 506ᵉ Régiment donne l'ordre de reprendre le bourg. Les Américains poursuivent leur contre-attaque et chassent les Allemands d'Angoville-au-Plain dans l'après-midi ; le colonel Sink y transfère son poste de commandement.

① MONUMENT 501ᵉ RÉGIMENT D'INFANTERIE PARACHUTISTE

Monument dédié aux infirmiers Robert E. Wright et Kenneth J. Moore du 2ᵉ Bataillon du 501ᵉ Régiment d'infanterie parachutiste de la 101ᵉ Division aéroportée. Ils soignèrent tous les deux, dans l'église d'Angoville-au-Plain, plusieurs dizaines de soldats blessés et un enfant pendant les combats des premiers jours du Débarquement.
Localisation : sur la place, devant l'église.

Insigne du 501ᵉ Régiment d'infanterie parachutiste

9

ANGUERNY/ANISY
Calvados - 7 et 4 km nord de Caen

CARTE P220

DURE JOURNÉE POUR LE QUEEN'S OWN RIFLES
Le 6 juin 1944, en Normandie, la 8e Brigade de la
3e Division d'infanterie canadienne débarque sur
Juno Beach. Le régiment du Queen's Own Rifles of Canada subit de lourdes pertes devant Bernières-sur-Mer. La Compagnie A perd une douzaine
d'hommes en franchissant la plage, mais à la compagnie B c'est un tiers des
effectifs qui tombe devant le point fortifié de La Cassine. À 9 heures, les
Queen's sont rejoints dans Bernières-sur-Mer par les Canadiens français du
Régiment de la Chaudière. Renforcés par les chars du Fort Garry Horse, les
Queen's atteignent Anguerny vers 17 h 30 et s'y installent en défensive. Au
soir du 6 juin, la 8e Brigade du Brigadier Blackader, et des éléments de la
9e Brigade du Brigadier Cunningham, tiennent Anguerny et Anisy.

1 STÈLE GAUVIN ▸
Anguerny

Stèle à la mémoire du
capitaine Gauvin, officier
du régiment canadien de
la Chaudière, de la
3e Division d'infanterie.
Dans le secteur d'Anguer-
ny, le 6 juin 1944, il
négocia la reddition d'une
unité allemande.
*Localisation : en face de la
mairie, près de l'école.*

**2 MONUMENT FORT
GARRY HORSE** *Anguerny*

Monument dédié au
10e Régiment blindé
The Fort Garry Horse,
appartenant à la
2e Brigade blindée
indépendante commandée
par le Brigadier R. A.
Wyman.
*Localisation : près d'un
rond-point face à l'église.*

**3 PLAQUE QUEEN'S
OWN RIFLES** *Anguerny*

Plaque à la mémoire des
soldats du Queen's Own
Rifles of Canada
Regiment tombés pour la
libération d'Anguerny.
*Localisation : près de
l'église, sur un mur de
clôture en pierre.*

4 STÈLE LA CHAUDIÈRE
Anguerny

Stèle dédiée aux
combattants canadiens du
régiment de La Chaudière
qui sont morts pour la
libération d'Anguerny le
6 juin 1944.
*Situation : en face de la
mairie.*

**5 MONUMENT QUEEN'S
OWN RIFLES** *Anisy*

Monument dédié aux
soldats du Queen's Own
Rifles of Canada
Regiment, de la
5e Brigade blindée, de la
3e Division d'infanterie
canadienne, tombés dans
les combats d'Anisy
le 6 juin 1944.
*Localisation : à la sortie
est du bourg vers Mathieu.*

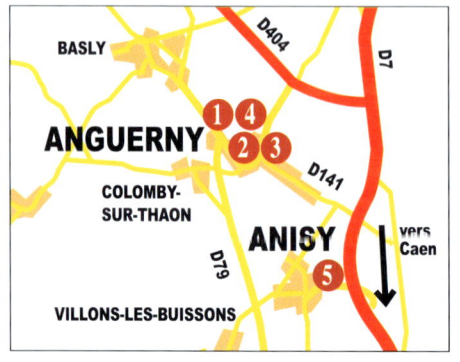

ANNEBAULT
Calvados - 12 km ouest de Pont-l'Évêque

CARTE P225

COUP DE MAIN SUR LA DIVES POUR LES ALLIÉS

Le 20 août 1944, le 48th Royal Marine Commando capture la colline 120, au nord d'Angerville. Les Britanniques ont franchi la plaine inondée de la Dives et s'emparent des hauteurs orientales. Les Allemands n'entendent pas laisser ces positions clés aux mains des Commandos. Dans la nuit du 20 au 21, le général Reichert, qui commande la 711e Division d'infanterie, lance une contre-attaque ; les Allemands sont repoussés et se replient sur un front qui va de Houlgate à Annebault. Au même moment, la 4th Special Service Brigade entre dans Dozulé, les Allemands ont incendié le bourg avant de l'évacuer. L'objectif suivant de la 6e Division aéroportée est Pont-l'Evêque. La 6th Airlanding Armoured Reconnaissance doit avancer sur Cresseveuille et Annebault. Annebault est libérée dans la journée du 21 août, par les hommes des 8th et 9th Battalion Parachute Regiment de la 3rd Parachute Brigade.

1 STÈLE 8th BATTALION PARACHUTE REGIMENT ▲

Stèle dédiée aux soldats du 8th Battalion Parachute Regiment, 3rd Parachute Brigade de la 6e Division aéroportée, tombés le 21 août 1944 pour la libération de la ville.
Localisation : dans le centre du bourg, sur la D45, à côté de la boulangerie.

2 STÈLE 9th BATTALION PARACHUTE REGIMENT ▲

Stèle à la mémoire des hommes du 9th Battalion Parachute Regiment, 3rd Parachute Brigade de la 6e Division aéroportée qui participèrent à la libération de la ville le 21 août 1944.
Localisation : dans le centre du bourg, sur la D45, à côté de la boulangerie.

BEAUMONT-EN-AUGE

D45

ANNEBAULT

N175

1 2

vers Pont-l'Évêque

A13 - E46

vers Caen

ARDENNE (abbaye)

Calvados - 1 km ouest de Caen

CARTE P220

UNE PAGE SOMBRE DE LA BATAILLE

Le 7 juin 1944, le poste de commandement du régiment 25 de la division SS Hitlerjugend s'installe à l'abbaye d'Ardenne, un observatoire idéal. Le SS-Standartenführer Kurt Meyer prépare une contre-attaque, face aux Canadiens qui progressent dans Buron et Authie. L'effet de surprise est total, Sherman du Sherbrooke Fusiliers, fantassins des Camerons et du North Nova Scotia Regiment sont bousculés et se retranchent dans Buron. Les SS font de nombreux prisonniers, qui sont fouillés, interrogés puis évacués. Mais du 8 au 17 juin, vingt-sept soldats canadiens sont exécutés à l'abbaye d'Ardenne. Le front se stabilise jusqu'au 8 juillet lorsque le général Montgomery lance l'offensive *Charnwood*. L'abbaye est bombardée, les combats sont féroces et les SS sont décidés à tenir jusqu'au dernier homme. Mais Kurt Meyer donne l'ordre du repli. Les Allemands évacuent dans la nuit du 8 au 9 juillet, et les Canadiens du Regina Rifles Regiment entrent dans l'abbaye d'Ardenne déserte et silencieuse.

❶ MONUMENT ET PLAQUE SOLDATS CANADIENS

Dans cette abbaye, un lieu de repos avec un petit monument est dédié aux vingt-sept soldats canadiens, prisonniers de guerre, qui ont été exécutés par les Allemands en juin 1944. Une plaque, sur le mur à l'entrée, rappelle l'exécution des Canadiens dans l'enceinte de l'abbaye d'Ardenne en juin 1944.

Situation : à l'intérieur de l'abbaye, dans un petit jardin ombragé.

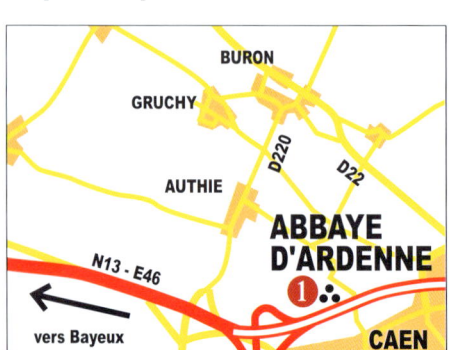

La tête de pont

ARROMANCHES/SAINT-CÔME-DE-FRESNÉ
Calvados - 10 km nord-ouest de Bayeux

CARTE P220

LE 1st HAMPSHIRE FACE AU WN 37

Sur la zone Gold Beach, la situation d'Arromanches-les-Bains est particulière ; c'est une plage enca-
drée par deux falaises de vingt mètres de haut, où les Allemands ont installé
des casemates. C'est un peu plus à l'est, vers Le Hamel, que les Britanniques
du 1st Hampshire et du 1st Dorset débarquent sans soutien d'artillerie, le
6 juin 1944 vers 7 h 30. Dans ce secteur, la plage est défendue par deux positions fortifiées codées WN 36 et WN 37. Le 1st Hampshire perd successivement trois officiers commandant face au WN 37. La percée est effectuée dans
l'après-midi avec l'appui des chars et des renforts. Les blindés et l'infanterie
britannique s'engagent rapidement à l'intérieur des terres. Une compagnie du
New-Hampshire libère Saint-Côme-de-Fresné, avec le soutien du feu des destroyers ancrés au large. Les Britanniques investissent Arromanches-les-Bains
au soir vers 21 heures.

**❶ MUSÉE DU
DÉBARQUEMENT ▲**
Arromanches-les-Bains

Ce musée, inauguré en
1954, explique à l'aide
de maquettes et de films,
le formidable défi
technique du port
artificiel d'Arromanches.
La bataille est racontée
sous forme de vitrines
consacrées aux nations
belligérantes. À l'extérieur
plusieurs matériels
d'époque sont exposés.
*Localisation : adresse et
téléphone p 227.*

❷ ARROMANCHES 360°
Arromanches-les-Bains

Dans une salle circulaire

de neuf écrans, on peut
regarder un film de
18 minutes intitulé
Le Prix de la Liberté, un
montage de reportages de
1944 et d'images
contemporaines.
*Localisation : adresse et
téléphone p 227.*

**❸ MONUMENT
MULBERRY B**
Arromanches-les-Bains

Monument retraçant le
rôle du port d'Arroman-
ches en 1944, et inauguré
en 2000 par la fille de
Winston Churchill. Sur la
plage subsiste quelques
éléments de béton et
d'acier du Mulberry.

*Localisation : près du
Musée du Débarquement.*

**❹ CHAR 2e DB
« BERRY AU BAC »**
Arromanches-les-Bains

Ce char, le « Berry au
Bac », appartenait à la
2e Division Blindée du
général Leclerc. Une
plaque porte le nom des
cinq membres d'équipage.
*Localisation : emprunter
un escalier qui monte sur
la droite du Musée*

**❺ STÈLE FORCES
AÉRIENNES FRANÇAISES
LIBRES**
Arromanches-les-Bains

Stèle érigée en l'honneur

du général Michel Fourquet, compagnon de la Libération et commandant du groupe Lorraine. *Localisation : sur l'esplanade près de l'observatoire (à côté d'Arromanches 360).*

❻ PLAQUE AU ROYAL LOGISTIC CORPS
Arromanches-les-Bains

Plaque rappelant le rôle joué par les hommes du Royal Army Service Corps, du Royal Army Ordnance Corps, du Royal Army Pioneer Corps, du Army Catering Corps, et du Postal and Courier Service of the Royal Engineers qui participèrent aux opérations du Débarquement en Normandie.
Localisation : près du Musée du Débarquement

Eglise de Saint-Côme-de-Fresné

❽ MONUMENT ROYAL ENGINEERS
Arromanches-les-Bains

Monument dédié au Royal Engineers.
Localisation : sur l'esplanade près de l'observatoire (à côté d'Arromanches 360).

❾ STÈLE 18 JUIN 1940 *Arromanches-les-Bains*

Stèle commé-

Canon de campagne britannique

❼ PLAQUE ROYAL NAVY
Arromanches-les-Bains

Plaque à la mémoire des marins britanniques qui pilotèrent la flotte de débarquement en juin 1944.
Localisation : près du Musée du Débarquement.

morant l'Appel du 18 juin 1940 par le général de Gaulle.
Localisation : près du Musée du Débarquement.

❿ STÈLE GÉNÉRAL STANIER
Arromanches-les-Bains

Stèle dédiée au général de brigade Sir Alexander

Stanier, commandant de la 50e Division d'infanterie Northumbrian.
Localisation : près du Musée du Débarquement.

⓫ PLAQUE DES CLOCHES DU 6 JUIN 1944 ▲
Saint-Côme-de-Fresné

Plaque rappelant que les cloches de l'église sonnèrent le 6 juin, pour annoncer le Débarquement des Alliés.
Localisation : sur la façade de l'église de Saint-Côme-de-Fresné.

⓬ PLAQUE MARINE MARCHANDE
Arromanches-les-Bains

Plaque à la mémoire des morts de la Marine marchande britannique, pendant l'opération Neptune le 6 juin 1944.
Localisation : près du Musée du Débarquement.

ARROMANCHES-LES-BAINS Manche

⓬ ❻ ❼
❿ ❾ ❻ ❸ ❶ ❷ SAINT-CÔME-DE-FRESNÉ
❹ LE HAMEL
❺ ⓫ D514
❽ ASNELLES
TRACY-SUR-MER
D65
D205
RYES

La tête de pont

ASNELLES
Calvados - 17 km nord-ouest de Bayeux

CARTE P220

JOUR J EN NORMANDIE, OBJECTIF BAYEUX

Le Jour J, la mission de la 50ᵉ Division d'infanterie britannique, commandée par le général Graham, est de prendre Bayeux et ensuite, d'établir un front continu avec les Américains à leur gauche et les Canadiens sur leur droite. Le 6 juin 1944, deux compagnies du 1st Hampshire, de la 231ᵉ Brigade d'infanterie, débarquent à l'est d'Arromanches, zone Gold Beach. Après de durs combats, les chars spéciaux *flail* ouvrent un passage dans les obstacles de la plage. Les Britanniques progressent à l'intérieur vers l'ouest, et se heurtent à la position fortifiée du Hamel, codée WN 37. La compagnie B du 1st Hampshire s'empare d'Asnelles vers midi, les combats pour réduire les fortifications du Hamel ne cessent qu'à 16 heures avec de fortes pertes. Au soir du 6 juin, le 1st Hampshire relèvera plus de 180 tués dans ses rangs.

❶ MONUMENT 231ᵉ BRIGADE ▸

Monument dédié à la 231ᵉ Brigade d'infanterie de la 50ᵉ Division d'infanterie Northumbrian du général Sir Alexander Stanier.
Localisation : sur la place principale de la ville.

❷ MONUMENT SOUTH WALES BORDERERS

Monument rappelant le débarquement du 2nd Battalion The South Wales Borderers à Asnelles le 6 juin 1944 ; il a été inauguré en juin 1994 par le Brigadier Nicholas Sommerville.
Localisation : sur la place principale de la ville.

❸ MONUMENT 18 JUIN 1940

Monument commémorant l'Appel du 18 juin 1940 du général de Gaulle.
Localisation : sur la place principale de la ville.

❹ PLAQUE ESSEX YEOMANRY

Plaque à la mémoire du Essex Yeomanry 147th Field Regiment, sous les ordres du sergent R. E. Palmer, qui détruisit un canon allemand situé à cet endroit
Localisation : place Maurice Mosnier sur le front de mer, plaque sur un blockhaus.

AUDRIEU
Calvados - 18 km ouest de Caen

CARTE P223

LA GRANDE OFFENSIVE ALLEMANDE SUR BAYEUX

Le 7 juin 1944 le général allemand Fritz Bayerlein rejoint le front de Normandie à la tête de la division blindée Panzer Lehr. Le 9, il reçoit l'ordre de reprendre Bayeux et de rejeter les Britanniques à la mer. La 50e Division d'infanterie britannique reçoit le choc de l'attaque massive des chars allemands ; elle est débordée, mais le général Bayerlein reçoit un contre-ordre et stoppe l'offensive sur Bayeux. La Panzer Lehr Division est dirigée vers un autre secteur où elle repart à l'assaut, Chouain et Audrieu sont bientôt pris, mais cette fois les chars du général Graham stoppent l'élan des Allemands à la cote 103. La Panzer Lehr reforme ses lignes en arrière dans la nuit du 9 au 10 juin, dégageant Audrieu du même coup.

❶ MONUMENT ROYAL WINNIPEG RIFLES

Monument érigé à la mémoire des cinquante-huit soldats du Royal Winnipeg Rifles Regiment, tués pendant les combats, et des prisonniers de guerre qui ont été exécutés au château d'Audrieu près du Mesnil-Patry, et au Haut-du-Bosq les 8, 9 et 11 juin 1944. Quatre soldats du 3rd Anti-Tank Regiment sont cités, ainsi que deux hommes de la 6th Field Company et deux du Cameron Highlanders of Ottawa.
Localisation : sur la place du Canada.

AUTHIE
Calvados - 2 km ouest de Caen

CARTE P223

CHARNWOOD, LES CANADIENS À L'ASSAUT

Le 7 juin 1944, Authie avait été libérée par les Canadiens, mais le bourg avait été repris par les grenadiers de la 12ᵉ SS Panzer-Division. Le front s'est stabilisé pendant près d'un mois. Après l'opération *Windsor*, lancée le 4 juillet 1944, qui a permis de prendre l'aérodrome de Carpiquet, le général Montgomery poursuit avec *Charnwood* le 8 juillet. Les moyens engagés en hommes et en matériels sont énormes : trois divisions d'infanterie appuyées par de nombreuses unités, de l'artillerie, 350 chars et même de l'artillerie navale. Les North Nova Scotia Highlanders attendent l'ordre d'attaque devant Authie ce 8 juillet. Alors qu'ils font mouvement, des obus allemands causent plusieurs pertes chez les Canadiens. Authie est reconquise dans l'après-midi, au prix de 160 pertes et de sept Sherman détruits, et malgré une résistance fanatique des grenadiers de la Hitlerjugend.

❶ MONUMENT NORTH NOVA SCOTIA HIGHLANDERS

Monument commémorant les combats, à Authie et ses alentours, du North Nova Scotia Highlanders Regiment. Quatre-vingt-quatre soldats canadiens et sept civils ont été tués pendant la journée du 7 juin 1944.
Localisation : sur la place centrale, au bord de la D 220.

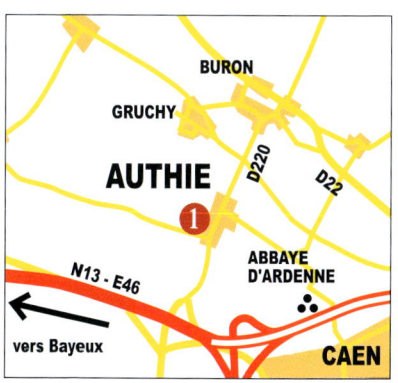

Insigne du North Nova Scotia Highlanders Regiment.

AVRANCHES
Manche

CARTE P222

La ruée des chars américains

L'opération *Cobra*, lancée le 25 juillet, a permis aux Alliés de percer le front allemand de Normandie, à l'ouest de Saint-Lô. Le 29 juillet, Coutances est prise et les divisions blindées américaines foncent vers le sud ; les Allemands tentent de reconstituer une ligne de résistance, mais elle est faiblement tenue et percée par les Américains. En même temps les 2e et 3e Divisions blindées prennent au piège 7 000 soldats allemands, dans une poche à Roncey, 2 500 parviennent à s'échapper par l'ouest jusqu'au soir du 29 juillet. Le lendemain, le Combat Command B de la 4e Division blindée est devant Avranches. Les chars américains entrent dans la ville, qui a été évacuée par les Allemands le 31 juillet.

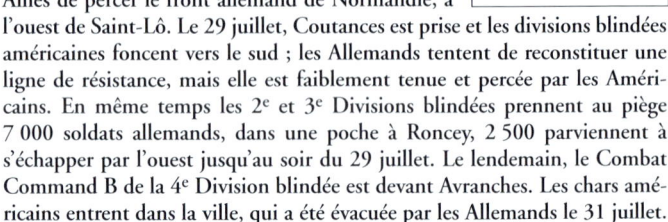

❶ Musée de la Seconde Guerre mondiale

Ce musée relate la percée décisive d'Avranches. Des mannequins en uniforme, du matériel et de l'équipement font revivre, des deux côtés, allemand et américain, les combats de cet épisode de la Bataille de Normandie ; un film retrace les combats.
Localisation : adresse et téléphone p 227.

❷ Plaque 406th Fighter Group

Plaque à la mémoire des hommes du 406th Fighter Group qui contribuèrent à la victoire finale.
Localisation : au pied du char Sherman *devant le monument Patton.*

❸ Monument général Patton ▲

Monument commémorant le passage des blindés de la 3e Armée du général Patton à ce carrefour, du 31 juillet au 10 août 1944.
Localisation : au sud d'Avranches, place du général Patton.

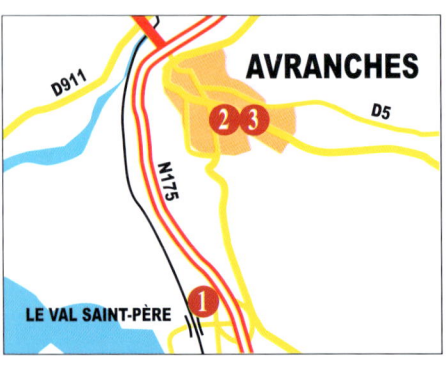

Buste du général Patton

AZEVILLE
Manche - 10 km sud-est de Valognes

CARTE P222

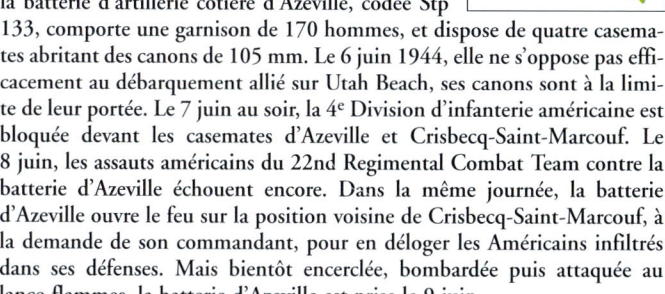

L'HÉROÏQUE RÉSISTANCE DE LA BATTERIE

Située sur la façade est du Cotentin en Normandie, la batterie d'artillerie côtière d'Azeville, codée Stp 133, comporte une garnison de 170 hommes, et dispose de quatre casemates abritant des canons de 105 mm. Le 6 juin 1944, elle ne s'oppose pas efficacement au débarquement allié sur Utah Beach, ses canons sont à la limite de leur portée. Le 7 juin au soir, la 4e Division d'infanterie américaine est bloquée devant les casemates d'Azeville et Crisbecq-Saint-Marcouf. Le 8 juin, les assauts américains du 22nd Regimental Combat Team contre la batterie d'Azeville échouent encore. Dans la même journée, la batterie d'Azeville ouvre le feu sur la position voisine de Crisbecq-Saint-Marcouf, à la demande de son commandant, pour en déloger les Américains infiltrés dans ses défenses. Mais bientôt encerclée, bombardée puis attaquée au lance-flammes, la batterie d'Azeville est prise le 9 juin.

❶ **MUSÉE DE LA BATTERIE**

Cette position d'artillerie côtière était occupée par 170 artilleurs, elle comportait une douzaine de blockhaus, dont quatre casemates armées de canons de 105 mm. On peut en visiter une partie qui a été restaurée et circuler dans les tunnels de liaison. La visite est complétée par un film sur le Mur de l'Atlantique. *Localisation : adresse et téléphone p 227.*

BANNEVILLE-LA-CAMPAGNE
Calvados - 8 km est de Caen

CARTE P223

GOODWOOD LIBÈRE LA CITÉ NORMANDE

Les Américains subissent des pertes terribles début juillet en Normandie, près de 40 000 hommes sont mis hors de combat en une semaine dans le secteur de Saint-Lô. Des critiques apparaissent dans le commandement allié sur « l'inaction » du général Montgomery dans le secteur de Caen. Montgomery poursuit sa stratégie ; le 10 juillet, il réunit ses généraux d'armées, Bradley, Dempsey et Crerar, et expose son plan baptisé *Goodwood*. Il obtient un support maximum de l'artillerie, de l'aviation et de la marine. Le 18 juillet, les premières lignes allemandes sont pulvérisées. Au sud de Banneville-la-Campagne, une section de chars Tigre de la Schwere Panzer-Abteilung 503, commandée par le baron von Rosen, subit le bombardement de plein fouet. Les Tigre explosent et sont retournés comme des jouets par le souffle des bombes ; les Allemands réussissent à remettre en état huit chars, qui vont stopper les blindés anglais. Dans l'après-midi, le général Montgomery expédie à Londres un message exagérément optimiste et erroné. Au soir du 18 juillet, Banneville-la-Campagne est libérée par les blindés de la Guards Armoured Division.

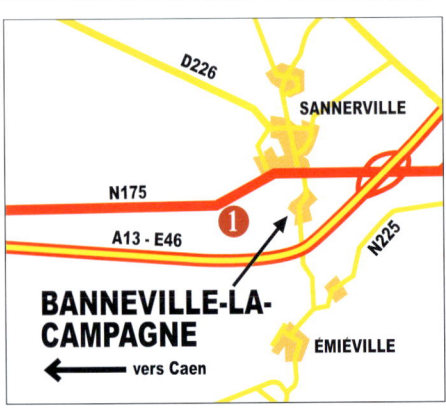

❶ CIMETIÈRE BRITANNIQUE

Un petit sentier entre deux haies mène à l'entrée de ce cimetière où reposent 2 175 soldats, dont le plus grand nombre a été tué pendant l'opération *Goodwood*. *Localisation : en venant de Caen, au bord de la N 175, sur la droite avant d'entrer dans Demouville-Sannerville.*

BARNEVILLE-CARTERET

Manche - 20 km nord-ouest de La Haye-du-Puits

CARTE P222

LE COTENTIN COUPÉ EN DEUX PAR LES ALLIÉS

Après la prise de Carentan le 12 juin 1944, les Américains du VIIe Corps du général Collins progressent vers l'ouest et le nord. Le 15 juin, Saint-Sauveur-le-Vicomte est prise. Le 17 juin, le 60e Régiment de la 9e Division d'infanterie, sous les ordres du général Eddy, perce vers l'ouest et s'arrête au soir à une dizaine de kilomètres de la côte. Le 18, à 5 heures du matin, une colonne blindée américaine — infanterie du 3e Bataillon du 60e régiment, chars des 746th Tank Battalion et 899th Tank Destroyer Battalion — entre dans Barneville. Les Améri-cains bousculent quelques Allemands et s'installent en défensive. Pendant la journée ils repoussent plusieurs tentatives des Allemands pour traverser la ville. Le Cotentin est coupé en deux. De nombreuses unités allemandes réussissent à traverser, de nuit, les lignes américaines encore peu denses. 3 000 hommes appartenant aux 77e, 91e, 243e et 709e Divisions d'infanteries allemandes se retrouvent prisonniers.

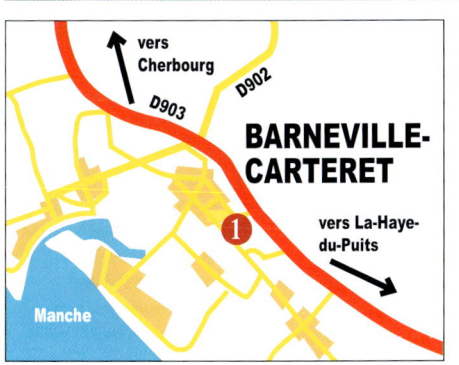

❶ MONUMENT 9e DIVISION D'INFANTERIE

Monument commémorant la coupure du Cotentin le 18 juin 1944, par la 9e Division d'infanterie du VIIe Corps de la 1re Armée américaine, commandée par le général Bradley.
Localisation : à l'entrée sud de la ville.

BARON-SUR-ODON

Calvados - 7 km ouest de Caen

CARTE P223

LE VIIIᵉ CORPS DOIT FRANCHIR L'ODON

L'objectif de l'opération *Epsom* est de s'emparer des passages sur l'Odon et d'établir une tête de pont pour une offensive sur Falaise. Trois corps d'armées alliés se lancent à l'assaut, le 26 juin 1944. Au centre, l'avance du VIIIᵉ Corps du général O'Connor permet de s'emparer des villages de Saint-Manvieux et de Cheux mais la progression se heurte à la résistance des grenadiers SS de la Hitlerjugend et des panzers. Le lendemain l'attaque reprend, en fin d'après-midi une tête de pont est établie sur l'Odon ; le 28, le 23rd Hussars s'élance sur Baron-sur-Odon qu'il dépasse, prend la cote 112 et se retrouve bloqué par plusieurs Tigre embusqués. Le 29 juin, la 43ᵉ Division d'infanterie Wessex s'installe dans Baron-sur-Odon malgré le harcèlement des tireurs isolés. Puis le VIIIᵉ Corps se retranche, dans l'attente d'une contre-offensive des Iᵉʳ et IIᵉ Corps blindés SS.

① MONUMENT 43ᵉ DIVISION D'INFANTERIE WESSEX ▶

Monument à la mémoire de tous les soldats de la 43ᵉ Division d'infanterie Wessex, qui sont tombés pour la liberté, en juin et juillet 1944, dans les combats pour la prise du château de Fontaine et des bourgs de Maltot et d'Eterville. Un char britannique Churchill est visible près du monument. *Localisation : au bord de la D8, cote 112, sur la commune de Baron-sur-Odon.*

② STÈLE BOIS CALLOUÉ

Stèle commémorant les violents combats qui eurent lieu à cet endroit en juin et juillet 1944. *Localisation : emprunter sur 200 mètres un chemin de pierres qui part du monument de la 43ᵉ Division d'infanterie.*

③ PLAQUE GÉNÉRAL MAC INTOSH-WALKER

Plaque rappelant l'événement dramatique qui s'est déroulé à Baron-sur-Odon dans la nuit du 15 au 16 juillet. Un obus allemand qui tomba sur le poste de commandement de la 227ᵉ Brigade d'infanterie, tua le brigadier général Mac Intosh-Walker et plusieurs officiers de son état-major. *Localisation : sur le mur du cimetière, près de l'église.*

④ PLAQUE SOLDATS BRITANNIQUES

Plaque sur le monument aux morts en l'honneur des soldats britanniques tombés en Normandie et pour la libération de Baron-sur-Odon. *Localisation : sur le monument aux morts dans le centre du bourg.*

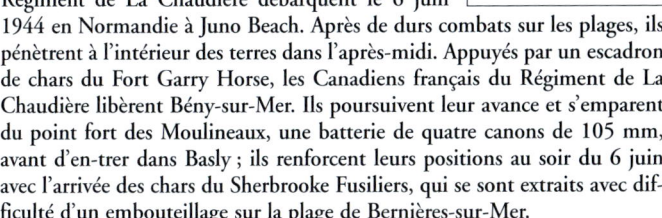

CARTE P220

BASLY/BÉNY-SUR-MER
Calvados - 12 km nord de Caen

Les Chaudière libèrent Bény-sur-Mer

Les Canadiens du Queen's Own Rifles et du Régiment de La Chaudière débarquent le 6 juin 1944 en Normandie à Juno Beach. Après de durs combats sur les plages, ils pénètrent à l'intérieur des terres dans l'après-midi. Appuyés par un escadron de chars du Fort Garry Horse, les Canadiens français du Régiment de La Chaudière libèrent Bény-sur-Mer. Ils poursuivent leur avance et s'emparent du point fort des Moulineaux, une batterie de quatre canons de 105 mm, avant d'en-trer dans Basly ; ils renforcent leurs positions au soir du 6 juin avec l'arrivée des chars du Sherbrooke Fusiliers, qui se sont extraits avec difficulté d'un embouteillage sur la plage de Bernières-sur-Mer.

❶ Monument canadien ▸ *Basly*

Monument à la mémoire des soldats canadiens qui ont libéré le village le 6 juin 1944.
Localisation : sur la place du monument aux morts.

❷ Plaque La Chaudière *Bény-sur-Mer*

Plaque dédiée aux soldats canadiens français du Régiment de La Chaudière, libérateurs du village.
Localisation : sur la place principale.

❸ Stèle aérodrome B4 ▾ *Bény-sur-Mer*

Stèle rappelant qu'un aérodrome allié était situé à cet endroit. Les 401st, 411st et 412nd Squadrons de la Royal Canadian Air Force furent basés ici du 18 juin au 7 août 1944.
Localisation : à la sortie nord du bourg, au carrefour de la D404.

Stèle aérodrome B4

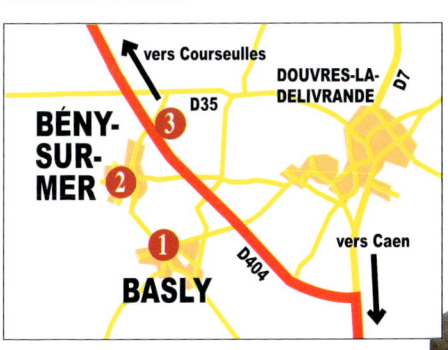

N

BAVENT
Calvados - 10 km nord-est de Caen

CARTE P220

GUERRE DE TRANCHÉES POUR LES COMMANDOS

Le 6 juin 1944, les Commandos de la 1st Special Service Brigade n'imaginaient pas, en posant le pied sur la plage de Ouistreham en Normandie, qu'ils mèneraient une guerre de tranchées digne de la Grande Guerre. Le 17 août, les Commandos sont bloqués depuis près de trois semaines dans le secteur du Bois de Bavent ; les lignes allemandes sont parfois à portée de voix et les combattants s'affrontent dans le no man's land. Enfin le 17 août, le commandement allié lance l'opération *Paddle* : la guerre de mouvement reprend. Dans la nuit les Commandos progressent, chargés de munitions ; au petit matin les Français du N°4 Commando entrent dans Bavent détruit et déserté depuis peu par les Allemands qui commencent leur retraite vers la Seine.

❶ **PANNEAU FIRST SPECIAL SERVICE BRIGADE**

Monument commémorant l'action de la 1st Special Service Brigade, composée des Commandos N°3, N°4, N°6 et du 45th Royal Marine Commando, avec sa tête Lord Lovat, le 6 juin 1944. Ce monument a été inauguré à l'occasion du 40e anniversaire du Débarquement en 1984. *Localisation : dans le centre du bourg.*

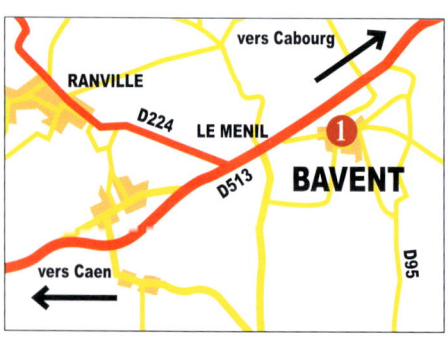

24

BAYEUX/SAINT-VIGOR-LE-GRAND
Calvados

CARTE P220

BAYEUX, DEUX FOIS LIBÉRÉE PAR LES ALLIÉS

Dans le secteur Gold Beach en Normandie, Bayeux est l'objectif dont les Britanniques doivent s'emparer au soir du 6 juin 1944. Vers 7 h 35 les premières unités de la 50e Division d'infanterie débarquent : la 231e Brigade sur la plage secteur Jig, les 56e et 151e Brigades sur le secteur King. Au soir du 6 juin, les 8th et 9th Durham Light Infantry, ainsi que le 2nd Essex s'arrêtent autour de Sommervieu ; le 2nd South Wales Borderers atteint Vaux-sur-Aure. Le 2nd Gloster stoppe devant Magny-en-Bessin et envoie des patrouilles qui pénètrent dans les faubourgs de Bayeux par le nord-est ; les Britanniques distribuent quelques cigarettes aux Bayeusains et promettent de revenir le lendemain. Le matin suivant, Bayeux et Saint-Vigor-le-Grand sont libérées sans combat par les Britanniques. Le 14 juin, le général de Gaulle, revenant sur le sol de France, prononcera à Bayeux un discours célébrant la vraie France combattante, et rétablira l'autorité nationale.

❶ MUSÉE DE LA BATAILLE DE NORMANDIE
▲ *Bayeux*

Ce musée présente chronologiquement et thématiquement la Bataille de Normandie. Un film relate l'épisode de la Poche de Falaise. Deux salles, Overlord et Eisenhower, exposent armes, uniformes et matériels. À l'extérieur plusieurs blindés des deux camps sont exposés : char Churchill, Hetzer, Sherman M4 et Tank Destroyer M10. *Localisation : adresse et téléphone p 227.*

❷ MUSÉE MÉMORIAL DU GÉNÉRAL DE GAULLE
Bayeux

Le Mémorial est installé dans un hôtel du XVe et XVIIe siècle, où résidait le Gouverneur. Ce bâtiment abrita le premier siège de l'autorité républicaine de la France libérée. On y trouve relatées les visites du général de Gaulle à Bayeux. Photographies, souvenirs, textes et documents d'époques, films d'archives illustrent les événements. *Localisation : adresse et téléphone p 228.*

❸ CIMETIÈRE BRITANNIQUE *Bayeux*

Bayeux est le plus grand cimetière britannique de la Seconde Guerre mondiale en France ; il accueille 4 648 tombes de soldats des deux camps. *Localisation : au bord de la rocade sud de Bayeux (suivre les panneaux).*

❹ PLAQUE AÉRODROME B8 - 430th SQUADRON
Saint-Vigor-le-Grand

Plaque rappelant que le 430th Squadron de la Royal Canadian Air Force fut cantonné dans ce manoir, du 16 juin au

7 août 1944. À proximité du manoir fut installé l'aérodrome B8 d'où décollèrent les avions des 400th, 414th et 430th Squadrons.
Localisation : sur la D153 à l'ouest du hameau de Saint-Sulpice, à l'entrée du manoir du Petit Magny (propriété privée).

Char allemand Hetzer

5 STÈLE SHERWOOD RANGERS *Bayeux*

Stèle à la mémoire des soldats du Sherwood Rangers, Nottinghamshire Yeomanry, de la 8e Brigade blindée.
Localisation : près du Musée.

6 STÈLE CORPS DE LA POLICE MILITAIRE *Bayeux*

Stèle à la mémoire des hommes du Corps de la Police militaire tombés pendant le Débarquement et la Bataille de Normandie.
Localisation : près du Musée.

7 MONUMENT GÉNÉRAL DE GAULLE *Bayeux*

Monument commémorant les visites du général de Gaulle à Bayeux.
Localisation : à la sortie ouest de Bayeux.

8 STÈLE ESSEX REGIMENT *Bayeux*

Stèle rappelant le sacrifice des soldats du 2nd Battalion Essex Regiment, *Les Pompadours*, tombés en France, en Belgique et en Hollande du 6 juin 1945 au 8 mai 1945.
Localisation : près du Musée.

9 MONUMENT GÉNÉRAL EISENHOWER *Bayeux*

Monument à la mémoire du général Dwight David Eisenhower, chef des Forces Alliées en Europe.
Localisation : sur la roca-de sud, rond-point de la D572 vers Saint-Lô.

10 PLAQUE 50e DIVISION D'INFANTERIE *Bayeux*

Plaque dédiée à tous les soldats de la 50e Division d'infanterie Northumbrian, qui ont donné leur vie pour la liberté et la libération de la France sur les plages de Normandie le 6 juin 1944.
Localisation : sur un mur à droite de l'église Notre-Dame.

11 STÈLE AÉRODROME A13 *Bayeux*

Stèle rappelant qu'à cet endroit, le 846th Air Engineers Battalion de la 9th US Air Force a construit un aérodrome d'où ont décollé le 373e Groupe de combat, du 19 juillet au 19 août 1944, le 406e Groupe de combat, du 30 juillet au 17 août 1944, le 394e Groupe de bombardement, du 25 août au 18 septembre 1944.
Localisation : sur la N13 à la sortie de Vaucelles, à droite en allant vers Cherbourg.

12 PLAQUE 56e BRIGADE *Bayeux*

Plaque à la mémoire de la 56e Brigade d'infanterie britannique.
Localisation : dans la cathédrale Notre-Dame, à gauche de l'entrée.

13 COLONNE DU 14 JUIN 1944 *Bayeux*

Une colonne de pierre, entre deux rangées d'arbres, commémore le premier discours du général de Gaulle, prononcé le 14 juin 1944 aux Français libérés.
Localisation : place du général de Gaulle.

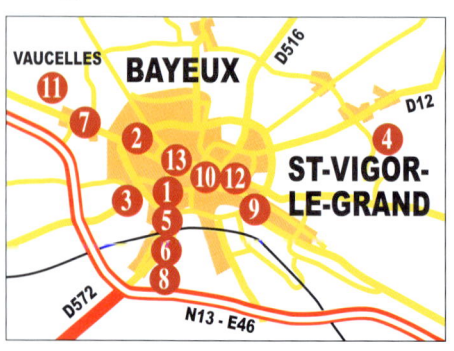

La tête de pont

BAZENVILLE

Calvados - 9 km est de Bayeux

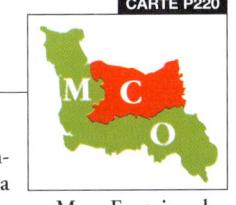

CARTE P220

Un village normand goûte à la liberté

Le 6 juin 1944, la 50e Division d'infanterie britannique débarque en Normandie à Gold Beach. La 69e Brigade s'empare des batteries de Mont Fleury et Mare Fontaine, les artilleurs allemands offrent peu de résistance, ils sont assommés par les bombardements. Les Britanniques dépassent Creully et avancent sur Bayeux. Vers 16 heures, entre Villiers-le-Sec et Bazenville, ils repoussent une contre-attaque allemande, composée d'une dizaine de canons d'assaut et d'infanterie. Les Allemands retraitent jusqu'à Ducy-Sainte-Marguerite et abandonnent Bazenville. Au soir du 6 juin, la tête de pont s'étend d'Arromanches à Langrunc-sur Mer, mais Gold et Juno sont encore coupées de Sword par une forte résistance de la position de Douvres-la-Délivrande.

❶ Cimetière britannique ▲

Dans ce cimetière reposent 979 soldats tués dans les premiers jours du Débarquement.
Localisation : sur la D87 entre Ryes et Bazenville.

❷ Monument aérodrome B2 - Clostermann - plaque 83th Group Control Centre

Monument commémorant l'établissement à Bazenville de l'aérodrome B2, d'où décollèrent plusieurs escadrilles canadiennes pendant la bataille. Une plaque rappelle que le pilote des FAFL, Pierre Closterman, atterrit ici sur le sol de France le 15 juin 1944. Une autre plaque signale le rôle du 83rd Group Control Centre du 7 juin au 10 août 1944.
Localisation : près de l'église.

BÉNOUVILLE/ST-AUBIN-D'ARQUENAY
Calvados - 8 et 10 km nord-est de Caen

CARTE P220

OPÉRATION EXEMPLAIRE DES CHEVAUX AILÉS

La 5ᵉ Brigade parachutiste de la 6ᵉ Division aéroportée britannique est chargée d'une mission stratégique le 6 juin 1944. Dans les premières heures du Débarquement en Normandie, elle doit tenir les ponts sur l'Orne et empêcher l'arrivée des renforts allemands. Vers 1 heure du matin, les 150 hommes des Ox and Bucks menés par le Major Howard atterrissent en planeurs à proximité immédiate des ponts, ils s'emparent de leurs objectifs. Les quelques soldats allemands, qui gardaient le pont levant de Bénouville sur le canal de l'Orne, sont rapidement neutralisés. La mission est un succès complet. Les parachutistes sont rejoints par les hommes de la 7ᵉ Brigade et repoussent plusieurs contre-attaques allemandes. En début d'après-midi, la brigade de Lord Lovat vient renforcer la position ; les Commandos de la troop N°3, en avant-garde, libèrent Saint-Aubin-d'Arquenay.

❶ LE PONT PÉGASUS ▲

Le pont Pégasus actuel sur le canal de Caen est un pont récent. L'ancien pont levant est visible à côté du Mémorial Pégasus ; son nom de code était Euton 1, Euton 2 était celui du pont de Ranville sur l'Orne.
Localisation : sur le canal de l'Orne, sur la D514.

❷ CAFÉ 6ᵉ DIVISION AÉROPORTÉE *Bénouville*

En 1944, ce petit café était un petit hôtel restaurant tenu par M. et Mme Gondrée. Ils furent parmi les premiers Normands libérés le jour du Débarquement. Sur la droite du café au bord de la route, une plaque est dédiée aux Commandos de Lord Lovat, et à la 6ᵉ Division aéroportée.
Localisation : en face du pont Pegasus.

❸ STÈLE MAJOR HOWARD *Bénouville*

Buste du Major John Howard qui commanda la compagnie D des Ox and Bucks de la 6ᵉ Division aéroportée et s'empara du pont de Bénouville sur le canal, dans la nuit du 6 juin 1944.
Localisation : près du pont Pegasus.

❹ CHAR CENTAUR BRITANNIQUE *Bénouville*

Ce char était destiné à soutenir les unités des Royal Marine Commandos qui débarquèrent le 6 juin

1944. Son équipage était de cinq hommes.
Son armement : un obusier de 95 mm et une mitrailleuse.
Localisation : près du pont Pegasus.

5 MONUMENT DE LA LIBÉRATION *Bénouville*

Monument signal commémorant le 6 juin 1944.
Localisation : près du pont Pegasus.

6 MONUMENT 7th LIGHT INFANTRY BATTALION *Bénouville*

Monument dédié au 7th Light Infantry Battalion, the Parachute Regiment.
Localisation : dans le bourg, sur le carrefour de la D514.

7 MONUMENT FIRST SPECIAL SERVICE BRIGADE *Saint-Aubin-d'Arquenay*

Monument à la mémoire des soldats des Commandos N°3, N°4, N°6 et N°45 de la First Special Service Brigade, morts pour la libération de Saint-Aubin-d'Arquenay.
Localisation : sur la place du bourg, au fond dans un angle.

8 PLAQUE DE LA LIBÉRATION *Bénouville*

Plaque commémorant la

Mairie de Bénouville

libération de la première mairie de France, le 6 juin 1944.
Localisation : sur la façade de la mairie.

9 STÈLE PONT BAILEY *Bénouville*

Stèle rappelant l'installation d'un pont Bailey, qui permit aux divisions blindées britanniques de franchir le canal et l'Orne, au moment de l'offensive *Goodwood*.
Localisation : au bord du canal, vers le sud, à

200 m du café
6e Division aéroportée.

10 PANNEAU FIRST SPECIAL SERVICE BRIGADE *Bénouville*

Panneau commémorant la jonction, au pont Pegasus, des parachutistes de la 6e Division aéroportée et des Commandos de la First Special Service Brigade, le 6 juin 1944.
Localisation : près du café 6e Division aéroportée.

Panneau First Special Service Brigade

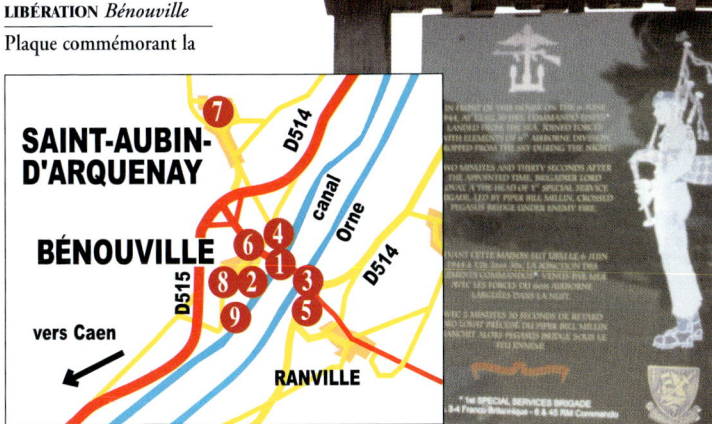

BERNIÈRES-SUR-MER

Calvados - 16 km nord de Caen

CARTE P220

LES CANADIENS SOUS LA MITRAILLE

Juno Beach, en Normandie, est la plage où débarque la 3ᵉ Division d'infanterie canadienne du général Keller. Le 6 juin 1944, à 8 h 05, le Queen's Own Rifles Regiment foule le sable normand dans de mauvaises conditions, les chars amphibies sont en retard et le tir de préparation de l'artillerie a laissé intactes les défenses allemandes. Les mitrailleuses et les canons ennemis du point fortifié de La Cassine fauchent des dizaines d'hommes, avant d'être neutralisés en combat rapproché. L'appui d'un vaisseau de la Royal Navy qui s'approche de la côte et pilonne les blockhaus à bout portant permet de réduire les défenses allemandes. A 8 h 30 des troupes de renforts, dont les Canadiens français du Régiment de La Chaudière, et les chars du Fort Garry Horse arrivent sur la plage, Bernières-sur-Mer est enfin libérée.

❶ MONUMENT DE LA LIBÉRATION

Monument signal rappelant qu'à cet endroit, le 6 juin 1944, les Forces Alliées commencèrent à libérer l'Europe.
Localisation : sur le front de mer.

❷ PLAQUE QUEEN'S OWN RIFLES - 5th HACKNEY BATTALION - N°3 BEACH GROUP ▲

Plaque à la mémoire des Canadiens du Queen's Own Rifles Regiment. Une plaque est également dédiée aux soldats britanniques du 5th Hackney Battalion The Royal Berkshire Regiment, et au N°3 Beach Group.
Localisation : dans le centre du bourg, sur un block-haus, sur le front de mer.

❸ STÈLE FORT GARRY HORSE

Stèle à la mémoire des soldats canadiens du 10ᵉ Régiment blindé The Fort Garry Horse, morts sur les plages de Juno Beach le 6 juin 1944, pour libérer Bernières-sur-Mer.
Localisation : dans le centre du bourg, sur le front

de mer (près du block-haus).

❹ STÈLE TROUPES CANADIENNES

Stèle à la mémoire des soldats canadiens morts sur les plages de Juno Beach. Une carte retrace le parcours des troupes canadiennes le Jour J.
Localisation : dans le centre du bourg, sur le front de mer (près du block-haus).

❺ PLAQUE QG DES JOURNALISTES

Une plaque sur cette maison, rappelle qu'elle

Stèle The Fort Garry Horse Regiment

fut le quartier général des journalistes, photographes et cinéastes canadiens et britanniques pendant le Débarquement.
Localisation : au N° 288, au début de la rue du Régiment de La Chaudière.

❻ STÈLE LA CHAUDIÈRE

Stèle à la mémoire des Canadiens français du Régiment de La Chaudière, commandés par le lieutenant-colonel Paul Mathieu, qui débarquèrent ici le 6 juin 1944.
Localisation : dans le centre du bourg, sur le front de mer (près du blockhaus).

❼ STÈLE SOLDATS CANADIENS

Ce cairn de pierre, *inukshuk,* est dédié aux soldats canadiens tombés sur la plage de Bernières-sur-Mer le 6 juin 1944.
Localisation : sur la D514, à côté du syndicat d'initiative.

❽ PLAQUE QUEEN'S OWN RIFLES

Devant cette maison, une plaque signale qu'elle fut libérée par les soldats du Queen's Own Rifles Regiment le 6 juin 1944, qui subirent de lourdes pertes à cet endroit.
Localisation : place du 6 juin.

Stèle Régiment La Chaudière

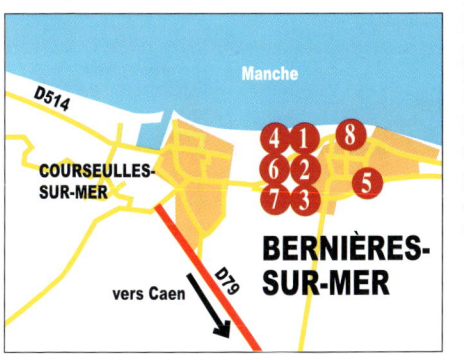

BEUZEVILLE-AU-PLAIN/FOUCARVILLE

Manche - 15 km nord de Carentan

CARTE P221

LES PARAS AMÉRICAINS RÉSISTENT AUX ASSAUTS

Le 6 juin 1944 en Normandie, le 502e Régiment de la 101e Division aéroportée doit neutraliser la batterie de Saint-Martin-de-Varreville et prendre le contrôle de deux sorties de la plage d'Utah. Parachutés loin de leur *drop-zone*, les hommes du 502e Régiment marchent pendant plus de deux heures avant d'atteindre leur objectif ; quand ils arrivent sur place, ils découvrent la batterie détruite par les bombardements alliés. La sortie n°4 d'Utah Beach est sous le feu de l'artillerie allemande, la n°3 est prise au petit jour. Le commandant du premier bataillon installe son PC à Saint-Martin-de-Varreville. Dans l'après-midi, les Américains détruisent une colonne allemande près de Beuzeville-au-Plain, avant de libérer la localité. À Foucarville, les parachutistes résistent aux assauts allemands toute la journée et font de nombreux prisonniers.

❶ STÈLE CAMP DE PRISONNIERS *Foucarville* ▶

Monument rappelant qu'en juin 1944 des prisonniers de guerre allemands furent rassemblés dans les champs alentour, avant d'être évacués.
Localisation : sur la D14 entre Ravenoville et Foucarville.

❷ MONUMENT 506e RÉGIMENT PARACHUTISTE - 439th TCG
Beuzeville-au-Plain

Monument à la mémoire de l'équipage d'un C47 du 439th TCG, et des 17 parachutistes du 506e Régiment de la 101e Division aéroportée américaine, tués dans le crash de leur appareil sur la commune le 6 juin 1944.

Localisation : en face de la mairie.

Insigne de brevet parachutiste américain

BIÉVILLE-SUR-ORNE/PÉRIERS-SUR-LE-DAN Calvados - 3 et 5 km nord de Caen

`CARTE P220`

IL FAUT PRENDRE CAEN LE JOUR J

La 3e Division d'infanterie britannique du général Rennie débarque sur Sword Beach le 6 juin 1944. La 185th Intermediate Brigade débarque en fin de matinée ; son engagement est retardé par un embouteillage sur la plage. Puis la brigade progresse et dépasse les positions du 1st South Lancashire ; le King's Shropshire Light Infantry est bloqué devant Beuville par des tirs de mitrailleuses allemandes. Avec le renfort des chars du Staffordshire Yeomanry, le KSLI prend la crête de Périers-sur-le-Dan, tandis que le Royal Norfolk combat devant Beuville. En milieu d'après-midi, les Allemands contre-attaquent ; mais la 185th Intermediate Brigade est bien préparée, les chars du Kampfguppe von Oppeln de la 21e Panzer-Division sont repoussés à Biéville et Périers-sur-le-Dan. Une compagnie du KSLI dépasse Biéville et pousse jusqu'au bois de Lebisey, mais elle ne peut aller plus loin. Caen est hors de portée pour longtemps au soir du 6 juin.

❶ STÈLE ROYAL NORFOLK ▸ *Biéville*

Stèle dédiée aux soldats du 1st Battalion The Royal Norfolk Regiment, de la 185e Brigade de la 3e Division d'infanterie britannique, qui sont tombés dans ce secteur du 6 juin au 9 juillet 1944. *Localisation : à 1 km au nord du bourg, vers le site Hillman.*

❷ MONUMENT AUX COMBATTANTS ALLIÉS *Biéville*

Monument en hommage aux combattants alliés, qui ont combattu pendant plus d'un mois dans ce secteur de juin à juillet 1944. *Localisation : à l'entrée du golf de Caen sur la D60.*

❸ STÈLE DU 18 JUIN 1940 *Biéville*

Stèle commémorant l'Appel du 18 juin 1940 par le général de Gaulle. *Localisation : sur la D60, devant la mairie.*

❹ STÈLE 3e DIVISION D'INFANTERIE *Périers-sur-le-Dan*

Stèle à la mémoire des soldats de la 3e Division d'infanterie britannique, qui ont combattu en juin et juillet 1944 pour la libération de Périers-sur-le-Dan. *Localisation : sur une place, à côté de la mairie.*

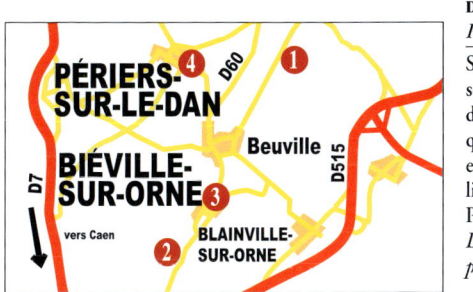

33

La tête de pont

CARTE P220

BLAINVILLE-SUR-ORNE
Calvados - 5 km nord-est de Caen

LA 21ᵉ PANZER-DIVISION STOPPE LES ALLIÉS

La 3ᵉ Division d'infanterie britannique, commandée par le général Rennie, débarque en première vague le 6 juin 1944 sur Sword Beach. Sa mission principale est la prise de Caen. Le 6 juin, Hermanville-sur-Mer et Colleville-sur-Orne sont libérées vers 9 h 30, mais le N°4 Commando combat toute la matinée pour neutraliser les défenses de Riva Bella et du port de Ouistreham. La 185th Intermediate Brigade débarque à 10 h 30 ; le Brigadier Smith rassemble ses trois régiments et les lance aussitôt vers Caen. En milieu d'après-midi, la 185th Intermediate Brigade doit faire face à une contre-attaque de la 21ᵉ Panzer-Division. Le 1st Battalion The Royal Norfolk repousse les Allemands devant Biéville, le 2nd Battalion The Warwickshire Regiment s'installe à Blainville-sur-Orne. La Brigade consolide ses positions, mais les Alliés perdent tout espoir de prendre Caen dans les premiers jours du Débarquement.

❶ MONUMENT ROYAL NORFOLK ▸

Monument à la mémoire des soldats du 1st Battalion The Royal Norfolk Regiment
Situation : sur la D141, à la sortie nord du bourg vers la D515.

❷ PLAQUE DE LA LIBÉRATION ▾

Plaque commémorant la libération du bourg, après quatre années d'occupation.
Localisation : sur le monument aux morts, devant le cimetière.

Plaque de la Libération

34

Le Chaudron de Falaise

BLANGY-LE-CHATEAU/LE BREUIL-EN-AUGE Calvados - 7 km nord de Lisieux

CARTE P225

LES BRITANNIQUES FRANCHISSENT LA TOUQUES

Alors que les combats pour la poche de Falaise se terminent, la 79e Division d'infanterie américaine franchit la Seine le 20 août près de Mantes. Le XVe Corps d'armée américain tente simultanément de couper la route des Allemands qui retraitent vers la Seine, le 21e Groupe d'armée britannique se chargeant de détruire les troupes prises dans la nasse. Les Alliés affrontent la 5e Panzerarmee qui dispose des restes de plusieurs corps d'armée, et des unités des Ier et IIe SS Panzer-Korps qui ont évacué la poche de Falaise. Le 1er Corps britannique progresse vers Pont-l'Evêque et Pont-Audemer, le IIe Corps canadien vers Bernay et Elbeuf le 22 août. Le 24, les Britanniques libèrent Lisieux et franchissent la Touques ; Blangy-le-Château et le Breuil-en-Auge sont libérées par les Alliés.

❶ PLAQUE DE LA LIBÉRATION

Plaque commémorant la libération du canton de Blangy-le-Château par les Forces Alliées, les 23 et 24 août 1944.
Localisation : à l'ouest de Le Breuil-en-Auge, sur le pont de la D264 qui franchit la Touques.

Plaque de la Libération

La tête de pont

BLAY
Calvados - 11 km ouest de Bayeux

CARTE P221

LA BIG RED ONE FRANCHIT LA NATIONALE 13

Dès le 7 juin 1944, alors que la tête de pont alliée est encore fragile, les Américains aménagent les premières pistes d'atterrissage d'urgence, les premiers ports pétroliers et le port artificiel Mulberry A devant Vierville-sur-Mer. Les Américains progressent vers l'intérieur et le Ve Corps prépare une offensive pour le 9 juin. La 1re Division d'infanterie, commandée par le général Huebner, lance une attaque afin de préparer la zone de départ. Les deux bourgs de Tour-en-Bessin et Etreham sont libérés, les Allemands retraitent par un corridor à l'ouest de Bayeux, la nationale 13 qui relie Bayeux et Caen est franchie. Le 9 juin, la 2e Division d'infanterie, sous les ordres du général Robertson, vient occuper l'aile droite de la *Big Red One*. L'offensive reprend, Blay est libérée dans la journée du 9 juin.

1 STÈLE QG MONTGOMERY ▲

Stèle commémorant l'établissement du QG du général Montgomery à cet endroit, du 23 juin au 3 août 1944.
Localisation : sur la D96 au nord-est du bourg, près de la stèle aux libérateurs.

2 STÈLE AUX LIBÉRATEURS

Stèle commémorant la libération de Blay par les Américains le 9 juin 1944.
Localisation : sur la D96 au nord-est du bourg, près de la stèle du QG du général Montgomery.

BOIS-HALBOUT
Calvados - 8 km est de Thury-Harcourt

CARTE P224

COMBAT DÉSESPÉRÉ POUR LES GRENADIERS

Le 12 août, les flancs de la poche de Falaise se refer-
ment sur la 7e Armée allemande ; un couloir d'une
soixantaine de kilomètres subsiste entre Bagnoles-de-l'Orne et Thury-Harcourt. Les Allemands tentent de constituer une ligne de défense, alors que les
Alliés ont franchi l'Orne au sud de Caen. A Bois-Halbout, un carrefour rou-
tier important, une poignée de grenadiers de la 271e Division d'infanterie,
soutenu par un unique char Tigre, défend le bourg. La 53e Division d'infanterie Welch, commandée par le général Ross, a franchi l'Orne à Thury-
Harcourt. Le 1st Battalion The Oxfordshire and Buckinghamshire Light
Infantry lance la première attaque sur Bois-Halbout. Les fantassins allemands
résistent plusieurs heures face aux Gallois. Mais le Tigre succombe sous le
nombre, et quand il est détruit, les Allemands sont contraints de se replier. Le
1st Battalion The East Lancashire Regiment entre dans Bois-Halbout.

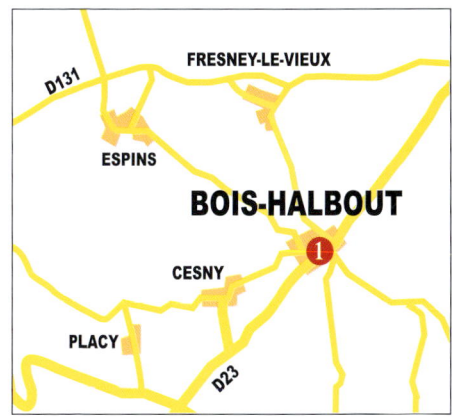

**❶ STÈLE EAST
LANCASHIRE**

Stèle à la mémoire des
soldats du 1st Battalion
The East Lancashire
Regiment, qui ont libéré
le bourg le 12 août 1944.
*Localisation : dans le
centre, sur la place de
la mairie.*

La tête de pont

CARTE P220

BRETTEVILLE-L'ORGUEILLEUSE/ NORREY-EN-BESSIN/PUTOT-EN-BESSIN
Calvados - 11 km ouest de Bayeux

UN ÎLOT ASSIÉGÉ DANS UNE MER DE FLAMMES

Le 7 juin 1944 au matin, la 7e Brigade canadienne atteint la nationale 13, le Royal Regina Rifles Regiment entre sans combat dans Bretteville-l'Orgueilleuse et Norrey-en-Bessin. Le Royal Winnipeg Rifles Regiment s'installe en défensive à l'ouest de Putot-en-Bessin. Le lendemain matin, une attaque de la 12e SS Panzer-Division est repoussée à Norrey. Mais à Putot, les Winnipeg sont submergés. Le 8 juin, avec l'appui des chars et de l'artillerie le Canadian Scottish Regiment reprend Putot. Dans la soirée le Kampfgruppe Meyer-Wünsche attaque sur Bretteville ; les antichars canadiens détruisent plusieurs blindés. Un Panther est détruit à quelques centaines de mètres du PC du lieutenant-colonel Matheson. Dans la nuit du 8 au 9 juin, plusieurs chars allemands submergent la position du Major Brown, puis se retirent de Bretteville en flammes. Le 9 juin, une compagnie de Panther SS est repoussée à Norrey. Le 11 juin, les Canadiens du Royal Winnipeg Regiment, soutenus par les chars du First Hussars, passent à la contre-attaque mais ne réussissent pas à percer. Après ces violents combats, le front se stabilise pendant une quinzaine de jours.

❶ MONUMENT ROYAL REGINA RIFLES *Bretteville-l'Orgueilleuse* ▸

Monument à la mémoire des soldats canadiens du Royal Regina Rifles Regiment, tombés dans les combats pour Bretteville-l'Orgueilleuse en juin 1944.
Localisation : sur la D83 dans le centre du bourg, place du Canada.

❷ STÈLE ROYAL REGINA RIFLES - FIRST HUSSARS *Norrey-en-Bessin*

Stèle dédiée aux soldats du Royal Regina Rifles Regiment, de la 7e Brigade de la

3e Division d'infanterie canadienne, et du régiment blindé First Hussars, qui ont libéré le bourg.
Localisation : sur la place, en face de l'église.

❸ STÈLE CANADIAN SCOTTISH *Putot-en-Bessin*

Stèle à la mémoire des hommes du 1st Battalion The Canadian Scottish Regiment, de la 7e Brigade de la 3e Division d'infanterie canadienne.
Localisation : place des Canadiens, à côté de l'église.

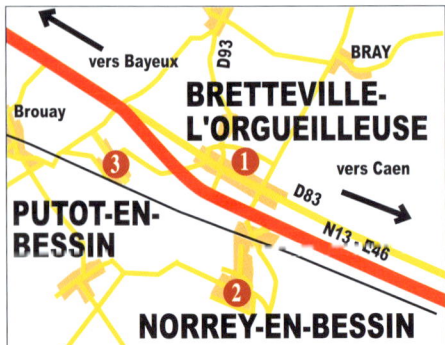

BRÉVANDS
Manche - 10 km nord de Carentan

CARTE P221

LE 506ᵉ RÉGIMENT DOIT PRENDRE CARENTAN

Le 6 juin 1944, la mission du 3ᵉ Bataillon du 506ᵉ Régiment de la 101ᵉ Division aéroportée est claire : s'emparer de deux ponts qui franchissent le canal de Carentan, pour isoler la tête de pont d'Utah Beach. Mais dans la nuit du 5 au 6 juin, le bataillon du lieutenant-colonel Wolverton est décimé sur sa *drop-zone*. Le capitaine Shettle rassemble une trentaine d'hommes à Angoville-au-Plain, et se dirige vers Brévands ; vers 4 h 30, les ponts sont piégés et une petite tête de pont est installée sur la rive est. Le 7 juin, les Américains repoussent une forte contre-attaque allemande du 6ᵉ Régiment parachutiste du lieutenant-colonel von der Heydte. Le groupe du capitaine Shettle est alors d'une centaine d'hommes. Le 9 juin, le général Taylor donne l'ordre de prendre Carentan, le 506ᵉ Régiment du colonel Sink part à l'assaut. Pendant ce temps le 327ᵉ Régiment de planeurs attaque la hauteur de Brévands ; le 10 juin à l'aube, les Américains ont repoussé les Allemands hors de Brévands.

❶ VITRAIL SOLDATS ALLIÉS ▶

Vitrail dédié aux soldats alliés qui libérèrent le bourg en juin 1944. Dans le petit cimetière autour de l'église, le monument aux morts fut détruit pendant les combats en 1944, puis reconstruit en 1952.
Localisation : dans l'église du bourg.

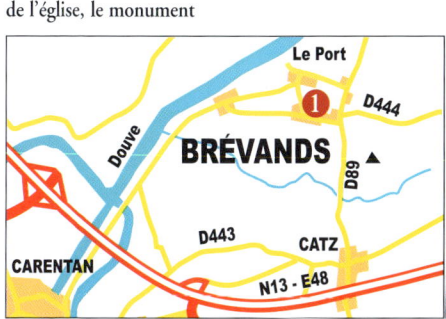

Vitrail aux soldats alliés

BRÉVILLE
Calvados - 11 km nord-ouest de Caen

CARTE P220

LA 6th AIRBORNE STABILISE LE FRONT

Le 6 juin 1944, le N° 4 Commando, qui a débarqué en Normandie à Ouistreham, fait la jonction avec les parachutistes de la 6ᵉ Division aéroportée. Les positions sont consolidées à l'ouest de l'Orne le lendemain. Le 7 juin le général Gale lance plusieurs offensives, l'une vers le sud le long de l'Orne, l'autre vers Escoville. Le 8, le 1st Canadian Parachute Battalion stoppe une attaque allemande de la 711ᵉ Division d'infanterie. Le 10 juin, les Allemands attaquent encore à partir de Bréville, un saillant dans le front de la 6ᵉ Division aéroportée. Le renfort de trois bataillons de la 51ᵉ Division d'infanterie et de la 6th Airlanding Brigade, permet de stabiliser le front. Dans la nuit du 12 juin, le 12th Battalion Parachute Regiment et le 12th Battalion Devonshire Regiment attaquent vers Bréville. Les Allemands se battent avec acharnement et les Britanniques paient un prix élevé pour la libération de Bréville le 13 juin.

❶ MONUMENT 51ᵉ DIVISION D'INFANTERIE HIGHLAND ▸

Monument à la mémoire de la 51ᵉ Division d'infanterie Highland, qui a combattu dans le secteur de Bréville et du château Saint-Côme, du 10 au 11 juin 1944.
Localisation : au sud de Bréville sur la D37, en face de la stèle de la bataille de Bois des Monts.

❷ STÈLE BATAILLE DE BOIS DES MONTS

Stèle commémorant les combats du 9th Battalion Parachute Regiment, du 5th Battalion The Black Watch, et du 1st Parachute Battalion.
Localisation : au sud de Breville sur la D37.

❸ STÈLE 6ᵉ DIVISION AÉROPORTÉE

Stèle à la mémoire des habitants de Bréville, des soldats du 12th Battalion Parachute Regiment

Yorkshire, et du 12th Battalion Devonshire Regiment.
Situation : au carrefour de la D223 et de la D37.

❹ STÈLE BRIGADE PRINCESSE IRÈNE

Stèle dédiée aux soldats de la Brigade Royale néerlandaise, princesse Irène, qui ont combattu près du château de Saint-Côme en août 1944.
Localisation : au sud de Breville sur la D37, en face de la stèle de la Bataille de Bois des Monts.

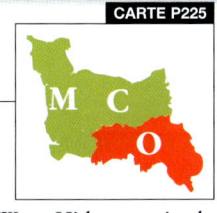

CARTE P225

BRIOUZE
Orne - 17 km est de Flers

LE IIᵉ SS-PANZER-KORPS PASSE À L'OUEST

Le 16 août 1944, après plusieurs messages insistants des généraux Hausser, chef de la 7ᵉ Armée alleman-de, et Eberbach, commandant du Panzergruppe West, Hitler autorise le repli de la 7ᵉ Armée. Mais cette décision tardive ne peut plus changer l'issue de la bataille. Sur le front sud de la poche de Falaise, les Américains de la 3ᵉ Armée sont aux portes d'Argentan et coupent la nationale 24 bis. La 1ʳᵉ Armée américaine arrive de Domfront et Bagnoles-de-l'Orne. La 9ᵉ Division d'infanterie du général Eddy approche de Briouze ; face aux Américains, la 10ᵉ SS Panzer-Division Frunsberg est relevée par la Wehrmacht. Au matin du 16 août, l'opération s'achève dans une certaine confusion, le commandant de la Division Frunsberg est obligé de contourner Briouze, où les Américains viennent d'entrer. La 9ᵉ Division d'infanterie libère la ville, après avoir repoussé une arrière-garde de la 9ᵉ SS Panzer-Division Hohenstaufen.

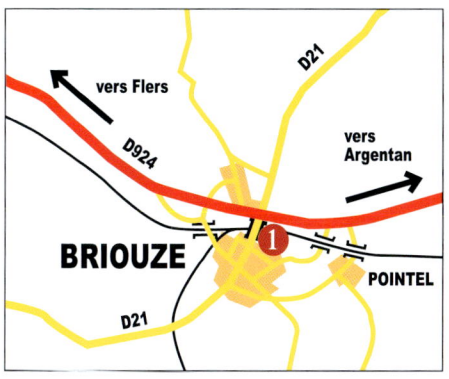

❶ STÈLE EDWARD CURTIS

Stèle à la mémoire du 1st lieutenant Burleigh Edward Curtis, pilote du 277th Squadron de l'US Air Force, tué en bombardant le pont voisin à bord de son P 47 Thunderbolt.
Localisation : au nord de la ville, près du pont sur la voie ferrée et de la caserne de pompiers.

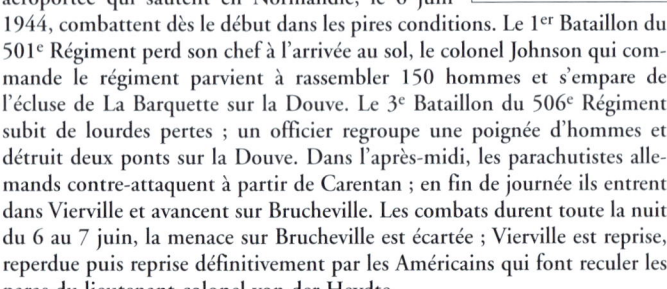

BRUCHEVILLE
Manche - 10 km nord-est de Carentan

CARTE P221

LA 101ᵉ AÉROPORTÉE PREND SES OBJECTIFS

Les parachutistes américains de la 101ᵉ Division aéroportée qui sautent en Normandie, le 6 juin 1944, combattent dès le début dans les pires conditions. Le 1ᵉʳ Bataillon du 501ᵉ Régiment perd son chef à l'arrivée au sol, le colonel Johnson qui commande le régiment parvient à rassembler 150 hommes et s'empare de l'écluse de La Barquette sur la Douve. Le 3ᵉ Bataillon du 506ᵉ Régiment subit de lourdes pertes ; un officier regroupe une poignée d'hommes et détruit deux ponts sur la Douve. Dans l'après-midi, les parachutistes allemands contre-attaquent à partir de Carentan ; en fin de journée ils entrent dans Vierville et avancent sur Brucheville. Les combats durent toute la nuit du 6 au 7 juin, la menace sur Brucheville est écartée ; Vierville est reprise, reperdue puis reprise définitivement par les Américains qui font reculer les paras du lieutenant-colonel von der Heydte.

❶ STÈLE AÉRODROME A16 ▸

Stèle commémorant l'installation de l'aérodrome A16, construit par les Américains du 843rd Air Engineers Battalion d'où décollèrent les avions du 36th Fighter Group de la 9th US Air Force.
Localisation : de la D913 en venant de Carentan, prendre la D424E à droite avant d'arriver à Sainte-Marie-du-Mont.

❷ STÈLE CURRY ROAD
Le Grand Vey

Stèle à la mémoire du private E. J. Curry du 519th Port Battalion, tué au combat le 10 juin 1944.
Localisation : sur la D115 à la sortie nord du Grand Vey.

Insigne de la 9th US Air Force

BROUAY
Calvados - 10 km ouest de Caen

CARTE P220

COMBATS FÉROCES ENTRE CANADIENS ET SS

Le 6 juin 1944 en Normandie, les Canadiens subissent de lourdes pertes à Juno Beach, mais ils franchissent les défenses des plages. L'effet de surprise se dissipe rapidement, les Allemands se ressaisissent et envoient des renforts, une unité redoutable arrive sur le Front : la division blindée SS Hitlerjugend. Le 7 juin, la 7e Brigade progresse vers le sud, Putot-en-Bessin est atteinte en fin de matinée par le Royal Winnipeg Rifles. Une patrouille des Cameron retraite précipitamment de Brouay où les Allemands viennent de s'installer ; le 7th Green Howard couvre le flanc droit au nord du bourg. Le 8 juin, un bataillon du SS Panzergrenadier-Regiment 26 anéantit plusieurs compagnies du Royal Winnipeg Rifles ; les combats sont féroces. L'intervention des chars de la 8e Brigade blindée, puis du 1st Battalion The Canadian Scottish Regiment et du 1st Hussars rétablit la situation. Brouay est libérée dans la soirée.

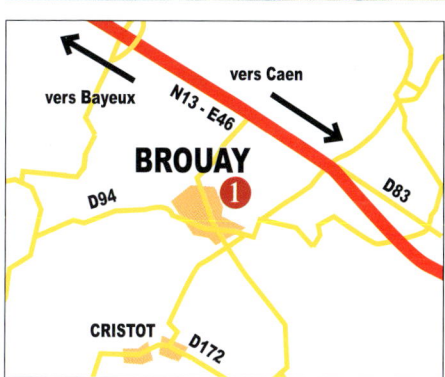

❶ CIMETIÈRE BRITANNIQUE

Ce petit cimetière, où reposent 377 combattants, a gardé l'aspect d'un verger normand, avec ses pommiers.
Localisation : à côté de l'église.

CARTE P223

BURON

Calvados - 5 km nord-ouest de Caen

LA REVANCHE DU HIGHLAND LIGHT INFANTRY

L'opération *Charnwood* débute le 8 juillet 1944, le Iᵉʳ Corps britannique a pour objectif les positions allemandes au nord et au nord-ouest de Caen. Buron avait déjà été le théâtre de combats violents le 7 juin, les Canadiens avaient été repoussés. Le 8 juillet, la préparation d'artillerie est intense, 80 000 obus tirés en cinq jours dans le secteur de Caen. À l'aube, les Canadiens du Highland Light Infantry de la 3ᵉ Division d'infanterie franchissent un fossé antichar devant Buron, ils doivent combattre les jeunes SS au corps à corps. À 16 h 30 un obus tombe au milieu de l'état-major canadien et fait plusieurs tués et blessés ; au soir les Canadiens comptent leurs pertes : 262 hommes. Le lendemain l'attaque reprend et, après une résistance fanatique, Buron est enfin arrachée aux SS vers 10 heures ; le village est jonché de cadavres de soldats canadiens et allemands, pêle-mêle.

❶ MONUMENT ▲ SHERBROOKE FUSILIERS

Monument à la mémoire des soldats du Sherbrooke Fusiliers Regiment qui ont servi la cause de la liberté. *Localisation : sur la place principale de Buron.*

❷ MONUMENT HIGHLAND LIGHT INFANTRY

Monument dédié aux hommes du Highland Light Infantry de la 9ᵉ Brigade de la 3ᵉ Division d'infanterie, qui furent parmi les premières troupes alliées qui entrèrent à Caen après le Débarquement en Normandie. *Localisation : sur la place principale de Buron.*

BURES-SUR-DIVES
Calvados - 18 km est de Caen

CARTE P220

LES PONTS DOIVENT ÊTRE DÉTRUITS

Le lieutenant-colonel Pearson, qui commande le 8ᵉ Bataillon parachutiste, n'a pu rassembler que 150 hommes sur les 600 parachutés le 6 juin 1944. Les hommes sont éparpillés et beaucoup se sont noyés dans la zone inondée, entraînés vers le fond par le poids de leur équipement. Mais cela ne change rien à la mission ; un groupe se dirige dans la nuit vers Bures-sur-Dives, où il faut détruire les deux ponts sur la Dives. Mission accomplie au matin, les deux ponts s'effondrent, brisés, les parachutistes se replient sur Le Mesnil. Ce n'est que le 18 août, lors de l'opération *Paddle*, que les Britanniques repasseront au même endroit. Les hommes de la 3ᵉ Brigade parachutiste du Brigadier James Hill traversent Bures-sur-Dives et retrouvent les ponts détruits le 6 juin. Mais cette fois il faut rétablir le passage, ce à quoi s'emploient les hommes du génie du Major Roseveare.

❶ STÈLE BRIGADIER PEARSON ▸

Stèle à la mémoire du Brigadier Alastair Pearson, commandant du 8ᵉ Bataillon parachutiste, qui sauta en Normandie le 6 juin 1944.
Localisation : au bord de la D37, à 50 m de l'entrée du haras de Bures.

❷ STÈLE JUCKES BRIDGE

Stèle rappelant que, le 6 juin 1944, le capitaine Juckes et sa 3ᵉ Section du Génie Royal britannique, détruisirent deux ponts, dont celui-ci, à Bures-sur-Dives.
Localisation : dans le bourg, sur le bord de la Dives.

❸ STÈLE 8ᵉ BATAILLON PARACHUTISTE

Stèle à la mémoire des soldats du 8ᵉ Bataillon parachutiste qui sont morts pour la liberté le 6 juin 1944.
Localisation : au bord de la D37, à 50 m de l'entrée du haras de Bures.

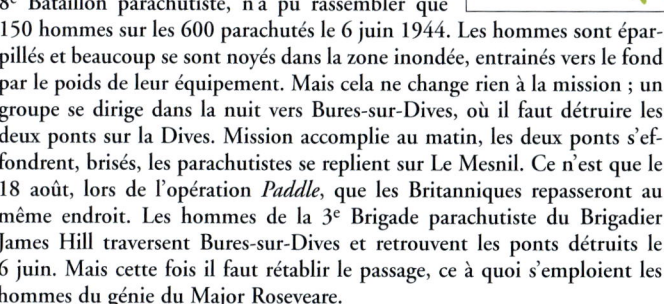

CABOURG
Calvados - 25 km nord-est de Caen

CARTE P225

LA BRIGADE PIRON BLOQUÉE SUR LA DIVES

Le 18 août 1944, l'avance vers Cabourg est difficile pour les hommes de la 6th Airlanding Brigade ; le terrain est miné, piégé et barré par d'immenses cratères. A l'aube, une avant-garde du 2nd Battalion The Royal Ulster Rifles est bloquée dans les faubourgs de Cabourg par les tirs allemands ; l'objectif, le pont sur la Dives est hors de portée. Sur la droite de la route côtière la zone est inondée et empêche tout contournement ; un Sherman tente de passer et saute sur une mine, finalement l'attaque est stoppée. La journée du 19 août se résume à quelques patrouilles. Le 20, la Brigade belge commandée par le colonel Piron vient relever les hommes du 2nd Battalion The Royal Ulster Rifles, l'opération est terminée vers 22 heures. Dans la nuit, la poignée d'habitants qui n'avait pas évacué Cabourg entend plusieurs fortes explosions ; les Allemands viennent de faire sauter le pont sur la Dives et se replient. Le lendemain, 21 août, les Belges de la Brigade Piron entrent dans Cabourg.

❶ **STÈLE BRIGADE PIRON**

Stèle dédiée aux soldats belges et luxembourgeois de la Brigade Piron, qui libérèrent Cabourg le 21 août 1944.

Localisation : sur la place principale, en face du monument aux morts.

Stèle Brigade Piron

CAEN
Calvados

CARTE P223

LA CITÉ DE CAEN, BRISÉE, RUINÉE, DÉLIVRÉE

Début juillet 1944, Caen, la grande cité normande et l'un des objectifs du Jour J, n'est toujours pas libérée. Le 7 juillet, les Alliés lancent l'opération *Charnwood* qui doit délivrer la ville. L'offensive débute par un bombardement massif des faubourgs nord de Caen ; le 9 juillet, tôt le matin, des éléments du 2nd Battalion The Royal Ulster Rifles entrent dans Caen par le nord. Avec l'aide de la Résistance, ils atteignent l'Orne en début d'après-midi. À l'ouest, ce sont les Stormont, Dundas and Glengarry Highlanders de la 3e Division d'infanterie qui entrent dans la ville, harcelés par des groupes isolés de SS. Mais les Alliés ne peuvent franchir l'Orne. C'est l'opération *Goodwood*, à l'est de Caen, qui libérera entièrement la ville. Deux jours de durs combats, du 18 au 19 juillet, seront nécessaires pour mettre fin aux souffrances de la population caennaise.

❶ MÉMORIAL DE CAEN ▲

Ce musée, « pour la paix », a été érigé sur l'ancien emplacement du bunker de commandement du général Richter. Inauguré en 1988, il présente les enjeux politiques et stratégiques du XXe siècle. À travers un parcours scénographique en cinq étapes, il retrace les grands moments de la Seconde Guerre mondiale et de la Guerre froide. Une galerie des Prix Nobel de la Paix est installée en sous-sol. *Localisation : adresse et téléphone p 228.*

❷ MONUMENT 3e DIVISION D'INFANTERIE BRITANNIQUE ▶

Monument à la mémoire des soldats de la 3e Division d'infanterie britannique, qui ont participé à la libération de Caen, en juin et juillet 1944. *Localisation : avenue de la Libération, aux pieds des remparts du château.*

Monument 3e Division d'infanterie britannique

Stèle Stormont, Dundas and Glengarry Highlanders

③ PLAQUE SOLDAT CANADIEN

Plaque dédiée au premier soldat canadien tombé pour la libération de Caen.
Localisation : sur un mur du jardin de la préfecture.

④ STÈLE STORMONT, DUNDAS AND GLENGARRY HIGHLANDERS ▲

Stèle à la mémoire des soldats du Stormont, Dundas and Glengarry Highlanders, de la 9ᵉ Brigade de la 3ᵉ Division d'infanterie canadienne, parmi les premières troupes alliées à pénétrer dans Caen.
Localisation : ZI du Chemin vert, angle de la rue d'Authie et de l'avenue du président Coty.

⑤ PLAQUE FFI RAYMOND CHATELAIN

Plaque à la mémoire de Raymond Chatelain, sous-lieutenant FFI de la compagnie Scamaroni, tué le 15 juillet 1944, au côté des hommes du Regina Rifles Regiment.
Localisation : sur le pont de Vaucelles.

Stèle général de Gaulle

⑥ STÈLE GÉNÉRAL DE GAULLE ◄

Stèle à la mémoire du général Charles de Gaulle, libérateur de la France.
Localisation : place Gambetta.

⑦ STÈLE DE LA LIBÉRATION

Stèle commémorant le premier drapeau français hissé sur la ville depuis quatre ans, le 9 juillet 1944 ; et en mémoire des soldats alliés et FFI morts pour libérer Caen.
Localisation : place Monseigneur des Hameaux.

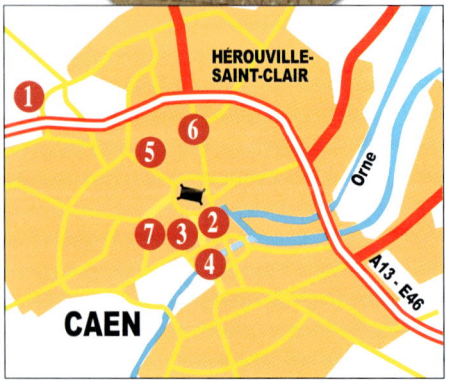

CAGNY/ÉMIÉVILLE

Calvados - 4 et 6 km sud-est de Caen

CARTE P223

CHARS ANGLAIS CONTRE CANONS ALLEMANDS

Le 18 juillet 1944, le Major von Luck rentre de permission et arrive en pleine offensive alliée, *Goodwood* démarre. L'officier allemand commande un Kampfgruppe de la 21e Panzer-Division et constate que les Britanniques ont détruit la première ligne allemande. À Cagny, il utilise une batterie de canons de 88 mm de la Luftwaffe contre les chars anglais. Les canons allemands déciment les chars du 2nd Fife and Forfar Yeomanry. En fin d'après-midi, la 5e Brigade de la Guards Armoured Division relance l'attaque vers Cagny, tentant de déborder par Émiéville. Mais ils se heurtent aux Tigre du Bataillon lourd 503 et perdent plusieurs Sherman. Après des combats acharnés, les chars des Irish Guards entrent dans Cagny en milieu d'après-midi. Le 19 juillet, le Kampfgruppe Waldmüller de la 12e SS-Panzer-Division arrive dans le secteur et occupe l'aile gauche de la 21e Panzer-Division, près d'Émiéville. Le 20 juillet, les Britanniques repoussent quelques contre-attaques allemandes dans ce secteur. Émiéville va rester sur la ligne de front pendant près d'un mois jusqu'à l'opération *Paddle,* le 17 août.

❶ STÈLE GUARDS ARMOURED DIVISION
Émiéville ▸

Stèle à la mémoire des soldats britanniques de la Guards Armoured Division, qui sont tombés pendant l'opération *Goodwood* en juillet 1944. Le lieutenant Gorman détruisit à cet endroit un Tigre Royal.
Localisation : sur la D225 au sud du bourg, vers Cagny.

❷ PLAQUE GUARDS ARMOURED DIVISION
Cagny

Plaque dédiée aux hommes de la Guards Armoured Division et à tous les soldats de l'opération *Goodwood* qui ont lutté pour la libération de Cagny le 19 juillet 1944.
Localisation : au centre du bourg au bord de la N13, place Pin Bright, plaque sur le mur de l'église.

CAMBES-EN-PLAINE

Calvados - 2 km nord de Caen

CARTE P223

GUÉRILLA ET GUERRE DE TRANCHÉES

Les Britanniques espèrent encore prendre Caen le 7 juin 1944. Mais ils se heurtent, ce jour-là, à un ennemi qu'ils vont apprendre à redouter : les SS de la Hitlerjugend. C'est le 1er Bataillon de grenadiers du Régiment 25 qui les oblige au repli devant Cambes-en-Plaine. Le 9 juin, les Irlandais du 2nd Battalion Royal Ulster Rifles, soutenus par des blindés, attaquent vers Cambes-en-Plaine et atteignent un petit bois au nord, évacué par l'ennemi ; ils sont aussitôt pris sous un déluge de feu de l'artillerie allemande. Les grenadiers s'enterrent et fortifient leurs positions. Pendant un mois, ce sera la ligne de front, un no man's land livré aux actions de commandos des deux camps. Cambes-en-Plaine ne sera prise que lors de l'opération *Charnwood* lancée sur Caen le 8 juillet.

❶ STÈLE ROYAL ULSTER RIFLES  ▸

Stèle à la mémoire de tous les soldats du 2nd Battalion The Royal Ulster Rifles, qui ont libéré le village de Cambes-en-Plaine le 9 juin 1944 et qui ont donné leur vie pour la liberté, du 6 juin au 16 septembre 1944. *Localisation : à côté du cimetière de Cambes-en-Plaine.*

❷ CIMETIÈRE BRITANNIQUE

224 soldats britanniques reposent dans ce cimetière, situé à la périphérie du village de Cambes-en-Plaine. Ils appartenaient, pour la majorité à deux régiments qui ont combattu pour libérer Caen : 7th

Battalion The South Staffordshire Regiment et 6th Battalion The North Staffordshire Regiment, de la 59e Division d'infanterie Staffordshire.

Localisation : à la périphérie, au nord du village (suivre le fléchage).

❸ MONUMENT 59e DIVISION - 43e DIVISION - ROYAL ULSTER RIFLES

Monument dédié aux soldats de la 59e Division d'infanterie Staffordshire et de la 3e Division d'infanterie qui ont libéré Cambes-en-Plaine. Une plaque commémore le 2nd Battalion The Royal Ulster Rifles. *Localisation : sur une place, en centre-ville.*

CARENTAN
Manche

CARTE P221

PARAS AMÉRICAINS CONTRE PARAS ALLEMANDS

Dans les premiers jours de juin 1944, Carentan est un verrou entre les deux plages de débarquement américaines Utah et Omaha Beach. Les Allemands ne lancent que des contre-attaques ponctuelles, ou se retranchent dans leurs positions fortifiées. Le 9 juin, les Américains progressent peu devant Carentan ; la ville est défendue naturellement par la Douve à l'ouest et la Vire à l'est. Ils se heurtent surtout à une unité d'élite : les parachutistes du 6e Régiment du lieutenant-colonel von der Heydte et une unité de volontaires de l'Est. Le 11 juin, ils lancent plusieurs attaques par le nord et le sud. Le 12, après un violent bombardement de la ville, les parachutistes américains de la 101e Division aéroportée repartent à l'assaut simultanément sur trois axes, ils repoussent les Allemands hors de la ville, Carentan est libérée dans la soirée.

❶ MONUMENT DE LA LIBÉRATION ▸

Monument signal à la mémoire des Forces Alliées, et de la 101e Division aéroportée qui délivra Carentan. *Localisation : devant l'hôtel de ville.*

❷ VITRAIL 101e DIVISION AÉROPORTÉE

Vitrail dédié aux parachutistes de la 101e Division aéroportée américaine. *Localisation : dans l'église Notre-Dame.*

❸ PLAQUE 101e DIVISION AÉROPORTÉE

Plaque en l'honneur des *Screaming Eagles* de la 101e Division aéroportée américaine qui sont morts en Normandie en juin et

juillet 1944. *Localisation : devant l'hôtel de ville.*

❹ STÈLE 502e RÉGIMENT D'INFANTERIE PARACHUTISTE - HANCOCK

Stèle commémorant les combats pour la libération de la ville. C'est d'ici que, le 11 juin 1944, la compagnie C du 502e Régiment d'infanterie

parachutiste de la 101e Division aéroportée, sous les ordres du capitaine Fred Hancock, lança l'assaut décisif qui permit la libération de Carentan. *Localisation : à la sortie nord de Carentan, sur la gauche (zone d'activités)*

Stèle 502e Régiment d'infanterie parachutiste

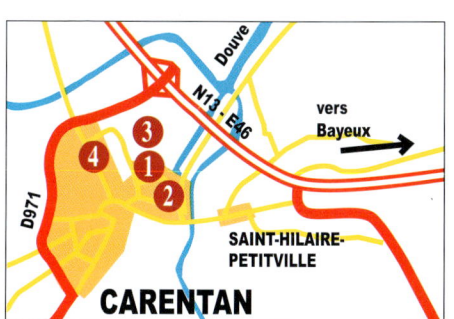

CARPIQUET

Calvados - 1 km ouest de Caen

CARTE P223

LES JEUNES SS MEURENT À CARPIQUET

Le 4 juillet, le général Dempsey lance l'opération *Windsor*. L'aérodrome de Carpiquet, qui devait être pris, comme Caen, le premier jour du Débarquement et qui résiste depuis près d'un mois, est le premier objectif. A 5 heures du matin les Canadiens de la 8e Brigade partent à l'assaut du village de Carpiquet, avec une attaque de diversion du Royal Winnipeg Rifles. Les hommes suivent de près le terrifiant barrage d'artillerie auquel participent les canons de la Marine. Vers 8 h 30, après de violents combats, le village de Carpiquet est libéré. L'attaque se poursuit vers l'aérodrome, avec les chars du Fort Garry Horse et l'infanterie du North Shore et de La Chaudière, elle échoue devant les solides fortifications allemandes. Dans la nuit, les SS de la Hitlerjugend lancent de violentes contre-attaques qui sont brisées par les mitrailleuses des Cameron. Il faut encore cinq jours de combats acharnés et l'offensive *Charnwood* pour prendre l'aérodrome. Le 9 juillet, la 8e Brigade et les chars du 1st Hussars arrachent les derniers hangars aux grenadiers SS, qui défendent leurs tranchées jusqu'à la mort.

❶ MONUMENT CANADIEN - BLOCKHAUS ▸

Monument à la mémoire des régiments canadiens qui ont combattu, en juillet 1944 pour prendre l'aérodrome de Carpiquet. Un blockhaus subsiste, ultime vestige des fortifications allemandes de 1944. *Localisation : à l'entrée de l'aérodrome, à gauche du bâtiment.*

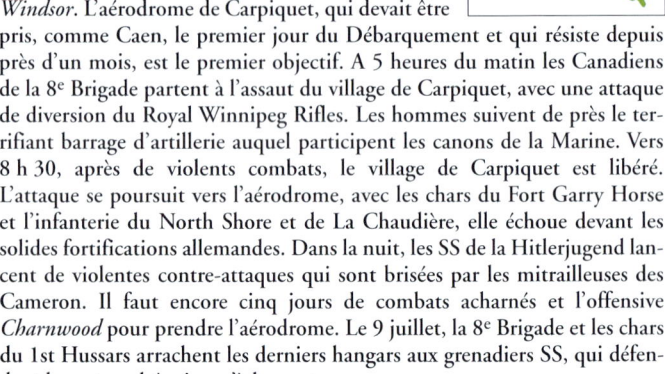

❷ PLAQUE FORT GARRY HORSE

Plaque dédiée au 10e Régiment blindé The Fort Garry Horse. Une seconde plaque est à la mémoire des soldats canadiens.

Localisation : au centre-ville au bord de la D9.

❸ MONUMENT NORTH SHORE (NEW BRUNSWICK)

Monument dédié aux combattants du North Shore (New Brunswick) Regiment et aux victimes civiles. *Localisation : au centre ville au bord de la D9.*

❹ MONUMENT CANADIEN - GAUVIN

Monument en l'honneur du capitaine Gauvin, officier du Régiment de La Chaudière et des soldats du Queen's Own Rifles, du Royal Winnipeg Rifles, du North Shore et du Fort Garry Horse qui ont libéré Carpiquet. *Localisation : au carrefour de la D9 et de la D14.*

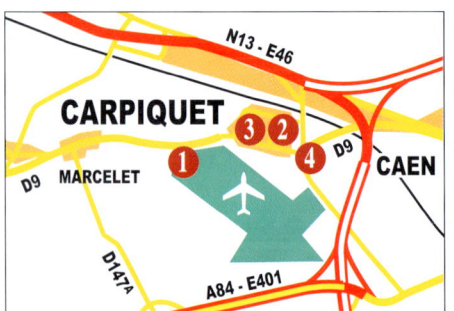

CAUMONT-L'ÉVENTÉ/SALLEN
Calvados - 23 km est de Saint-Lô

CARTE P220

UNE NUIT DE COMBAT POUR LA BIG RED ONE

Le 11 juin 1944, en Normandie, la 1re Division d'infanterie américaine *Big Red One* reçoit l'ordre de prendre Caumont-l'Éventé. Le 12 juin, à 6 heures, les 18e et 26e Régiments d'infanterie partent à l'attaque ; la progression initiale est rapide ; Sallen, à 3 km au nord de Caumont, est libérée. Mais aux abords de l'objectif, les hommes du général Huebner rencontrent une forte résistance des Allemands de la 2e Panzerdivision. Le 26e Régiment réussit à entrer dans Caumont-l'Éventé, mais les Allemands contre-attaquent avec plusieurs canons-automoteurs et les repoussent. Les combats se poursuivent toute la nuit. Le lendemain matin, 13 juin, des renforts d'infanterie et les chars du 743rd Tank Battalion chassent définitivement les Allemands de Caumont-l'Éventé.

❶ MONUMENT 1re DIVISION D'INFANTERIE *Caumont-l'Éventé* ▶

Monument dédié à la 1re Division d'infanterie américaine qui a libéré la ville, le 13 juin.
Localisation : sur la place devant l'église.

❷ OBSERVATOIRE BATAILLE DE NORMANDIE - STÈLE 60e ANNIVERSAIRE *Caumont-l'Éventé*

Observatoire placé face aux plages du Débarquememt, une carte décrit l'avance des troupes alliées du 6 au 13 juin 1944. Au même endroit, une stèle souvenir commémore le 60e anniversaire de la Bataille de Normandie. *Localisation : à la sortie*
nord-est de la ville, au bord de la D99, à 200 m de la stèle Huebner.

❸ STÈLE DE LA LIBÉRATION *Sallen*

Stèle commémorant la libération de Sallen par les troupes américaines.
Localisation : dans le bas du village, sur un parking près de l'église.

❹ STÈLE GÉNÉRAL HUEBNER - *Caumont-l'Éventé* ▼

Stèle à la mémoire du général Huebner, chef de la 1re Division d'infanterie américaine.
Localisation : à la sortie nord-est de la ville, au bord de la D99.

Stèle général Huebner

RESIDENCE GENERAL HUEBNER
IN MEMORIAM
MAJOR GENERAL CLARENCE R. HUEBNER
COMMANDANT LA
1ST AMERICAN INFANTRY DIVISION
LIBERATION DE CAUMONT L'EVENTE
LE 13 JUIN 1944

La tête de pont

CAUQUIGNY
Manche - 4 km ouest de Sainte-Mère-Eglise

CARTE P221

UNE PETITE CHAPELLE AU MILIEU DE L'ENFER

En touchant le sol normand dans la nuit du 5 au 6 juin 1944, le lieutenant-colonel Timmes, chef du 2e Bataillon du 507e Régiment d'infanterie parachutiste de la 82e Division aéroportée, manque de se noyer dans la plaine marécageuse du Merderet. Avec une poignée de parachutistes, il se dirige vers l'objectif clé du Jour J : Cauquigny. C'est le verrou qui doit permettre aux forces débarquées à Utah Beach de sortir de la tête de pont. À 11 h 30, une compagnie commandée par le lieutenant Levy s'installe dans le cimetière de la chapelle de Cauquigny. La liaison avec les parachutistes installés au manoir de La Fière est établie. En milieu d'après-midi les Allemands contre-attaquent avec des blindés, ils reprennent Cauquigny mais sont stoppés à La Fière. Le 9 juin, le général Gavin lance une offensive avec le soutien de l'artillerie. Avec des pertes terribles, les paras du 507e Régiment et du 325e Régiment de planeurs reprennent Cauquigny, où le général Ridgway installe un poste de commandement. La résistance allemande est brisée avec l'arrivée des chars du 746th Tank Battalion.

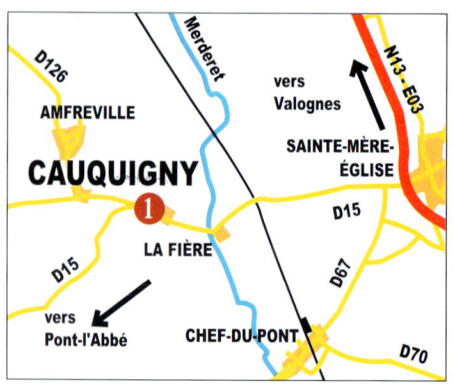

❶ PLAQUE 507e RÉGIMENT D'INFANTERIE PARACHUTISTE

Plaque rappelant les durs combats dans ce secteur, et autour de l'église de Cauquigny, du 507e Régiment d'infanterie parachutiste de la 82e Division aéroportée. *Localisation : à 1 km du site de La Fière sur la D15, sur le mur de l'église de Cauquigny.*

54

CÉRENCES/GRIMESNIL
Manche - 20 km sud de Coutances

CARTE P222

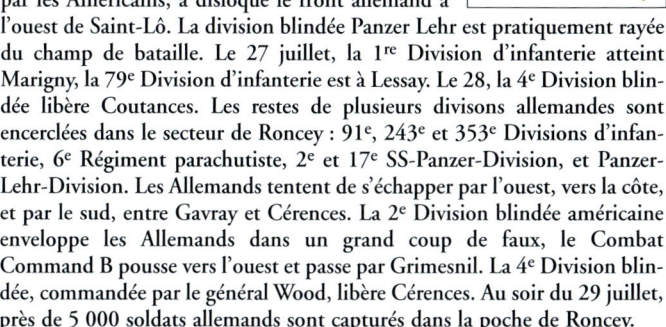

5 000 ALLEMANDS CAPTURÉS À RONCEY

L'opération *Cobra*, déclenchée le 25 juillet 1944 par les Américains, a disloqué le front allemand à l'ouest de Saint-Lô. La division blindée Panzer Lehr est pratiquement rayée du champ de bataille. Le 27 juillet, la 1re Division d'infanterie atteint Marigny, la 79e Division d'infanterie est à Lessay. Le 28, la 4e Division blindée libère Coutances. Les restes de plusieurs divisons allemandes sont encerclées dans le secteur de Roncey : 91e, 243e et 353e Divisions d'infanterie, 6e Régiment parachutiste, 2e et 17e SS-Panzer-Division, et Panzer-Lehr-Division. Les Allemands tentent de s'échapper par l'ouest, vers la côte, et par le sud, entre Gavray et Cérences. La 2e Division blindée américaine enveloppe les Allemands dans un grand coup de faux, le Combat Command B pousse vers l'ouest et passe par Grimesnil. La 4e Division blindée, commandée par le général Wood, libère Cérences. Au soir du 29 juillet, près de 5 000 soldats allemands sont capturés dans la poche de Roncey.

❶ STÈLE SOLDATS AMÉRICAINS
Grimesnil ▲

Stèle dédiée aux soldats américains et aux civils normands tués dans les combats, de La Lande des morts, le 29 juillet 1944.
Localisation : à l'ouest du bourg, sur le bord de la D49, *au lieu-dit Le Chapitre.*

❷ STÈLE JOHN B. THOMPSON *Cérences*

Stèle à la mémoire du capitaine John B. Thompson, pilote de la 9th US Air Force, tué le 10 août 1944.
Localisation : à 3 km au sud de la ville, dans le village de Bourey, prendre à gauche de l'église, traverser une cour de ferme et prendre une rue en impasse, la stèle se trouve à 100 m sur la gauche.

Le Chaudron de Falaise

CHAMBOIS/ST-LAMBERT-SUR-DIVES
Orne - 13 km nord-est d'Argentan

CARTE P225

La 7e Armée allemande prise au piège

Le 17 août 1944, Falaise est prise par les Canadiens ; les Américains sont à Dreux. Déjà, dès le
13 août, le général Dietrich, commandant de la 5e Panzer-Armee, clamait
qu'il était temps de se retirer de la poche qui était en train de se former.
Le général von Kluge, chef de l'Oberbefehlshaber West, obtient enfin le
16 août l'autorisation de Hitler de se replier ; le 17, il est relevé de son commandement. Au nord, la 1re Armée canadienne prend Trun le 18 août,
tandis qu'au sud le Ve Corps atteint Chambois. Le 19 août, au matin, la
4e Division blindée canadienne entre dans Saint-Lambert-sur-Dives, l'artillerie chasse les Allemands qui s'accrochent aux ruines ; au soir, Chambois
est prise à son tour et la 90e Division d'infanterie américaine établit le
contact avec les Polonais de la 1re Division blindée ; la poche est fermée.

① MONUMENT DE LA POCHE DE FALAISE
Chambois ▸

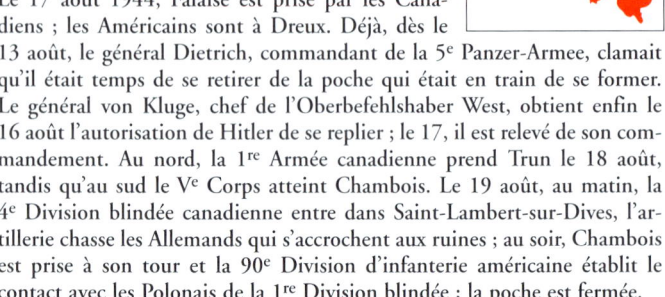

Monument commémorant
la jonction des armées
américaine, britannique,
canadienne, polonaise et
française qui reçurent la
capitulation des divisions
allemandes encerclées.
Près du monument, un
plan relief permet de
comprendre la bataille.
*Localisation : sur la place
principale, au pied du
donjon médiéval.*

② OBSERVATOIRE
Saint-Lambert-sur-Dives

Cet observatoire retrace la
Bataille de Normandie. On
peut voir une carte du
secteur de Trun, le 20 août
1944. Un panneau rappelle
le fait-d'arme du Major
Currie, décoré de la
Victoria Cross.
Localisation : sur la D13,
à l'entrée ouest de la ville.

③ PLAQUE 1re DIVISION BLINDÉE *Chambois*

Plaque dédiée aux soldats
du 10e Régiment de
Dragons de la 1re Division
blindée polonaise, tombés
le 20 août 1944 à
Chambois.

*Localisation : dans l'église
de Chambois.*

④ STÈLE MAJOR CURRIE
Saint-Lambert-sur-Dives

Stèle commémorant
l'action du Major Currie
qui, à la tête d'un
groupement d'unités du
South Alberta Regiment,
du 7th Battalion The
Argyll and Sutherlands
Highlanders, du Lincoln
and Welland Regiment et
du 5th Anti-Tank
Regiment, a combattu
pendant trois jours pour
fermer la poche de Falaise.
*Localisation : sur la D13,
à l'entrée du bourg en
venant de Trun.*

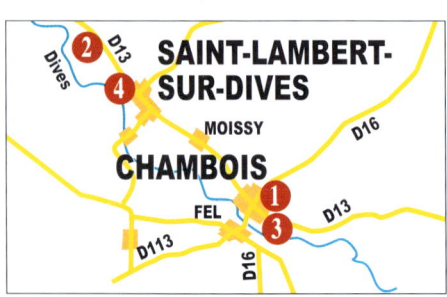

CHEF-DU-PONT
Manche - 12 km nord de Carentan

CARTE P221

James Gavin à la tête des ses paras

Le général Bradley a obtenu que des troupes aéro-portées soient parachutées sur le Cotentin en Normandie. C'est une condition du succès du Débarquement à Utah Beach ; car derrière les plages se trouvent des zones marécageuses avec quelques routes faciles à bloquer. Dans la nuit du 6 juin 1944, un groupe d'environ cent cinquante paras des 507e et 508e Régiments, commandés par le lieutenant-colonel Ostberg, se dirige vers Chef-du-Pont. Le général Gavin, commandant en second de la 82e Division aéroportée américaine, a donné l'ordre de s'emparer du bourg, et surtout, de contrôler un pont sur le Merderet. Les Américains mettent en fuite les Allemands qui occupaient Chef-du-Pont mais le pont à la sortie ouest du village est sous le feu allemand. Les parachutistes subissent des pertes sous le tir de l'artillerie ennemie, et les deux-tiers des effectifs sont appelés en renfort à La Fière. La situation devient critique. De nouveaux parachutages en matériel lourd et l'arrivée d'un groupe de paras permettent de tenir solidement le pont au soir du 6 juin.

❶ Plaque Rex combs ▸

Plaque dédiée au capitaine Rex Combs, qui commandait le 6 juin 1944 la 1re compagnie du 1er Bataillon, du 508e Régiment parachutiste de la 82e Division aéroportée américaine.
Localisation : sur le monument aux morts, dans le cimetière près de l'église

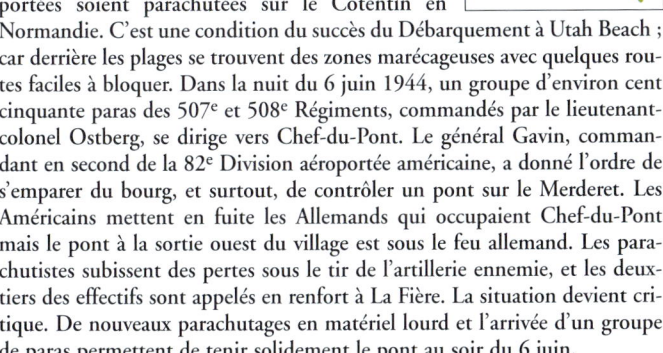

❷ Stèle 508e Régiment d'infanterie parachutiste

Stèle située dans un petit jardin, offerte par les vétérans du 508e Régiment d'infanterie parachutiste, en souvenir des combats de juin 1944.

Localisation : à la sortie de la ville, sur la D70 vers Pont-L'Abbé.

❸ Stèle 508e Régiment d'infanterie parachutiste

Stèle dédiée au 508e Régiment parachutiste de la 82e Division aéroportée américaine.
Localisation : à la sortie de la ville, sur la D70 vers Pont-L'Abbé.

Stèle du 508e Régiment d'infanterie parachutiste

57

CHÊNEDOLLÉ/VIESSOIX
Calvados - 5 et 9 km est de Vire

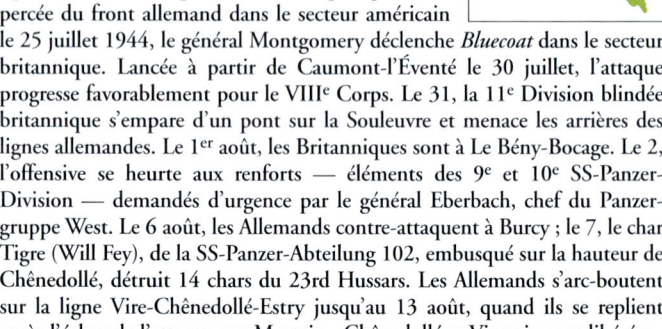
CARTE P224

SEUL, LE TIGRE DÉFEND SA COLLINE

Après le succès de l'opération *Cobra*, qui a permis la percée du front allemand dans le secteur américain le 25 juillet 1944, le général Montgomery déclenche *Bluecoat* dans le secteur britannique. Lancée à partir de Caumont-l'Éventé le 30 juillet, l'attaque progresse favorablement pour le VIIIᵉ Corps. Le 31, la 11ᵉ Division blindée britannique s'empare d'un pont sur la Souleuvre et menace les arrières des lignes allemandes. Le 1ᵉʳ août, les Britanniques sont à Le Bény-Bocage. Le 2, l'offensive se heurte aux renforts — éléments des 9ᵉ et 10ᵉ SS-Panzer-Division — demandés d'urgence par le général Eberbach, chef du Panzer-gruppe West. Le 6 août, les Allemands contre-attaquent à Burcy ; le 7, le char Tigre (Will Fey), de la SS-Panzer-Abteilung 102, embusqué sur la hauteur de Chênedollé, détruit 14 chars du 23rd Hussars. Les Allemands s'arc-boutent sur la ligne Vire-Chênedollé-Estry jusqu'au 13 août, quand ils se replient après l'échec de l'attaque sur Mortain ; Chênedollé et Viessoix sont libérées.

❶ MONUMENT 2ᵉ DIVISION BLINDÉE
Chênedollé ▸

Monument à la mémoire de la 2ᵉ Division blindée britannique, qui a combattu, du 2 au 9 août 1944, pour libérer ce secteur.
Localisation : à 500 mètres au nord du bourg, sur la route de Presles.

❷ PLAQUE THE NORMONS *Viessoix* ▾

Plaque dédiée aux soldats britanniques qui ont libéré le bourg : 1st Battalion The Royal Norfolk Regiment, et 3rd Battalion The Monmouthshire Regiment, de la 3ᵉ Division d'infanterie.
Localisation : panneau fixé devant la mairie.

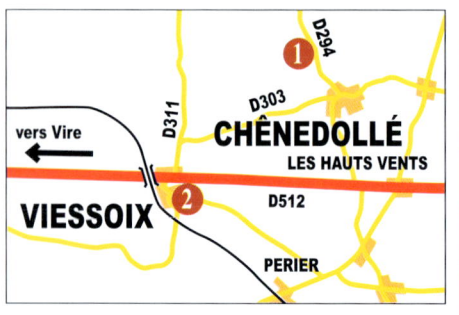

Plaque The Normons

CHERBOURG
Manche

CARTE P222

LA REDDITION DE LA FORTERESSE EN RUINES

Quand le général américain Collins se présente devant la forteresse de Cherbourg le 21 juin 1944, le général von Schlieben qui la commande ne donne pas de réponse à son ultimatum. Il a reçu l'ordre du Führer de tenir jusqu'au dernier des 21 000 hommes de la garnison. Le Fort du Roule qui domine le port est pris d'assaut par le 314ᵉ Régiment d'infanterie de la 79ᵉ Division d'infanterie ; le 25 juin le sommet du Fort est pris, puis le lendemain les souterrains et la batterie de canons de 105 mm. Le 26 juin, le général von Schlieben signe l'acte de reddition. Le port est en ruine car, pendant une semaine, les Allemands ont tout détruit et miné. Mais Cherbourg est la clé du ravitaillement des armées alliées, le général Ross mènera avec succès la « Cherbourg Story », et fin août le port sera de nouveau opérationnel.

❶ MUSÉE DE LA LIBÉRATION

Le musée est situé dans un fort du Second empire, au sommet de la montagne du Roule. Ni arme, ni uniforme dans ce musée qui retrace à travers un parcours scénographique les années d'occupation, le Débarquement et le rôle du port de Cherbourg dans l'approvisionnement des Forces Alliées.
Localisation : adresse et téléphone p 228.

❷ PLAQUE SERGENT FINLEY ▲

Plaque à la mémoire du sergent William Finley de la 9ᵉ Division d'infanterie américaine, qui entra le premier dans l'hôtel de ville le 26 juin 1944.
Localisation : sur la façade de l'hôtel de ville.

CHEUX
Calvados - 10 km ouest de Caen

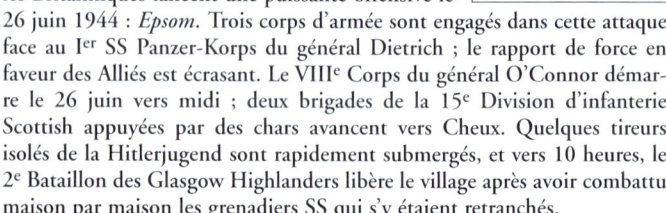

LES BRITANNIQUES PERCENT À L'OUEST

Afin de percer le front allemand à l'ouest de Caen,
les Britanniques lancent une puissante offensive le
26 juin 1944 : *Epsom*. Trois corps d'armée sont engagés dans cette attaque
face au Ier SS Panzer-Korps du général Dietrich ; le rapport de force en
faveur des Alliés est écrasant. Le VIIIe Corps du général O'Connor démarre le 26 juin vers midi ; deux brigades de la 15e Division d'infanterie
Scottish appuyées par des chars avancent vers Cheux. Quelques tireurs
isolés de la Hitlerjugend sont rapidement submergés, et vers 10 heures, le
2e Bataillon des Glasgow Highlanders libère le village après avoir combattu
maison par maison les grenadiers SS qui s'y étaient retranchés.

**❶ MONUMENT
OPÉRATION EPSOM** ▲

Monument commémorant
la libération de Cheux lors
de l'opération *Epsom* les
26 et 27 juin 1944 par les
Écossais de la 15e Division
d'infanterie (2nd Glasgow
Highlanders, 6th Battalion
The King's Own Scottish
Borderers, 7th Royal Tank
Regiment), la 43e Division
d'infanterie et la
11e Division Blindée
britannique.
*Localisation : dans le cen-
tre du bourg à côté de la
mairie.*

**❷ PLAQUE 43e DIVISION
WESSEX**

Plaque rappelant
l'engagement de la
43e Division d'infanterie
Wessex, le 27 juin 1944
(5th Batallion The Duke
of Cornwall's Light
Infantry et 1st Battalion
The Worcestershire
Regiment)
*Localisation : dans le
centre du bourg à côté de
la mairie.*

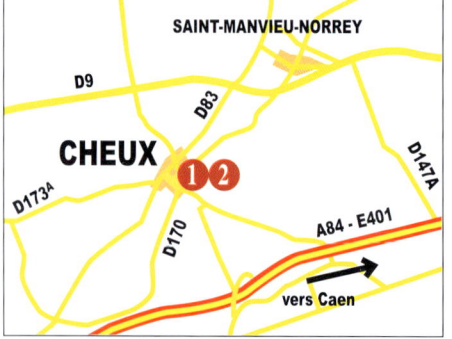

CHOUAIN (Jérusalem)
Calvados - 12 km sud-est de Bayeux

LA PANZER LEHR ARRIVE EN NORMANDIE

Après la libération de Bayeux, le général Graham lance, vers Villers-Bocage le 8 juin 1944, les 200 chars de la 8e Brigade blindée et l'infanterie de la 151e Brigade. Face à eux, un seul régiment de la 352e Division d'infanterie allemande qui ne peut s'opposer à la masse des blindés anglais ; le soir, les Britanniques sont à Saint-Pierre, près de Tilly-sur-Seulles, Chouain est libérée. Mais le 9, une nouvelle division blindée d'élite arrive dans le secteur : la Panzer Lehr. Les Allemands contre-attaquent aussitôt, parallèlement aux Britanniques. A 5 km de Bayeux, le général Bayerlein reçoit un contre-ordre et cesse l'avance sur Bayeux. Les blindés allemands attaquent dans le secteur de Tilly et reprennent Chouain. Le duel des blindés tourne finalement à l'avantage des Sherman de la 8e Brigade, les panzers sont stoppés sur la cote 103. Chouain est de nouveau libérée par les Britanniques. Les Allemands se replient et établissent une ligne de défense sur Tilly-sur-Seulles.

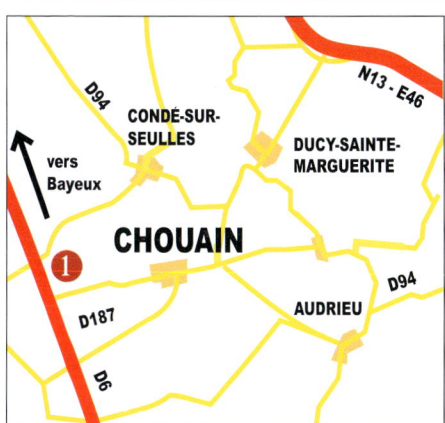

❶ CIMETIÈRE BRITANNIQUE

C'est le plus petit des cimetières britanniques en France. 47 soldats y sont inhumés ; ils ont été tués à Chouain dans les premiers jours du Débarquement.
Localisation : sur la D6, entre Bayeux et Tilly-sur-Seulles.

CINTHEAUX
Calvados - 15 km sud de Caen

CARTE P224

L'INEXORABLE POUSSÉE ALLIÉE VERS FALAISE

Début août 1944, Caen est libérée et la 3ᵉ Armée du général Patton exploite la percée d'Avranches. Le 7 août, Hitler ordonne l'attaque sur Mortain. A la fin de la même journée, en pleine nuit, le général Simonds déclenche l'opération *Totalize* au sud de Caen. La 8th Air Force bombarde plusieurs villages, fortifiés par les Allemands, dont Bretteville-sur-Laize et Cintheaux. Une erreur de largage cause des pertes dans les rangs canadiens et polonais, le général Keller, commandant de la 3ᵉ Division d'infanterie est blessé. Les blindés de la 12ᵉ SS-Panzer-Division qui étaient au nord de Cintheaux échappent aux bombes des forteresses volantes, puis se replient dans le village face à la masse des chars de la 4ᵉ Division blindée canadienne. Les Allemands tiennent leur position jusqu'en fin d'après-midi. Vers 18 heures, les blindés du 29ᵉ Régiment de reconnaissance South Alberta et les fantassins du 2nd Battalion The Argyll and Sutherland Highlanders repoussent les Allemands ; Cintheaux est libérée.

❶ CIMETIÈRE CANADIEN - STÈLE DORÉ

2 958 soldats reposent dans ce cimetière. On y pénètre par une entrée à doubles colonnades encadrée par deux petits bâtiments carrés. À l'entrée, une stèle est dédiée au soldat Gérard Doré. *Localisation : au bord de la N158 (suivre le fléchage).*

Stèle Gérard Doré

CLAIR-TISON
Calvados - 10 km nord-ouest de Falaise

CARTE P224

LES MAISONNEUVE FACE AUX TIGRE

Mi-août 1944 en Normandie, les Alliés poursuivent leur difficile progression vers Falaise. Le général Montgomery prépare l'offensive *Tractable* qui doit être déclenchée le 14 août. Sur le flanc droit, la 2ᵉ Division d'infanterie canadienne a attaqué, la veille le 13 août, dans le secteur de Tournebu. Les Canadiens réussissent à établir une tête de pont sur la Laize. Mais lorsque les hommes du Régiment de Maisonneuve veulent poursuivre leur progression, ils se heurtent aux positions allemandes installées dans les hauteurs. Le 14 août, c'est le début de l'opération *Tractable*, dont les Allemands ont réussi à saisir les plans sur le cadavre d'un officier canadien. Les soldats de la 2ᵉ Division d'infanterie canadienne repartent à l'assaut vers Falaise ; ils sont contre-attaqués par l'infanterie allemande et les chars Tigre de la SS-Panzer-Abteilung 102 ; ils subissent des pertes terribles. Le petit village de Clair-Tison est presque entièrement détruit. Mais le 16 août au soir, les Alliés sont aux portes de Falaise.

❶ PLAQUE RÉGIMENT DE MAISONNEUVE

Plaque à la mémoire des soldats du Régiment de Maisonneuve de la 4ᵉ Brigade de la 2ᵉ Division d'infanterie canadienne, qui ont libéré ce village, la compagnie A fut décimée dans ces combats.

Localisation : sur une pile du vieux pont sur la Laize, à la sortie est du bourg.

COLLEVILLE-MONTGOMERY
Calvados - 8 km nord de Caen

CARTE P220

Le Mur de l'Atlantique s'effondre

De La Brèche d'Hermanville à Ouistreham, Sword Beach est le secteur le plus à l'est des trois plages de débarquement britannique ; les unités qui en occupent les défenses sont de qualité moindre, on y trouve même des Osttruppen. À partir de 7 heures, les chars et les troupes britanniques débarquent. Les défenses allemandes n'ont pas été complètement neutralisées par la marine et l'aviation et les pertes sont lourdes sur certains secteurs. Vers 9 heures les Britanniques commencent à progresser vers l'intérieur malgré la résistance de quelques points forts. Le 1st Suffolk Regiment débarque à 9 h 30, puis se dirige vers Colleville-sur-Orne, qu'il libère. Ils s'emparent ensuite d'une première position d'artillerie. Face à une seconde, codée *Hillman*, ils sont tenus en échec face au réseau défensif et aux casemates allemandes. Hillman abrite le PC d'un régiment de la 716e Division d'infanterie. La position est prise vers 22 heures avec le support des chars des Hussars et du 22nd Dragoons.

❶ Plaque Suffolk Regiment - Hunter ▶

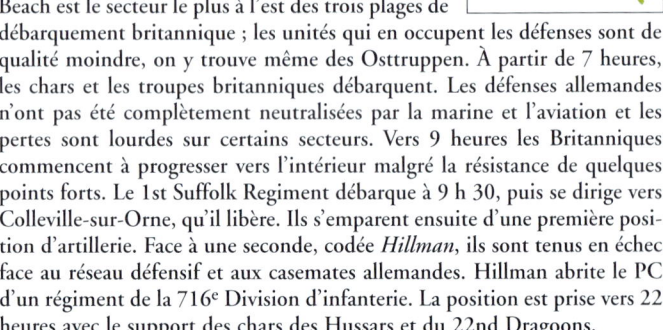

La batterie *Hillman* était inachevée le 6 juin 1944, elle comportait de nombreux blockhaus reliés par des souterrains et des tranchées. Une plaque à la mémoire des hommes du 1st Battalion The Suffolk Regiment est scellée sur la casemate principale. Une autre plaque commémorant l'acte héroïque du soldat J. R. Hunter, qui fut blessé en neutralisant une mitrailleuse allemande, est fixée sur un blockhaus.
Localisation : sur la route reliant Colleville-Montgomery à Biéville-Beuville. La batterie se visite, voir p 228.

❷ Statue général Montgomery

Statue à la mémoire du général Montgomery.
Localisation : sur une place au bord de la D514.

❸ Monument N°4 Commando

Monument à la mémoire du N°4 Commando.
Localisation : sur le front de mer, près d'un blockhaus.

❹ Monument Kieffer Montgomery - cimetière provisoire

Monument signalant l'emplacement d'un cimetière provisoire en mémoire du maréchal Montgomery, et du Commando Kieffer.
Localisation : rue du N°4 Commando (à 100 m de la statue Montgomery).

❺ Monument Commando Kieffer

Monument à la mémoire du Commando Kieffer.
Localisation : rue du N°4 Commando.

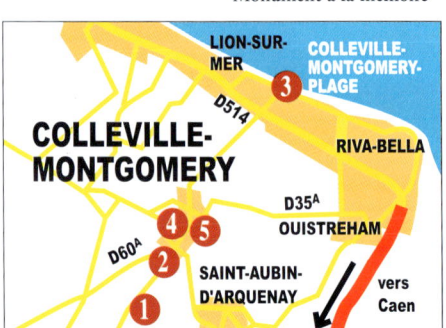

La tête de pont

COLLEVILLE-S-MER/ST-LAURENT-SUR-MER
Calvados - 14 km nord-ouest de Bayeux

CARTE P221

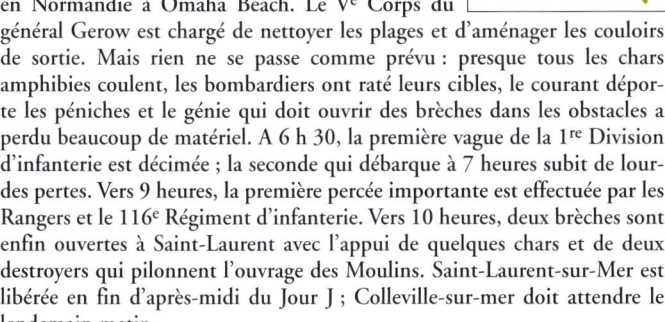

LES AMÉRICAINS TRAVERSENT L'ENFER

Le 6 juin 1944, les troupes américaines débarquent en Normandie à Omaha Beach. Le Ve Corps du général Gerow est chargé de nettoyer les plages et d'aménager les couloirs de sortie. Mais rien ne se passe comme prévu : presque tous les chars amphibies coulent, les bombardiers ont raté leurs cibles, le courant déporte les péniches et le génie qui doit ouvrir des brèches dans les obstacles a perdu beaucoup de matériel. A 6 h 30, la première vague de la 1re Division d'infanterie est décimée ; la seconde qui débarque à 7 heures subit de lourdes pertes. Vers 9 heures, la première percée importante est effectuée par les Rangers et le 116e Régiment d'infanterie. Vers 10 heures, deux brèches sont enfin ouvertes à Saint-Laurent avec l'appui de quelques chars et de deux destroyers qui pilonnent l'ouvrage des Moulins. Saint-Laurent-sur-Mer est libérée en fin d'après-midi du Jour J ; Colleville-sur-mer doit attendre le lendemain matin.

❶ CIMETIÈRE AMÉRICAIN *Colleville/Saint-Laurent-sur-Mer* ▲

9 356 soldats américains reposent dans ce cimetière qui domine les plages d'Omaha Beach. À l'entrée, une capsule à la mémoire du général Eisenhower et contenant un compte rendu des combats du Jour J, a été scellée le 6 juin 1969. *Localisation : sur le front de mer entre Saint-Laurent-sur-Mer et Colleville-sur-mer (suivre le fléchage).*

❷ STÈLE 2e DIVISION D'INFANTERIE *Colleville-sur-Mer/ Le Ruquet*

Stèle dédiée aux soldats de la 2e Division d'infanterie américaine. *Localisation : vers l'est à partir du carrefour des Moulins, jusqu'au blockhaus du Ruquet. Plaque sur le blockhaus.*

❸ PLAQUE 467th AAA - PROVISIONAL ENGINEER *Colleville-sur-Mer/ Le Ruquet*

Deux plaques sur le blockhaus, l'une dédiée au 467th Anti-Aircraft Artillery Automatic Weapons Battalion, l'autre au Provisional Engineer Special Brigade Group. *Localisation : suivre la côte vers l'est à partir du carrefour des Moulins (monument de la Libération).*

❹ MONUMENT 5e BRIGADE SPÉCIALE DU GÉNIE *Saint-Laurent-sur-Mer*

Monument à la mémoire de la 5e Brigade Spéciale du Génie.

La tête de pont

Localisation : sur le front de mer, accessible à pied à partir du cimetière.

5 MONUMENT 1ʳᵉ DIVISION D'INFANTERIE *Saint-Laurent-sur-Mer*

Monument dédié à la *Big Red One*, la 1ʳᵉ Division d'infanterie américaine.
Localisation : sur le front de mer, accessible à pied à partir du cimetière américain.

6 MUSÉE OMAHA 6 JUIN 1944 ▸
Saint-Laurent-sur-Mer

Ce musée raconte les opérations de débarquement sur la plage d'Omaha Beach et à la Pointe du Hoc. Des armes, des véhicules et de nombreux matériels provenant d'Omaha Beach sont présentés. À l'extérieur, on peut voir une péniche de débarquement, un char Sherman et un canon longue portée.
Localisation : adresse et téléphone p 230.

7 STÈLE AÉRODROME A21 *Colleville-sur-Mer/ Le Ruquet*

Stèle commémorant le premier aérodrome américain opérationnel en Normandie le 8 juin. Il permit d'évacuer les blessés des plages d'Omaha. Il fut construit par le 834th Air Engineer Battalion de la 9th US Army Air Force.
Localisation : derrière le blockhaus du Ruquet, prendre un petit escalier, puis au sommet, suivre un sentier vers l'intérieur sur 200 m jusqu'à une barrière.

Péniche de débarquement LCVP

ment sur Omaha Beach. On peut voir de chaque côté du monument deux fresques, l'une dédiée à la 1ʳᵉ Division d'infanterie, l'autre au 116th Regimental Combat Team de la 29ᵉ Division d'infanterie.
Localisation : sur le front de mer, Les Moulins.

Musée Omaha 6 juin 1944

8 MONUMENT DE LA LIBÉRATION - 1ʳᵉ DIVISION - 116ᵉ RCT *Saint-Laurent-sur-Mer*

Monument signal rappelant le Débarque-

9 PLAQUES 2ᵉ DIVISION BLINDÉE - 741st TANK BATTALION *Colleville-sur-Mer*

Monument dédié à la 2ᵉ Division blindée *Hell on wheels* et au 741st Tank Battalion qui ont débarqué sur Omaha.
Localisation : dans le village VVF, dans le haut sur la gauche.

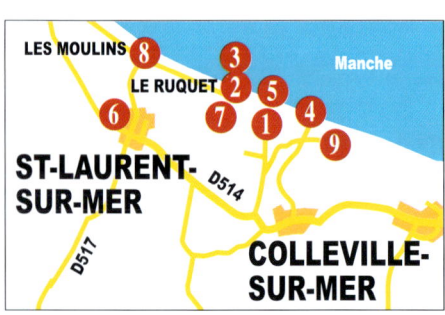

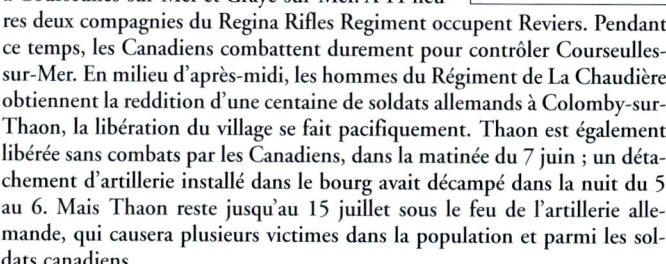
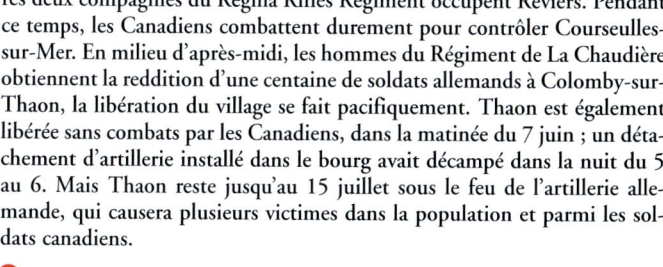

COLOMBY-SUR-THAON/THAON
Calvados - 7 et 8 km nord de Caen

CARTE P220

DEUX VILLAGES LIBÉRÉS SANS COMBATS

La 7e Brigade canadienne débarque le 6 juin 1944 à Courseulles-sur-Mer et Graye-sur-Mer. A 11 heures deux compagnies du Regina Rifles Regiment occupent Reviers. Pendant ce temps, les Canadiens combattent durement pour contrôler Courseulles-sur-Mer. En milieu d'après-midi, les hommes du Régiment de La Chaudière obtiennent la reddition d'une centaine de soldats allemands à Colomby-sur-Thaon, la libération du village se fait pacifiquement. Thaon est également libérée sans combats par les Canadiens, dans la matinée du 7 juin ; un détachement d'artillerie installé dans le bourg avait décampé dans la nuit du 5 au 6. Mais Thaon reste jusqu'au 15 juillet sous le feu de l'artillerie allemande, qui causera plusieurs victimes dans la population et parmi les soldats canadiens.

❶ STÈLE LA CHAUDIÈRE
Colomby-sur-Thaon ▸

Stèle à la mémoire des soldats canadiens du Régiment de La Chaudière, qui ont libéré Colomby-sur-Thaon le 7 juin 1944. *Localisation : dans le centre du bourg, en face de la mairie.*

❷ STÈLE FORT GARRY HORSE *Thaon*

Stèle commémorant la libération de Thaon par le 10e Régiment blindé Fort Garry Horse et la 8e Brigade canadienne. *Localisation : dans le centre du bourg, place de la Criée.*

Insigne du Régiment de La Chaudière

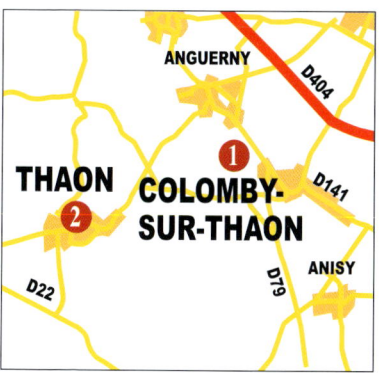

CONDÉ-SUR-VIRE
Manche - 10 km sud de Saint-Lô

CARTE P222

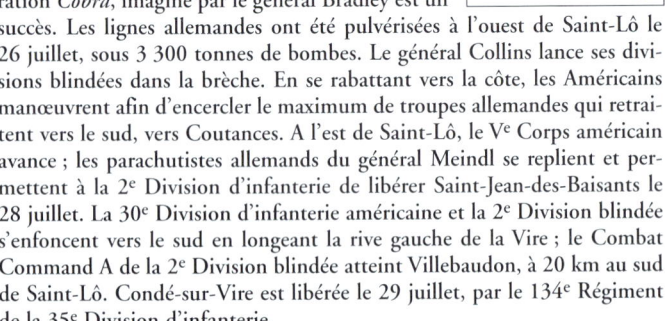

LE FRONT ALLEMAND EXPLOSE

Le « Massive blow », « coup de massue » de l'opération *Cobra*, imaginé par le général Bradley est un succès. Les lignes allemandes ont été pulvérisées à l'ouest de Saint-Lô le 26 juillet, sous 3 300 tonnes de bombes. Le général Collins lance ses divisions blindées dans la brèche. En se rabattant vers la côte, les Américains manœuvrent afin d'encercler le maximum de troupes allemandes qui retraitent vers le sud, vers Coutances. A l'est de Saint-Lô, le Ve Corps américain avance ; les parachutistes allemands du général Meindl se replient et permettent à la 2e Division d'infanterie de libérer Saint-Jean-des-Baisants le 28 juillet. La 30e Division d'infanterie américaine et la 2e Division blindée s'enfoncent vers le sud en longeant la rive gauche de la Vire ; le Combat Command A de la 2e Division blindée atteint Villebaudon, à 20 km au sud de Saint-Lô. Condé-sur-Vire est libérée le 29 juillet, par le 134e Régiment de la 35e Division d'infanterie.

① STÈLE 35e DIVISION

Stèle commémorant la libération de la ville par la 35e Division d'infanterie américaine, le 29 juillet 1944.
Localisation : dans le bourg, sur le côté droit de l'église.

Insigne de la 35e Division d'infanterie américaine

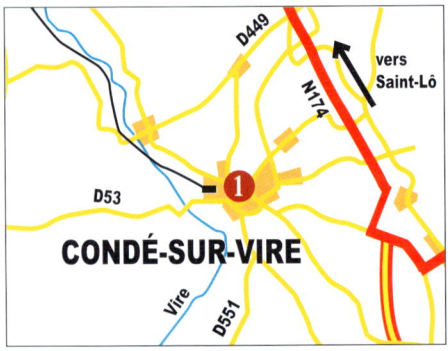

CONTEVILLE/SAINT-AIGNAN-DE-CRAS-MENIL Calvados - 14 et 10 km sud de Caen

CARTE P224

TOTALIZE NE DOIT PAS RÉPÉTER GOODWOOD

Depuis l'opération *Goodwood* du 20 juillet 1944, le front a peu évolué au sud de Caen. L'objectif reste toujours Falaise. Début août, le IIe Corps canadien, commandé par le général Simonds, reçoit la mission de percer les lignes allemandes. Le général Simonds et son état-major préparent l'opération *Totalize* en faisant preuve d'innovation. Le 8 août, après une demi-heure de bombardement, chars et infanterie portée s'élancent vers minuit. Mais la fumée, la poussière et les cratères où tombent les chars de tête, provoquent du désordre dans les colonnes d'assaut de la 51e Division d'infanterie Highland, qui attaque de part et d'autre de la route de Falaise. La progression reprend et, à l'ouest de la nationale, la 154e Brigade et les Sherman du 1st Northamptonshire Yeomanry de la 33e Brigade blindée prennent Crasmenil et Saint-Aignan. Le lendemain, 9 août, les Écossais libèrent Conteville.

❶ **MONUMENT 43e, 49e ET 51e DIVISIONS**
Conteville ▲

Monument à la mémoire des soldats des 43e, 49e et 51e Divisions d'infanterie britannique, qui sont tombés pour la libération de la commune le 13 août 1944.

Localisation : au nord de la commune, dans un pré derrière la salle des fêtes.

❷ **STÈLE NORTHAMPTONSHIRE YEOMANRY** *Saint-Aignan-de-Crasmenil*

Stèle dédiée aux hommes du 2nd Northamptonshire Yeomanry, qui sont morts pour la libération de Conteville, les 7 et 8 août 1944.
Localisation : devant la mairie.

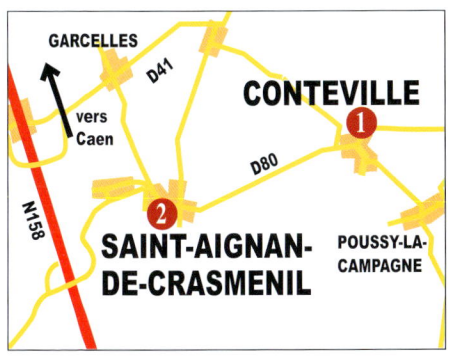

CORMELLES-LE-ROYAL
Calvados - 1 km sud de Caen

CARTE P223

UNE HÉCATOMBE POUR LES BLINDÉS ALLIÉS

Le 18 juillet 1944, le général Montgomery lance enfin la grande offensive qui doit percer le front allemand à l'est de Caen. Le fer de lance de l'opération *Goodwood* est constitué par les trois divisions blindées du XIIe Corps du général O'Connor. Les Allemands ont constitué trois lignes de défense face à l'attaque alliée ; plusieurs villages sont fortifiés en hérisson : Grentheville, Soliers, Bras, Cormelles-le-Royal. Au soir du 18 juillet, la progression est faible et le bilan matériel est lourd ; la 5e Brigade de la Guards Armoured Division et la 11e Division blindée ont perdu plus de 150 chars, cependant les pertes humaines sont faibles. Du coté allemand le rapport est inversé : une cinquantaine de chars détruits, mais deux divisions d'infanterie sont pratiquement rayées du champ de bataille. Au sud de Caen, Colombelles et son usine sont prises, les Canadiens abordent les faubourgs de Vaucelles. Le 19 juillet au matin, ces derniers poursuivent leur avance et libèrent Cormelles-le-Royal, qui était occupée par les fantassins de la 272e Division d'infanterie allemande.

❶ STÈLE SOUTH ALBERTA

Stèle à la mémoire du 29e Régiment blindé de reconnaissance South Alberta, qui appartenait à la 4e Division blindée canadienne. Cette unité fut engagée en Normandie à la fin du mois de juillet 1944.
Localisation : sur la place principale, en face de la mairie et de la poste.

COURSEULLES-SUR-MER
Calvados - 18 km nord de Caen

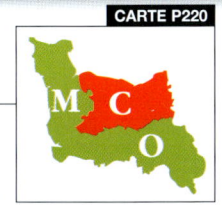

CARTE P220

LA PERCÉE DES CANADIENS À JUNO BEACH

Juno Beach, de Ver-sur-Mer à Saint-Aubin-sur-Mer, est le secteur de débarquement de la 3e Division d'infanterie canadienne, commandée par le général Keller. À Courseulles-sur-Mer, les Allemands ont fortifié l'embouchure de la Seulles. Le 6 juin 1944, à 7 h 45, les chars amphibies du 1st Hussars sont mis à la mer à trois kilomètres de la côte, beaucoup sombrent à cause de la forte houle, ceux qui abordent la plage ouvrent immédiatement le feu sur les positions allemandes, ils permettent à la 7e Brigade de déboucher rapidement et de libérer Courseulles-sur-Mer en quelques heures. Au soir du 6 juin, 21 500 hommes et 3 200 véhicules ont débarqué sur Juno Beach.

❶ CENTRE JUNO BEACH ▲

Le Centre Juno Beach a pour vocation d'expliquer le rôle du Canada et de ses forces armées dans la Seconde Guerre mondiale et de présenter la société canadienne contemporaine. On peut y découvrir plusieurs espaces d'exposition permanente et temporaire. *Localisation : adresse et téléphone p 228.*

❷ STÈLE LA COMBATTANTE

Stèle dédiée aux marins de *La Combattante*, le contre-torpilleur des Forces Navales Françaises

Libres qui ramena le général de Gaulle en France à Courseulles-sur-Mer, le 14 juin 1944. *Localisation : sur le front de mer, sur une place au centre-ville.*

❸ CHAR SHERMAN - PLAQUE GARIEPY

Ce char fut récupéré en mer en 1970 et restauré avant d'être exposé. Sur le char sont soudés les insignes des unités qui ont combattu dans le secteur. Une plaque est dédiée à Léo Gariepy qui combattit ici à bord de son char. *Localisation : sur le front de mer, sur une place au centre-ville.*

❹ MONUMENT ROYAL WINNIPEG RIFLES

Monument à la mémoire des hommes du Royal Winnipeg Rifles de la 7e Brigade, qui était commandée par le lieutenant-colonel J. M. Meldram. Les soldats du RWR, surnommés les « Petits diables noirs », débarquèrent sur Juno Beach le 6 juin 1944. *Localisation : sur le front de mer, au centre-ville.*

❺ MONUMENT CROIX DE LORRAINE

Cette immense croix de Lorraine commémore le retour sur le sol français du général de Gaulle.

71

Monument de la Libération

Localisation : sur le front de mer, à l'ouest de la ville (suivre le fléchage).

6 STÈLE CANADIAN SCOTTISH REGIMENT

Stèle à la mémoire des hommes du 1st Battalion The Canadian Scottish Regiment, qui débarquèrent à Juno Beach.
Localisation : sur le front de mer, à l'accès vers la plage (près du monument de la Libération).

Canon allemand sur le port

7 MONUMENT LIBÉRATION - DE GAULLE ▲

Monument rappelant le débarquement des troupes alliées le 6 juin 1944 et le retour sur le sol français, le 14 juin 1944 à Courseulles-sur-Mer, du général de Gaulle. En face du monument, un canon allemand porte les traces des combats du Jour J.
Localisation : sur le front de mer, au centre-ville.

8 STÈLE REGINA RIFLES REGIMENT

Stèle rappelant le sacrifice des soldats du Regina Rifles Regiment morts pendant la Seconde Guerre mondiale.
Localisation : sur le front de mer, accès vers la plage (près du monument de la Libération).

9 PLAQUE ROYAL ENGINEERS

Plaque commémorant la construction de ce pont par la 85ᵉ Compagnie des Royal Engineers.
Localisation : à l'entrée du pont d'accès à la Croix de Lorraine.

COUTANCES
Manche - 27 km ouest de Saint-Lô

CARTE P222

LE JOUR OÙ LE FRONT ALLEMAND A CÉDÉ

En juillet 1944, après deux semaines et demi d'offensive, la 1re Armée américaine du général Bradley a perdu 40 000 hommes pour un gain de terrain minime ; la percée espérée ne s'est toujours pas produite à l'ouest de Saint-Lô. C'est pourquoi le plan *Cobra* est conçu ; la stratégie consiste à concentrer des moyens énormes en un point du front, pour obtenir la rupture. L'attaque débute le 24 juillet, la visibilité est mauvaise et un groupe de bombardiers largue sur les soldats de la 30e Division d'infanterie. Le 25, nouveau bombardement, et encore une centaine de pertes chez les Américains, dont un général ; mais cette fois, les premières lignes allemandes sont pulvérisées. Le général Bayerlein estime que sa division blindée Panzer Lehr n'existe plus en tant qu'unité combattante. L'infanterie américaine progresse rapidement ; le 28 juillet, après quatre jours d'offensive, une colonne de la 2e Division blindée américaine est à dix kilomètres de la mer ; la 4e Division blindée libère Coutances le 29 juillet.

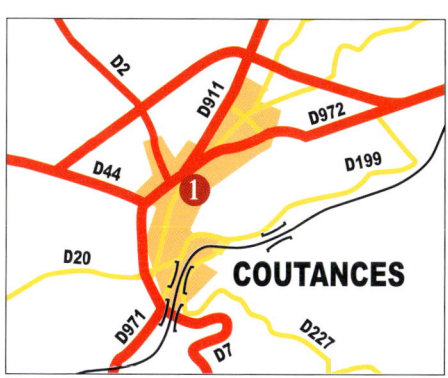

❶ STÈLE 4e DIVISION BLINDÉE

Stèle en hommage à la 4e Division blindée américaine commandée par le major général John S. Wood, qui libéra Coutances.
Localisation : dans le centre-ville, au bord de la D 971.

La tête de pont

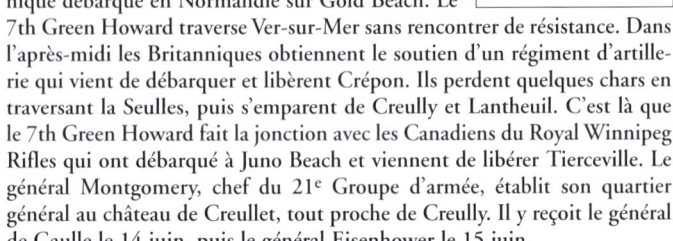

CREULLY/CRÉPON/TIERCEVILLE
LANTHEUIL Calvados - 13 km est de Bayeux

MONTGOMERY REÇOIT EISENHOWER

Le 6 juin 1944, la 69ᵉ Brigade d'infanterie britannique débarque en Normandie sur Gold Beach. Le 7th Green Howard traverse Ver-sur-Mer sans rencontrer de résistance. Dans l'après-midi les Britanniques obtiennent le soutien d'un régiment d'artillerie qui vient de débarquer et libèrent Crépon. Ils perdent quelques chars en traversant la Seulles, puis s'emparent de Creully et Lantheuil. C'est là que le 7th Green Howard fait la jonction avec les Canadiens du Royal Winnipeg Rifles qui ont débarqué à Juno Beach et viennent de libérer Tierceville. Le général Montgomery, chef du 21ᵉ Groupe d'armée, établit son quartier général au château de Creullet, tout proche de Creully. Il y reçoit le général de Gaulle le 14 juin, puis le général Eisenhower le 15 juin.

❶ MONUMENT 4/7th ROYAL DRAGOON GUARDS *Creully* ▸

Monument dédié au 4/7th Royal Dragoon Guards, de la 8ᵉ Brigade blindée.
Localisation : à l'entrée nord du bourg, au pied du château.

❷ MONUMENT 6/7th GREEN HOWARDS *Crépon*

Monument en mémoire des soldats des 6th et 7th Battalion The Green Howards.
Localisation : sur la D112 dans le centre du bourg.

❸ PLAQUE RENCONTRE MONTGOMERY - DE GAULLE *Manoir de Creullet*

Plaque commémorant la rencontre, le 14 juin 1944, du général de Gaulle et du général

Montgomery dans son QG.
Localisation : à l'entrée du manoir au nord du bourg.

❹ MONUMENT ROYAL ENGINEERS *Tierceville*

Monument construit en août 1944 par le 179th Special Field Company Royal Engineers.
Localisation : à l'entrée est du bourg, à l'intersection de la D12 et la D176.

❺ STÈLE AÉRODROME B9 *Lantheuil*

Stèle rappelant que l'aérodrome allié B9 fut opérationnel à cet endroit, du 27 juin au 30 août 1944. Les 438th, 439th et 440th Squadrons de la Royal Canadian Air Force décollèrent de cette piste.
Localisation : à 1 km au nord du bourg, sur la route de Creully.

❻ CHÂTEAU DE CREULLY

Le château de Creully a accueilli une équipe de la BBC qui diffusa, pendant deux mois, un programme d'informations quotidien.
Localisation : dans le centre du bourg.

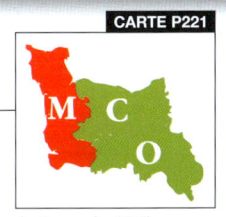

La tête de pont

CRISBECQ-SAINT-MARCOUF

Manche - 15 km sud-est de Valognes

CARTE P221

LES MARINS DANS LEUR VAISSEAU DE BÉTON

Conçue pour être la position principale de défense de la façade est du Cotentin, la batterie de Crisbecq ne possède que deux casemates achevées sur quatre le jour du Débarquement. Violemment bombardée dans la nuit du 5 au 6 juin 1944, la batterie s'oppose pourtant au Débarquement. Son système défensif empêche les parachutistes américains de s'en emparer le Jour J. Le 7 juin, les canons de 210 mm coulent un destroyer ; à la fin de la journée, la 4e Division d'infanterie est toujours bloquée devant la position. Le lendemain, trois cuirassés américains pilonnent ensemble la position et finissent par la réduire au silence. La garnison allemande de la Kriegsmarine évacue la batterie dans la nuit du 11 au 12 juin ; son commandant, l'Oberleutnant Ohmsen, sera décoré pour son action contre le Débarquement allié.

❶ MUSÉE DE LA BATTERIE DE CRISBECQ ▲

Située sur la commune de Saint-Marcouf, cette batterie d'artillerie comportait quatre pièces tchèques de 210 mm,

d'une portée de trente-trois kilomètres. Sa résistance face aux Américains valut la Croix de Chevalier à son chef. On peut visiter plusieurs blockhaus restaurés et

équipés de matériels d'époque.
Localisation : adresse et téléphone p 230.

❷ STÈLE AÉRODROME A7 *Crisbecq*

Stèle rappelant l'installation à cet endroit de l'aérodrome A7, construit par le génie de la 9th US Air Force. Le 367th Fighter Group décolla de cette piste de juin à août 1944.
Localisation : sur la D14 au nord de Saint-Marcouf, sur la gauche peu après une ferme (La Perette).

CRISTOT
Calvados - 15 km ouest de Caen

CARTE P223

LES OURS POLAIRES DANS LE BOCAGE

L'opération *Perch* démarre à l'ouest de Caen, mi-juin 1944. Les chars de la 8e Brigade blindée approchent de Tilly-sur-Seulles, une offensive allemande de chars Panther est repoussée sur la cote 103. Le 11 juin, le 6th Green Howard, soutenu par les Sherman du 4/7 th Dragoon Guards, attaque à l'est de Cristot. Vers Les Hauts-Vents, les Britanniques rencontrent une forte opposition des SS de la 12e Division blindée Hitlerjugend. Les mitrailleuses et les antichars allemands causent de lourdes pertes dans les rangs des Britanniques qui se replient. Le 16 juin, la 146e Brigade de la 49e Division d'infanterie West Riding, commandée par le général Barker, repart à l'assaut avec tout l'appui nécessaire : artillerie, blindés, support de la RAF et de la Royal Navy. Le 1/4th Battalion The King's Own Yorkshire Light Infantry entre dans Cristot, mais les Allemands ont quitté le bourg.

❶ PLAQUE 49e DIVISION D'INFANTERIE

Plaque dédiée aux hommes de la 146e Brigade de la 49e Division d'infanterie britannique West Riding, qui ont libéré Cristot le 16 juin 1944. L'emblème de la 49e Division d'infanterie est un ours polaire, qui rappelle l'engagement de l'unité en Islande en 1940 et 1941.
Localisation : sur le mur de l'église.

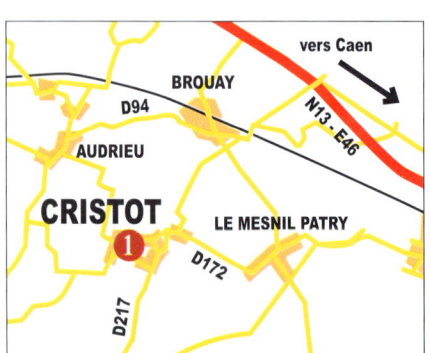

Insigne de la 49e Division d'infanterie britannique West Riding

CUVERVILLE
Calvados - 5 km est de Caen

CARTE P223

DISSENSION AU SEIN DE L'ÉTAT-MAJOR ALLIÉ

Au début du mois de juillet 1944, l'avance alliée est en retard sur le plan initial, la partie nord de la ville de Caen est seulement libérée les 9 et 10 juillet. Les pertes alliées sont élevées et sur le front britannique, la progression est lente. Les relations sont tendues au sein de l'État-Major allié, les critiques naissent à l'encontre du général Montgomery. Aussi, quand ce dernier annonce à Eisenhower la double offensive des 1re Armée britannique et 2e Armée américaine, les espoirs de percée renaissent avec force. Exceptionnellement, pour l'offensive *Goodwood*, Montgomery obtient l'appui des bombardiers lourds de la 8th US Air Force commandée par le général Spaatz. Le 18 juillet, à 7 heures du matin, l'aviation bombarde le secteur de Cuverville-Démouville ; puis l'artillerie entre en action. Les chars de la 29e Brigade de la 11e Division blindée du major général Roberts s'élancent. La première ligne défensive allemande, tenue par des fantassins de la 16e Luftwaffen-Feld-Division, est anéantie. Cuverville est rapidement libérée vers 8 h 30 par le 2nd Northamptonshire Yeomanry.

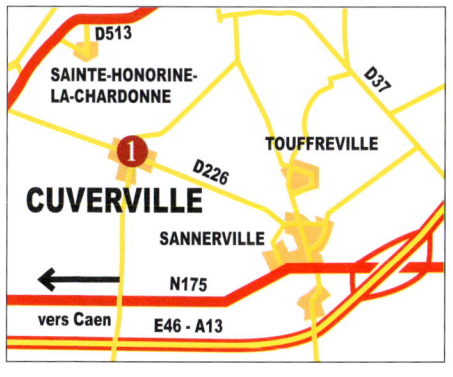

❶ STÈLE MIDDLESEX

Stèle dédiée au 2nd Battalion The Middlesex Regiment, de la 3e Division d'infanterie britannique, qui a combattu pendant l'opération *Goodwood* et a contribué à la libération de Cuverville. *Localisation : dans le centre-ville, sur une place près du monument aux morts.*

DOUVRES-LA-DÉLIVRANDE
Calvados - 10 km nord de Caen

CARTE P220

CHARS SPÉCIAUX CONTRE BLOCKHAUS

Au soir du 6 juin 1944, les Forces Alliées ont réussi à prendre pied sur les plages de Normandie et à établir plusieurs têtes de pont. En certains points de la côte, des points fortifiés allemands résistent encore. Entre Juno Beach et Sword Beach, la base de Douvres-la-Délivrande repousse tous les assauts des Canadiens. Douvres-la-Délivrande est une importante base de détection aérienne ; elle est défendue par de nombreux ouvrages bétonnés, armés de canons, de mitrailleuses, et ceinturée de champs de mines. La position tient jusqu'au 17 juin, lorsqu'une attaque massive est lancée ; le 41st Royal Marine Commando, appuyé par des chars spéciaux, obtient la reddition des 230 hommes de la garnison.

❶ CIMETIÈRE BRITANNIQUE ▲

Un petit pavillon de pierre en arche signale l'entrée de ce cimetière, qui contient 1 123 tombes de soldats tués en Normandie.
Localisation : à l'entrée sud de la ville sur la D7

(suivre le fléchage).

❷ MUSÉE DU RADAR ▼

Ce musée est implanté sur le site d'une ancienne base radar allemande fortifiée. Dans deux bunkers intacts, une scénographie explique l'évolution et le rôle des radars. À l'extérieur on peut observer un rare modèle de radar allemand Würzburg.
Localisation : adresse et téléphone p 229.

Musée du radar

DOZULÉ
Calvados - 24 km est de Caen

CARTE P225

OPÉRATION NOCTURNE POUR LES COMMANDOS

Les Britanniques progressent avec difficulté mi-août 1944, à l'est de Troarn. Dans le secteur de Goustranville, l'artillerie allemande empêche les parachutistes de la 5e Brigade de s'emparer des ponts sur le canal de la Dives. Les 7e, 12e et 13e Bataillons paras attaquent dans la nuit du 18 août. Les cartes sont imprécises, la zone est inondée et infestée de moustiques ; mais un pont est pris intact. Le 19, à l'aube, les paras du 12e Bataillon tiennent le village de Putot. L'objectif suivant des Britanniques est la colline 134, où les Allemands ont installé le PC de la 346e Division d'infanterie. Le général Gale confie cette mission au Commando N°48 de la 4th Special Service Brigade. Les Commandos, de nuit et à la boussole, contournent les défenses allemandes à travers la plaine inondée. Au matin du 20 août, ils s'emparent de leur objectif ; en fin de journée, les Commandos N°46, N°47 et N°48 lancent une attaque coordonnée sur Dozulé. Les Allemands réussissent à se replier, après avoir incendié le village ; les Britanniques entrent dans Dozulé à l'aube du 21 août.

❶ MONUMENT 4th SPECIAL SERVICE BRIGADE

Monument commémorant la libération de la ville par les Commandos britanniques de la 4th Special Service Brigade, le 21 août 1944. *Localisation : à l'entrée est de la ville sur la N175.*

Le Chaudron de Falaise

ÉCOUCHÉ
Orne - 7 km ouest d'Argentan

CARTE P225

LE GÉNÉRAL LECLERC VEUT FERMER LA POCHE

Le 12 août 1944, la 2e Division blindée libère Alençon au petit matin. Sans perdre de temps le général Leclerc lance ses groupements vers le nord, où ils détruisent des éléments de la 9e Panzer-Division dans la forêt d'Écouves. La 2e Division blindée bouscule la 116e Panzer-Division à Carrouges, puis contourne Mortrée où sont bloqués les Américains. À l'Etat-Major allemand, le général von Kluge propose une opération audacieuse : encercler le XVe Corps américain, mais les moyens manquent et les forces allemandes sont partout prises de vitesse. Au soir du 12 août, les Français sont devant Ecouché. Le lendemain, le colonel Warabiot lance une attaque surprise dès le lever du jour. Les Français détruisent de nombreux véhicules de la 116e Panzer-Division sur la N24 bis ; ils libèrent Écouché et franchissent l'Orne.

❶ CHAR 2e DIVISION BLINDÉE « MASSOUA »

Une plaque signale que le char *Sherman* « Massoua » appartenait à la 2e Division blindée du général Leclerc, 501e Régiment de chars, 1re compagnie.
Localisation : à l'entrée est de la ville.

ÉCOUVES (LE GATEY)

Orne - 5 km nord d'Alençon

CARTE P225

La 2e DB prend les Allemands en tenaille

Après s'être emparée d'Alençon le 12 août 1944 au matin, la 2e Division Blindée du général Leclerc poursuit vers Argentan. Les Français sont informés du dispositif ennemi par un prisonnier : la 9e Panzer-Division est retranchée dans la forêt d'Écouves. La colonne blindée Roumiantzoff s'enfonce dans la forêt par le sud, empruntant l'unique route. Au Gatey, un Sherman est touché par un antichar allemand, le fils du colonel Rémy est tué. En même temps, les Français traversent Sées à l'est et atteignent le carrefour du Point du Jour, au nord de la forêt d'Écouves. Le sous-groupement Putz part aussitôt à la rencontre de Rou-miantzoff. A la Croix de Médavy, les Sherman et les Panther s'affrontent ; les Français s'installent en défensive pour la nuit. Le lendemain matin, 13 août, les colonnes Roumiantzoff et Putz font leur jonction.

❶ Cimetière français
Le Gatey ▶

Cette petite nécropole, située dans le cadre magnifique de la forêt d'Écouves, rassemble les tombes de dix-neuf soldats français de la 2e Division Blindée. Une stèle porte les noms de soixante-neuf combattants.
Localisation : au bord de la D26 (suivre fléchage Rochers du Vignage).

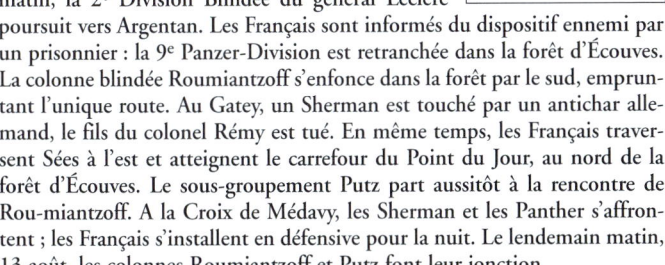

❷ Monument Roger Rémy

Monument érigé à la mémoire de Roger Rémy, combattant de la 2e Division Blindée, tué à dix-huit ans le 12 août 1944. Il était le fils du commandant du 1er Régiment de marche des Spahis marocains.
Localisation : à l'entrée sud de la forêt d'Écouves.

❸ Char 2e Division Blindée « Valois »

Une plaque signale que le char *Sherman* « Valois » apparte-nait à la 2e Division Blindée du général Leclerc. De l'autre côté du carrefour, un panneau retrace les combats de la division.
Localisation : dans la forêt d'Écouves, à la Croix de Médavy.

Panneau retraçant les combats de la 2e Division Blindée

ÉPRON

CARTE P223

Calvados - 1 km nord de Caen

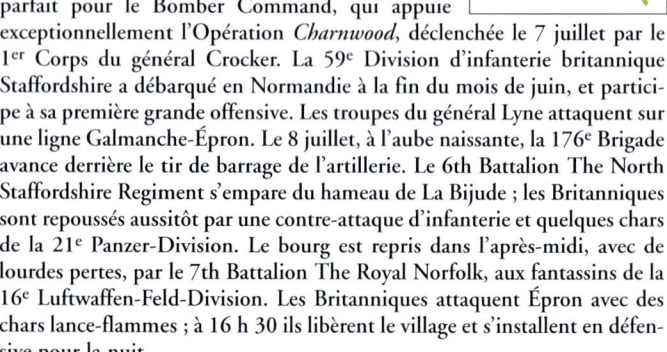

LES ALLIÉS AUX PORTES DE CAEN

Caen souffre sous les bombes alliées. Le temps est parfait pour le Bomber Command, qui appuie exceptionnellement l'Opération *Charnwood*, déclenchée le 7 juillet par le 1er Corps du général Crocker. La 59e Division d'infanterie britannique Staffordshire a débarqué en Normandie à la fin du mois de juin, et participe à sa première grande offensive. Les troupes du général Lyne attaquent sur une ligne Galmanche-Épron. Le 8 juillet, à l'aube naissante, la 176e Brigade avance derrière le tir de barrage de l'artillerie. Le 6th Battalion The North Staffordshire Regiment s'empare du hameau de La Bijude ; les Britanniques sont repoussés aussitôt par une contre-attaque d'infanterie et quelques chars de la 21e Panzer-Division. Le bourg est repris dans l'après-midi, avec de lourdes pertes, par le 7th Battalion The Royal Norfolk, aux fantassins de la 16e Luftwaffen-Feld-Division. Les Britanniques attaquent Épron avec des chars lance-flammes ; à 16 h 30 ils libèrent le village et s'installent en défensive pour la nuit.

1 STÈLE 59e DIVISION

Stèle à la mémoire des soldats de la 59e Division d'infanterie britannique Staffordshire, qui ont libéré la ville en juillet 1944.
Localisation : derrière la mairie.

Insigne de la 59e Division d'infanterie britannique Staffordshire

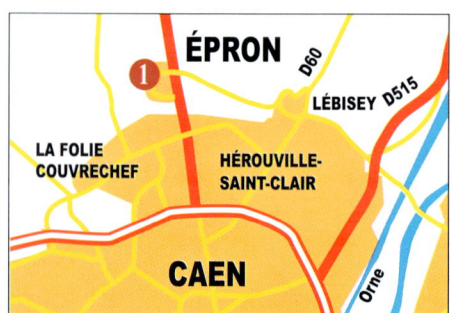

ESTRÉES-LA-CAMPAGNE
Calvados - 20 km sud de Caen

CARTE P224

LA COLLINE 111, TOMBEAU DES CANADIENS

Au mois de juillet, l'opération *Goodwood*, à l'est de Caen, s'était soldée par la perte de plus de trois cents chars alliés ; l'offensive avait été bloquée pour deux semaines. Mais la guerre d'usure tourne à l'avantage des Alliés ; hommes et matériels débarquent sans cesse en Normandie, alors que les colonnes de ravitaillement allemandes sont pilonnées par l'aviation alliée ; elles ne peuvent se déplacer que de nuit et arrivent en ordre dispersé sur le front. Le 10 août 1944, dans la deuxième phase de l'offensive *Totalize*, les Canadiens subissent un grave revers sur la colline 111, proche d'Estrées-la-Campagne. Les Polonais de la 1re Division blindée attaquent à leur tour la colline, à partir de Soignolles. Les Allemands de la 85e Division d'infanterie ont creusé des tranchées et ne cèdent la position qu'à la nuit. Les chars polonais sont contre-attaqués par les Tigre, Panther et Panzer IV du Kampfgruppe Wünsche, qui a causé tant de pertes chez les Canadiens. Le 10e Régiment de Dragons s'empare d'Estrées-la-Campagne, dans la nuit du 10 au 11 août.

❶ MONUMENT WORTHINGTON FORCE

Monument à la mémoire du Groupement Worthington. Cette force blindée, commandée par le lieutenant-colonel Worthington, fut presque entièrement anéantie par un Kampfgruppe de la 12e SS-Panzer-Division le 10 août 1944 sur la cote 111 ; quarante-trois chars anglais furent détruits et une centaine de soldats tués dont le lieutenant-colonel Worthington. *Localisation : sur la D131 entre Estrées-la-Campagne et Maizières.*

La délivrance de Caen

ÉTERVILLE
Calvados - 3 km sud de Caen

CARTE P223

LA COTE 112, VERROU AU SUD-OUEST DE CAEN

Début juillet 1944, les Canadiens se sont enfin emparés du plateau de Carpiquet et de son aérodrome. À partir de cette base solide, le général O'Connor lance son VIIIᵉ Corps à l'assaut de la position qui verrouille le front au sud-ouest de Caen : la cote 112. L'opération *Jupiter* démarre le 10 juillet. Tandis que les combats font rage sur la cote 112, le 4th Battalion Dorsetshire Regiment avance sur Éterville avec l'appui des chars. Le village est à peine occupé qu'un violent tir d'obus d'artillerie et de mortier s'abat sur les Britanniques ; la situation devient critique. Le 4th Battalion Dorsetshire Regiment est relevé par le 9th Battalion Cameronians dans l'après-midi. À l'aube du 11 juillet, une contre-attaque des Panzergrenadiers-Regiment 20 et 22 chasse les Britanniques d'Éterville. Mais dans la journée, l'artillerie britannique repousse les Allemands des ruines du petit village normand.

1944 1984
LES HABITANTS
D'ETERVILLE
AUX COMBATTANTS
DU DORSET

❶ PLAQUE DORSET

Plaque à la mémoire des soldats du 4th Battalion Dorsetshire Regiment, qui participèrent à la libération de la ville en juillet 1944.
Localisation : dans le centre-ville, sur le mur de la mairie.

ÉTREHAM/TOUR-EN-BESSIN
Calvados - 8 km nord-ouest de Bayeux

CARTE P220

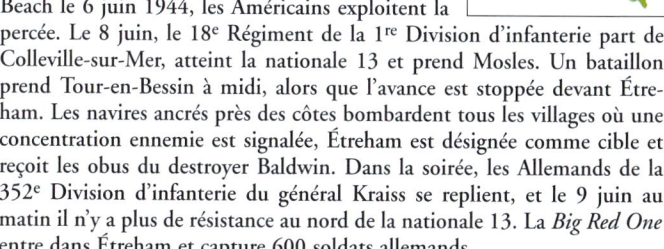

LA BIG RED ONE EXPLOITE LA PERCÉE

Après le débarquement dramatique sur Omaha Beach le 6 juin 1944, les Américains exploitent la percée. Le 8 juin, le 18e Régiment de la 1re Division d'infanterie part de Colleville-sur-Mer, atteint la nationale 13 et prend Mosles. Un bataillon prend Tour-en-Bessin à midi, alors que l'avance est stoppée devant Étreham. Les navires ancrés près des côtes bombardent tous les villages où une concentration ennemie est signalée, Étreham est désignée comme cible et reçoit les obus du destroyer Baldwin. Dans la soirée, les Allemands de la 352e Division d'infanterie du général Kraiss se replient, et le 9 juin au matin il n'y a plus de résistance au nord de la nationale 13. La *Big Red One* entre dans Étreham et capture 600 soldats allemands.

❶ PLAQUE 1re DIVISION D'INFANTERIE *Étreham* ▲

Plaque dédiée à la 1re Division d'infanterie américaine, qui libéra le village d'Étreham en juin 1944.
Localisation : sur le mur de la mairie

❷ PLAQUE 1re DIVISION D'INFANTERIE
Tour-en-Bessin

Plaque dédiée à la 1re Division d'infanterie américaine, qui libéra le village le 8 juin 1944.
Localisation : au centre du bourg, sur un mur au bord d'un parking.

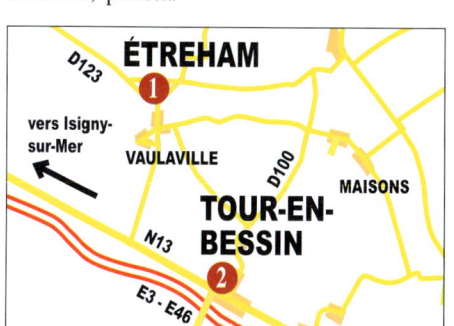

Le Chaudron de Falaise

ÉVRECY/NOYERS-BOCAGE

Calvados - 11 km sud-ouest de Caen

CARTE P224

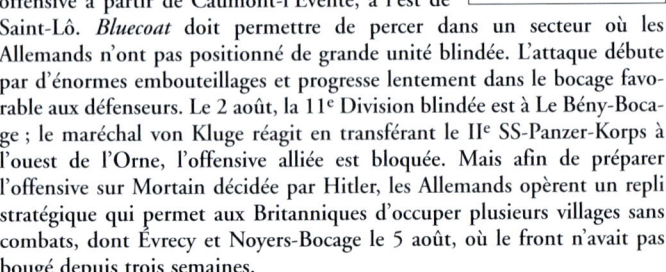

LE IIᵉ SS PANZER-KORPS PASSE À L'OUEST

Le 30 juillet 1944, le général Dempsey lance une offensive à partir de Caumont-l'Éventé, à l'est de Saint-Lô. *Bluecoat* doit permettre de percer dans un secteur où les Allemands n'ont pas positionné de grande unité blindée. L'attaque débute par d'énormes embouteillages et progresse lentement dans le bocage favorable aux défenseurs. Le 2 août, la 11ᵉ Division blindée est à Le Bény-Bocage ; le maréchal von Kluge réagit en transférant le IIᵉ SS-Panzer-Korps à l'ouest de l'Orne, l'offensive alliée est bloquée. Mais afin de préparer l'offensive sur Mortain décidée par Hitler, les Allemands opèrent un repli stratégique qui permet aux Britanniques d'occuper plusieurs villages sans combats, dont Évrecy et Noyers-Bocage le 5 août, où le front n'avait pas bougé depuis trois semaines.

❶ MONUMENT PILOTES DE TYPHOON ▸

Noyers-Bocage

Monument dédié à tous les pilotes de chasseurs Typhoon morts pendant la Bataille de Normandie. *Localisation : au bord de la D675 à l'entrée du bourg en venant de Villers-Bocage.*

❷ MONUMENT ROYAL WELCH FUSILIERS

Évrecy ▾

Monument érigé par le Royal Welch Fusiliers à la mémoire des vingt-cinq officiers et hommes des 4ᵉ, 6ᵉ et 7ᵉ Bataillons, et huit soldats d'autres régiments qui sont morts pendant la libération de la Normandie entre juin et août 1944 ; en mémoire aussi des civils qui ont péri pendant les combats. *Localisation : sur la D8 à l'entrée du bourg en venant de Caen.*

Monument Royal Welch Fusiliers

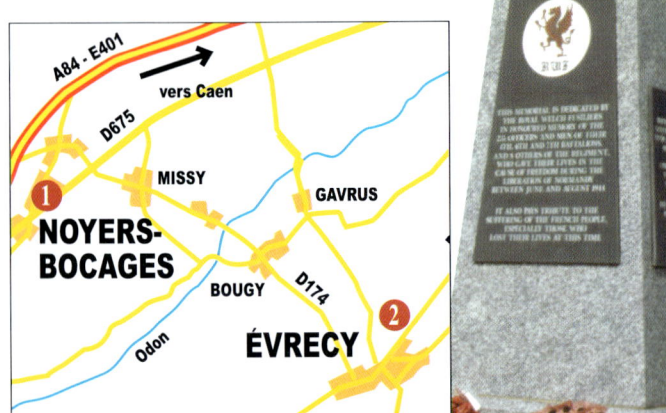

EXMES
Orne - 16 km est d'Argentan

CARTE P225

LE Ve CORPS FERME LA POCHE DE FALAISE

Mi-août 1944, les Américains entrent dans Dreux et Orléans. Le général Patton lance deux divisions vers la Seine. La 90e Division d'infanterie du général Mac Bride, qui assure les arrières de la 2e Division blindée française, atteint la route Le Bourg-Saint-Léonard-Exmes. Le 17 août, la 2e DB du général Leclerc est rattachée au Ve Corps du général Gerow. Le 18, le Ve Corps déclenche l'offensive qui doit fermer la poche de Falaise. La 80e Division d'infanterie est bloquée sur la nationale 24 bis, à sa droite la 90e Division d'infanterie traverse la forêt de Gouffern et libère Le Bourg-saint-Léonard. Le 19 août, le sous-groupement Massu de la 2e DB démarre de Médavy, traverse Le Pin-au-Haras et libère Exmes. Le colonel Langlade y installe son poste de commandement.

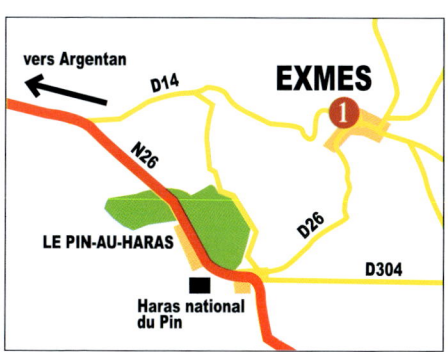

vers Argentan

D14

EXMES

1

N26

D26

D304

LE PIN-AU-HARAS

Haras national du Pin

1 STÈLE GÉNÉRAL LECLERC

Stèle dédiée au général Leclerc de Hautecloque, et à la 2e Division Blindée qui a libéré le bourg le 19 août 1944.
Localisation : place du général Leclerc, sur le monument aux morts.

Le Chaudron de Falaise

FALAISE
Calvados

CARTE P224

50 000 SOLDATS ALLEMANDS SE RENDENT

Après l'opération *Cobra* et la percée du front allemand à Avranches fin juillet, les Alliés débouchent enfin du bocage normand et se répandent en Bretagne et en Anjou. Une contre-attaque allemande échoue à Mortain le 7 août. Le 12 août, deux divisions blindées, dont la 2e DB du général Leclerc, sont à Argentan. Au nord, le IIe Corps canadien est à dix kilomètres de Falaise. Entre Argentan et Falaise il n'y a que 23 kilomètres, une poche se dessine clairement. Le 16 août, la 2e Division d'infanterie canadienne est devant Falaise, la 6e Brigade lance l'attaque contre la ville, défendue par un Kampfgruppe SS. Les Canadiens progressent lentement, car les Allemands tendent des embuscades avec canons antichars et mitrailleuses. Au soir, les jeunes SS de la Hitlerjugend tiennent encore dans l'école Saint-Jean, encerclés par les Fusiliers Mont Royal. À l'aube du 17 août, les Allemands succombent dans les ruines des bâtiments, sous un dernier assaut des Canadiens.

❶ MUSÉE AOÛT 1944 ▲

Ce musée est installé dans une ancienne fromagerie, au pied du château médiéval, et relate la Bataille de la poche de Falaise. Mannequins et matériels sont mis en situation pour faire revivre les combats du mois d'août 1944. Du matériel est également exposé à l'extérieur, dont un canon de 88 mm allemand et un blindé Sexton.

Localisation : adresse et téléphone p 229.

❷ MONUMENT DE LA LIBÉRATION

Monument commémorant la libération de Falaise le 17 août 1944 par les Forces Alliées.

Localisation : sur le boulevard de la Libération, face aux remparts du château.

Le Chaudron de Falaise

FLERS/SAINT-GEORGES-DES-GRO-SEILLERS/AUBUSSON Orne

CARTE P224

HITLER AUTORISE LE RETRAIT DE LA 7e ARMÉE
Flers est située sur l'axe Vire-Argentan. Orientée
ouest-est, la nationale 24 bis est une artère vitale
pour les Allemands. Le 12 août, la 3e Armée du général Patton approche
d'Argentan, 45 km à l'est de Flers. Le 15 août, l'opération *Tractable* amène
Canadiens, Britanniques et Polonais aux portes de Falaise. Le 16 août, les
Alliés se pressent devant Flers, la 3e Division d'infanterie britannique arrive de l'ouest alors que l'objectif est réservé à la 11e Division blindée britannique. Des éléments du 3e Régiment de reconnaissance de la 3e Division
d'infanterie pénètrent jusque dans le centre de la ville. Les blindés du 2nd
Northamptonshire Yeomanry « tombent » sur les hommes du 3e Régiment
de reconnaissance, ces derniers sont contraints de se retirer. Flers et Saint-
Georges-des-Groseillers sont libérées, et le lendemain, 17 août, la 11e Division blindée traverse Aubusson.

❶ MUSÉE DE FLERS ▸

Le château de Flers, du
XVIe et XVIIIe siècle, abrite
l'hôtel-de-ville.
Deux petites salles sont
consacrées à la Déporta-
tion et à la 11e Division
blindée britannique.
*Localisation : adresse et
téléphone p 229.*

**❷ MONUMENT 11e
DIVISION BLINDÉE** *Saint-
Georges-des-Groseillers*

Monument dédié aux
soldats de la 11e Division
blindée britannique.
*Localisation : sur la
D962, à 1 km au nord de
la ville.*

**❸ STÈLE SOLDATS
ALLIÉS** *Saint-Georges-des-
Groseillers*

Stèle à la mémoire des
soldats britanniques,

canadiens et des civils
normands, victimes des
combats de juin 1944.
*Localisation : sur la
D962, à l'entrée nord de
la ville.*

**❹ STÈLE FRANK
GRDENICH** *Aubusson*

Stèle à la mémoire du
lieutenant Frank
Grdenich, pilote du
434th Squadron du 479th

Fighter Group, de la
8th US Air Force, abattu
le 19 juin 1944.
*Localisation : sur la
D229, à 500 mètres de la
sortie ouest du bourg,
dans un virage à droite.*

**❺ STÈLE 11e DIVISION
BLINDÉE** *Aubusson*

Stèle en l'honneur de
la 11e Division blindée
britannique.
*Localisation : devant
l'église.*

**❻ STÈLE MAJOR
THORNBURN** *Aubusson*

Stèle dédiée au major
Ned Thornburn, du
2nd Battalion King's
Shropshire Light Infantry.
*Localisation : devant
l'église.*

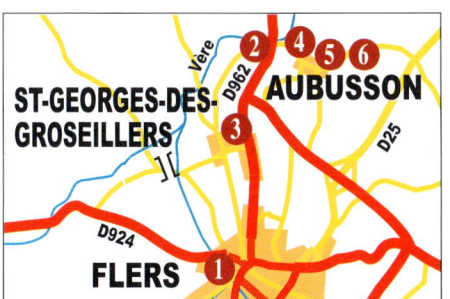

FLEURÉ/BOUCÉ

Orne - 5 et 10 km sud d'Argentan

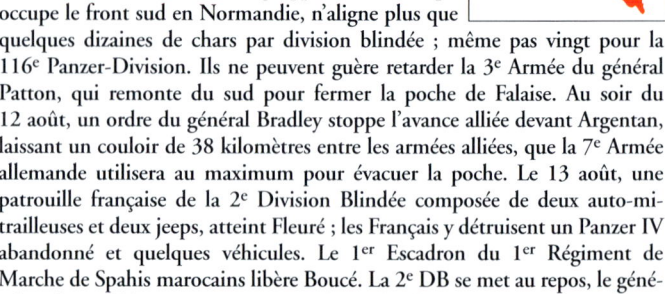

CARTE P225

PATTON ET LECLERC STOPPÉS PAR BRADLEY

Début août 1944, le Panzergruppe Eberbach, qui occupe le front sud en Normandie, n'aligne plus que quelques dizaines de chars par division blindée ; même pas vingt pour la 116e Panzer-Division. Ils ne peuvent guère retarder la 3e Armée du général Patton, qui remonte du sud pour fermer la poche de Falaise. Au soir du 12 août, un ordre du général Bradley stoppe l'avance alliée devant Argentan, laissant un couloir de 38 kilomètres entre les armées alliées, que la 7e Armée allemande utilisera au maximum pour évacuer la poche. Le 13 août, une patrouille française de la 2e Division Blindée composée de deux auto-mitrailleuses et deux jeeps, atteint Fleuré ; les Français y détruisent un Panzer IV abandonné et quelques véhicules. Le 1er Escadron du 1er Régiment de Marche de Spahis marocains libère Boucé. La 2e DB se met au repos, le général Leclerc établit son quartier général près de Fleuré pour quelques jours.

❶ MONUMENT GÉNÉRAL LECLERC *Fleuré* ▸

Monument commémorant l'établissement du quartier général du général Leclerc à cet endroit, du 12 au 25 août 1944.
Localisation : sur la D2 au nord du bourg.

❷ PLAQUE MAC DONELL - 2e DIVISION BLINDÉE *Boucé*

Plaque à la mémoire du pilote américain Henneth Mac Donell, abattu le 13 août 1944. Deux soldats de la 2e Division Blindée du général Leclerc, tués les 14 et 15 août, sont également honorés.
Localisation : sur le monument aux morts.

La délivrance de Caen

FLEURY-SUR-ORNE/IFS
Calvados - 1 km sud de Caen

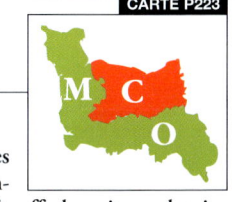

CARTE P223

LA ROUTE DE FALAISE EST OUVERTE

Le 19 juillet 1944, Caen est libérée. La veille, les Allemands harcelaient encore Canadiens et Britanniques qui tentaient de traverser l'Orne. La Luftwaffe lançait un dernier raid nocturne, avant que les Allemands ne se retirent de la cité en ruines. Le génie s'est activé toute la nuit à installer des ponts Bailey. Dès l'aube du 19 juillet, par un temps pluvieux, les Canadiens de la 5e Brigade d'infanterie peuvent reprendre leur avance. Ils longent l'Orne vers le sud. A l'approche de Fleury-sur-Orne, les Allemands déclenchent plusieurs salves de Nebelwerfer ; des civils normands qui fuyaient Caen, affolés, trouvent refuge dans des carrières toutes proches. Les Canadiens entrent dans Fleury-sur-Orne, avec l'appui des chars du 27e Régiment blindé The Sherbrooke Fusiliers. Tandis que le régiment de Maisonneuve, et celui du Calgary Highlanders, se dirigent vers Saint-André-sur-Orne et la cote 67, le Black Watch of Canada libère Ifs.

❶ MONUMENT BLACK WATCH OF CANADA
Ifs ▸

Plaque sur le mur présentée par le régiment The Black Watch (Royal Highland Regiment) of Canada de la 2e Division d'infanterie canadienne. Au-dessous, une stèle, rend hommage aux Canadiens qui ont libéré Ifs le 20 juillet 1944.
Localisation : sur un mur en face de la mairie (l'ancien bâtiment).

❷ STÈLE CANADIENNE
Fleury-sur-Orne

Stèle commémorant la libération de la commune de Fleury-sur-Orne par les Canadiens au mois de juillet 1944.
Localisation : devant l'hôtel de ville.

La délivrance de Caen

FONTAINE ÉTOUPEFOUR
Calvados - 5 km sud-ouest de Caen

CARTE P223

LE VIIIᵉ CORPS FRANCHIT L'ODON

L'opération *Epsom*, du 26 au 30 juin 1944, permet aux Alliés de percer le front allemand à l'ouest de Caen et de franchir l'Odon. Mais la progression est difficile face aux deux Corps blindés SS qui occupent le secteur. Le 29 juin, les Allemands contre-attaquent entre Noyers et Evrecy, le IIᵉ SS-Panzer-Korps s'élance et se heurte à une offensive simultanée du VIIIᵉ Corps britannique. Le manque de coordination et l'intervention de l'artillerie navale font échouer l'assaut allemand, tout comme celui lancé par le Iᵉʳ SS-Panzer-Korps vers Carpiquet. Le général von Schweppenburg est limogé à la suite de ses échecs. Des deux côtés on s'enterre, Fontaine-Étoupefour est libérée et se trouve sur la ligne de front. La cote 112, enjeu de tous les combats, restera aux mains des Allemands jusqu'au 10 juillet.

❶ **MONUMENT DORSETSHIRE**

Monument érigé à la mémoire de tous les officiers et soldats du 5th Battalion Dorsetshire Regiment, 130ᵉ Brigade de la 3ᵉ Division d'infanterie Wessex, qui ont combattu près d'ici le 10 juillet 1944, au château de Fontaine et pendant toute la campagne d'Europe. *Localisation : au carrefour de la D8 et de la D36.*

CARTE P220

FONTAINE-HENRY/LE FRESNE/CAMILLY
Calvados - 12 km nord-ouest de Caen

JONCTION DE GOLD ET JUNO BEACH À CREULLY

Le 6 juin 1944, à midi, la 7e Brigade de la 3e Division d'infanterie canadienne a dégagé sa zone de débarquement sur Juno Beach. Les trois régiments progressent vers l'intérieur. Le 1st Battalion The Canadian Scottish Regiment se dirige vers Sainte-Croix-sur-Mer, puis Creully et Colombiers-sur-Seulles. Le Royal Winnipeg Rifles avance vers Pierrepont et fait la jonction avec les Britanniques du 7th Green Howards près de Creully. Le Regina Rifle Regiment, commandé par le lieutenant-colonel Matheson, libère Reviers. Un escadron de Sherman du 1st Hussars Regiment est sévèrement accroché par un canon allemand de 88 mm, embusqué sur une hauteur devant le Fresne et Camilly, six blindés canadiens sont détruits. Dans l'après-midi, les Reginas libèrent Le Fresne, Camilly et Fontaine-Henri ; au soir du 6 juin, la 7e Brigade consolide ses positions dans le secteur Creully, Fontaine-Henry, Le Fresne et Camilly.

❶ **PLAQUE SOLDATS CANADIENS** ▸
Fontaine-Henry

Plaque à la mémoire de onze soldats canadiens tués dans les combats pour la libération du bourg.
Localisation : sur le mur de l'église.

❷ **MONUMENT AÉRODROME B5 - ROYAL WINNIPEG RIFLES - CANADIAN SCOTTISH**
Le Fresne/Camilly

Monument dédié aux soldats du Royal Winnipeg Rifles et du 1st Battalion The Canadian Scottish Regiment de la 7e Brigade d'infanterie, qui ont libéré le bourg. Une plaque

rappelle que l'aérodrome allié B5 était établi dans cette zone et fut utilisé par le 121e Groupe de chasseurs jusqu'au 4 septembre 1944.

Localisation : sur le mur d'entrée de l'abbaye.

❸ **STÈLE CANADIENNE**
Fontaine-Henry

Plaque à la mémoire des soldats canadiens du 1st Hussars Regiment, du régiment de La Chaudière, du Regina Rifle Regiment, et du 13e RCA.
Localisation : sur le parking, en face de l'église.

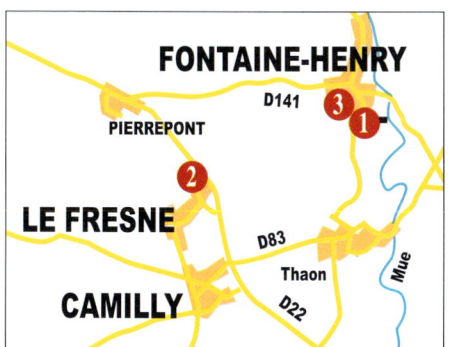

Le Chaudron de Falaise

CARTE P224

FONTAINE-LE-PIN/POTIGNY
Calvados - 10 km nord de Caen

« NAPRZOD ! », LA REVANCHE DES POLONAIS

Après la libération de Caen, le général Montgomery lance deux grandes opérations qui ont pour objectif Falaise. Le 7 août 1944, c'est *Totalize* qui débute. Britanniques, Canadiens et Polonais partent à l'attaque de nuit. Le 8 août, les chars des 4e Division blindée canadienne et 1re Division blindée polonaise enfoncent les lignes allemandes. Mais les Allemands utilisent la tactique des villages fortifiés et des contre-attaques éclairs ; les Canadiens perdent quarante-trois chars sur la cote 111. Dans la nuit du 9 au 10 août, les Argyll and Sutherland Highlanders of Canada de la 10e Brigade d'infanterie prennent la cote 195, au nord de Potigny. Le 13 août, les Canadiens obtiennent une tête de pont sur la Laize à Clair-Tison. Le 14, Montgomery poursuit sur Falaise avec *Tractable*. Un violent bombardement des lignes allemandes précède l'assaut, le général Maczek lance sa 1re Division blindée vers Potigny et Fontaine-le-Pin. Les Polonais s'emparent d'Assy, le lendemain le 8e Chasseur repousse les Allemands de la 89e Division d'infanterie hors de Potigny. Le 24e Lanciers avance vers Ussy, où quelques chars Tigre de la SS-Panzer-Abteilung 102 se replient et permettent aux Polonais de libérer Fontaine-le-Pin.

❶ STÈLE ARGYLL AND SUTHERLANDS HIGLANDERS
Fontaine-le-Pin ▶

Plaque à la mémoire des soldats du Argyll and Sutherlands Higlanders of Canada Regiment, qui se sont emparés de la cote 195, les 10 et 11 août 1944. Ce régiment libéra Saint-Lambert-sur-Dives avec les chars du South Alberta Regiment, le 19 août.
Localisation : route de Paris, à 500 m au nord-est du bourg.

❷ PLAQUE 1re DIVISION BLINDÉE POLONAISE -

PLAQUE MAJOR ALEXANDER *Potigny*

Deux plaques commémorent la Bataille de Normandie, l'une dédiée aux soldats de la 1re Division blindée polonaise qui ont libéré la ville, l'autre au Major John Alexander, pilote de la RAF abattu le 12 juin 1944.
Localisation : sur le monument aux morts.

❸ STÈLE DE LA LIBÉRATION
Fontaine-le-Pin

Stèle commémorant la libération du village par les troupes alliées le 14 août 1944.
Localisation : sur la place en face de l'église.

FONTENAY-LE-MARMION/LAIZE-LA-VILLE Calvados - 8 km sud de Caen

CARTE P224

SPRING, TOTALIZE... OBJECTIF FALAISE

Avec l'opération *Spring* le général Montgomery poursuit sa stratégie de fixation des divisions blindées allemandes. *Spring* débute le 24 juillet, en même temps que *Cobra* sur l'autre aile du front. Les Allemands utilisent toutes les possibilités du terrain, et opposent une solide résistance ; les fantassins de la 272e Division d'infanterie de la Wehrmacht et les SS de la 9e SS-Panzer-Division infligent de lourdes pertes aux Britanniques et aux Canadiens, à May-sur-Orne et Rocquancourt. L'attaque est stoppée, elle reprend le 7 août avec *Totalize* ; vers 23 heures les bombardiers et l'artillerie pilonnent massivement le secteur de May-sur-Orne et Fontenay-le-Marmion, à l'ouest de la nationale 158. À minuit, les South Saskatchewan arrachent Rocquancourt aux Allemands ; May-sur-Orne tombe le 8 août à 5 heures du matin, sous les assauts des chars Churchill lance-flammes. Au soir, Fontenay-le-Marmion et Laize-la-Ville sont libérées.

❶ PLAQUE FUSILIERS MONT ROYAL ▲
Laize-la-Ville

Plaque à la mémoire des Canadiens du régiment des Fusiliers Mont Royal (6e Brigade de la 2e Division d'infanterie canadienne), qui ont libéré le bourg le 8 août 1944.

Localisation : sur le monument aux morts, au bord de la D 562.

❷ STÈLE CANADIENNE
Fontenay-le-Marmion

Stèle dédiée aux soldats canadiens morts dans les combats pour la libération de Fontenay-le-Marmion. *Localisation : devant la mairie.*

FONTENAY-LE-PESNEL
Calvados - 10 km ouest de Caen

CARTE P223

Opération Martlet à l'ouest de Caen

Pour assurer le flanc droit de l'opération *Epsom*, le général O'Connor lance une attaque préliminaire codée *Martlet*. Le 25 juin 1944, la 50e Division d'infanterie Highland du Major général Rennie, et les chars de la 8e Brigade blindée avancent vers Hottot-les-Bagues. Tandis que la 49e Division d'infanterie West Riding, commandée par le Major général Thomas, attaque Fontenay-le-Pesnel. En face, un seul bataillon d'infanterie de la Panzer-Lehr-Division ; les lignes allemandes sont percées, un Kampfgruppe blindé de la Hitlerjugend intervient en urgence pour colmater la brèche. Le lendemain, 26 juin, après un violent barrage d'artillerie, les chars et l'infanterie britannique submergent les lignes allemandes, s'emparent de Fontenay-le-Pesnel et s'arrêtent devant Rauray.

❶ Monument 49e Division d'infanterie ▸

Monument dédié à la 49e Division d'infanterie britannique West Riding. On peut voir sur le monument vingt-deux stèles représentant les différentes unités composant la division. *Localisation : en face du cimetière de Fontenay-le-Pesnel.*

❷ Cimetière britannique

520 soldats sont inhumés dans ce cimetière, situé au milieu des champs. Les soldats alliés qui reposent ici ont été tués, pour la plupart, au cours de l'opération *Epsom*. *Localisation : sur la D173 entre Cheux et Tessel (suivre le fléchage).*

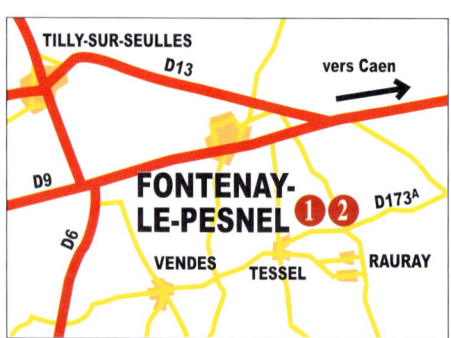

GAVRUS
Calvados - 10 km sud-ouest de Caen

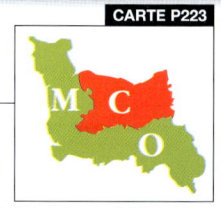

CARTE P223

LES ECOSSAIS FRANCHISSENT L'ODON

Le 26 juin 1944 en Normandie, les Alliés attaquent à l'ouest de Caen ; l'opération *Epsom* doit permettre de franchir l'Odon, dans un premier temps. Le 28 juin, le 2nd Battalion Argyll et Sutherland Highlanders de la 15e Division d'infanterie Scottish prend le contrôle de deux ponts sur l'Odon près de Gavrus, permettant d'élargir la tête de pont. Mais les Argyll ne réussissent pas à faire jonction avec la 46e Brigade d'infanterie à Grainville ; ils subissent toute la nuit des tirs de mortiers et sont menacés d'encerclement. Le 29 juin une tentative de relève du VIIIe Corps se heurte à une attaque de la 1re SS-Panzer-Division ; dans l'après-midi les Allemands prennent Gavrus, qui est reprise aussitôt par les Écossais avec le soutien de l'artillerie. Le 1er juillet, une dernière tentative du IIe SS-Panzer-Korps de réduire la tête de pont échoue et le front se stabilise.

❶ STÈLE 15e DIVISION SCOTTISH ▸

Stèle commémorant les combats pour Gavrus le 28 juin 1944 par des éléments de la 15e Division d'infanterie Scottish. Après dix-neuf jours de combats, le village est libéré le 16 juillet par le 8th Battalion Royal Scots et le 8th Battalion The Essex, 153rd Royal Tank Regiment. Dans la soirée du 16, et le lendemain, le 6th Batallion Royal Scots Fusilier, le 6th Battalion King's Own Scottish Borderers et les 4th et 6th Battalion Royal Welch Fusiliers occupent la cote 113.
Localisation : au bord de la D214, dans le centre du bourg.

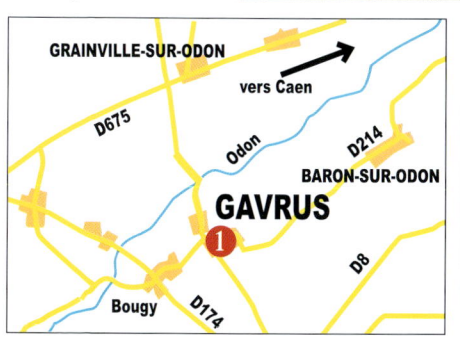

Insigne de la 15e Division d'infanterie Scottish

La tête de pont

GONNEVILLE-EN-AUGE
Calvados - 8 km sud-ouest de Cabourg

CARTE P220

LE BOMBER COMMAND FAIT UNE ERREUR

Dans la nuit du 5 au 6 juin 1944, le 9e Bataillon du lieutenant-colonel Otway doit neutraliser la batterie de Merville. L'opération est soigneusement préparée, avant l'entrée en action des parachutistes le Bomber Command doit pilonner le site. Le largage rate sa cible, et c'est le bourg de Gonneville-sur-Merville, au sud, qui est atteint. Le 1st Canadian Parachute Battalion traverse le bourg sans rencontrer d'ennemi — et se dirige vers son objectif — Gonneville-sur-Merville reste en zone allemande. Le 17 août, débute l'opération *Paddle*. Les blindés belges de la Brigade Piron progressent difficilement au milieu des cratères d'obus, ils atteignent le château de Gonneville. Le 12th Battalion Devonshire Regiment déborde un point de résistance au calvaire de Gonneville. Dans l'après-midi, le Bataillon des Ox and Bucks de la 6th Airlanding Brigade entre dans le village de Gonneville-sur-Merville en ruines, et vide d'ennemi.

❶ STÈLE 9e BATAILLON PARACHUTISTE ▲

Stèle à la mémoire des parachutistes du 9e Bataillon de la 6e Division aéroportée, qui partirent à l'assaut de la batterie de Merville.

Localisation : dans le bourg, contourner l'église et passer devant la mairie, prendre la rue des Banques jusqu'au carrefour du 9e Bataillon.

Emblème du Canadian Parachute Corps

GRAIGNES
Manche - 18 km sud de Carentan

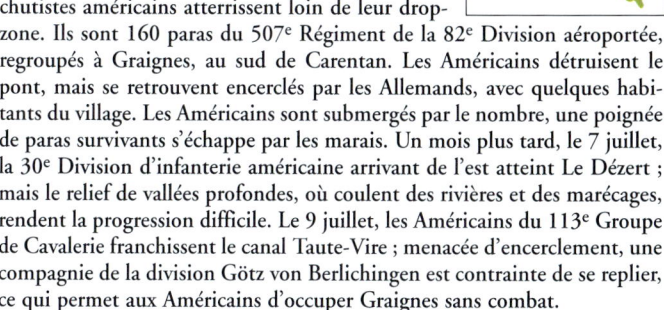

CARTE P222

LES PARACHUTISTES AMÉRICAINS ASSIÉGÉS

Dans la nuit du 6 juin 1944, de nombreux para-chutistes américains atterrissent loin de leur drop-zone. Ils sont 160 paras du 507e Régiment de la 82e Division aéroportée, regroupés à Graignes, au sud de Carentan. Les Américains détruisent le pont, mais se retrouvent encerclés par les Allemands, avec quelques habitants du village. Les Américains sont submergés par le nombre, une poignée de paras survivants s'échappe par les marais. Un mois plus tard, le 7 juillet, la 30e Division d'infanterie américaine arrivant de l'est atteint Le Dézert ; mais le relief de vallées profondes, où coulent des rivières et des marécages, rendent la progression difficile. Le 9 juillet, les Américains du 113e Groupe de Cavalerie franchissent le canal Taute-Vire ; menacée d'encerclement, une compagnie de la division Götz von Berlichingen est contrainte de se replier, ce qui permet aux Américains d'occuper Graignes sans combat.

❶ MÉMORIAL DE GRAIGNES ▸

Monument à la mémoire des civils et des soldats américains morts dans les combats de Graignes, du 6 au 12 juin 1944. *Localisation : dans le cimetière communal.*

❷ STÈLE 507e RÉGIMENT D'INFANTERIE PARACHUTISTE ▾

Stèle dédiée au 507e Régiment d'infanterie parachutiste de la 82e Division aéroportée, qui combattit dans ce secteur du 6 au 11 juin 1944. *Localisation : sur la D89 à la sortie nord du bourg.*

Stèle 507e Régiment d'infanterie parachutiste

GRAINVILLE-LANGANNERIE/URVILLE
Calvados - 20 km sud de Caen

CARTE P224

LE TIGRE, ENNEMI MORTEL DES CANADIENS

Au début du mois d'août 1944 en Normandie, les Alliés lancent toutes leurs forces vers Falaise. Les Allemands atteignent les limites de la résistance face aux bombardements massifs de l'opération *Totalize*. Dans la deuxième phase de l'offensive, deux divisions blindées s'élancent le 8 août : la 4e Division blindée canadienne du général Kitching et la 1re Division blindée polonaise du général Maczek. Le 9 août, un groupe blindé canadien se trompe d'itinéraire près d'Estrées-la-Campagne, à deux kilomètres de Grainville ; les Panther et les Tigre du Kampfgruppe Wünsche anéantissent le groupement, 47 chars sur 52 sont détruits. Au soir du 9 août, la 10e Brigade canadienne libère Urville, puis Grainville et s'installe sur la cote 195.

❶ CIMETIÈRE POLONAIS
Grainville-Langannerie ▲

C'est le seul cimetière polonais en France. Sur la grille de clôture figurent les emblèmes des unités polonaises qui ont combattu en Normandie. Une allée centrale mène à un monument surmonté de l'aigle polonais stylisé.
Localisation : au bord de la N158, au nord du bourg.

❷ MONUMENT STORMONT AND DUNDAS GLENGARRY HIGHLANDERS *Urville*

Monument à la mémoire des soldats de The Stormont, Dundas and Glengarry Highlanders Regiment, de la 9e Brigade de la 3e Division d'infanterie canadienne qui ont libéré le bourg.
Localisation : place des Glens, sur la D131 route de Barbery.

GRANDCAMP-MAISY
Calvados - 10 km nord d'Isigny-sur-Mer

CARTE P221

LES CANONS ALLEMANDS MENACENT UTAH BEACH
Le site de Grandcamp, en Normandie, est particulièrement bien situé, puisqu'il contrôle la baie du
Grand Vey et l'embouchure de la Vire. Les Allemands y ont installé deux
batteries, qui peuvent menacer les plages du Débarquement. La première
est composée de quatre canons de 105 mm, la seconde de six pièces de
155 mm. Dans la nuit du 5 au 6 juin 1944, une centaine d'appareils alliés
lâchent 600 tonnes de bombes sur les blockhaus. Mais malgré le pilonnage,
les canons allemands ouvrent le feu sur les Américains qui débarquent à
Utah Beach, près de Varreville. Le 7 juin, la marine réduit au silence les
batteries avec ses canons de grande puissance. Le 8 juin, le 3ᵉ Bataillon du
116th Regimental Combat Team, appuyé par les chars du 743rd Tank
Battalion entrent dans Grandcamp. En fin de journée les Américains ont
libéré la ville des derniers tireurs isolés.

**❶ MUSÉE
DES RANGERS ▸**

Ce musée est consacré aux
Rangers américains, qui
prirent d'assaut la pointe
du Hoc, le 6 juin 1944.
Panneaux, objets et
uniformes illustrent le
destin de ces combattants
d'élite.
*Localisation : adresse et
téléphone p 229.*

❷ MONUMENT RANGERS

Monument dédié aux
Rangers américains qui
ont combattu à la pointe
du Hoc le 6 juin 1944.
*Localisation : en face de
la mairie.*

**❸ MONUMENT
PEREGORY**

Monument en l'honneur

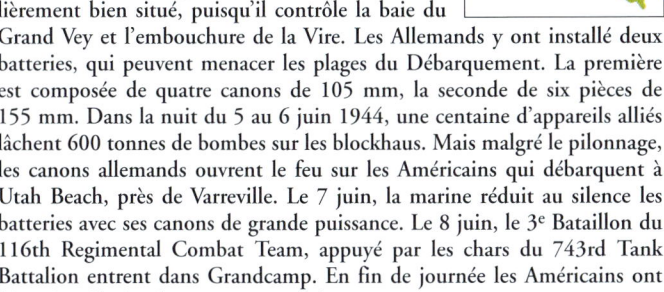

du sergent Frank Peregory
du 3ᵉ Bataillon du 116ᵉ
Régiment d'infanterie qui,
le 8 juin 1944, a conquis
cette position allemande,
et força à lui seul la

reddition de trente-cinq
soldats allemands. Cet
acte de bravoure lui valut
la plus haute distinction,
la médaille d'honneur.
*Localisation : à l'entrée
est de la ville.*

**❹ MONUMENT
GROUPES LOURDS
FRANÇAIS**

Monument commémorant
l'engagement, le 6 juin
1944, des équipages
français des Groupes
lourds qui participèrent
jour et nuit à la
destruction de
l'Allemagne nazie.
Localisation : sur le port.

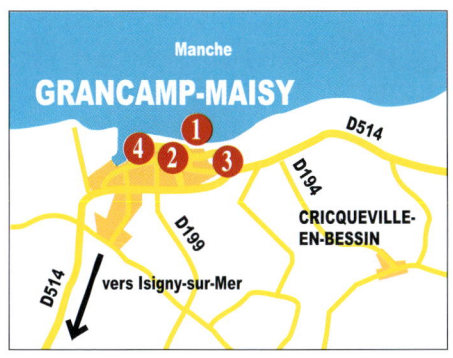

GRANGUES/GONNEVILLE-SUR-MER
Calvados - 7 km sud-est de Cabourg

CARTE P220

UN SURSIS POUR LES ALLEMANDS ENCERCLÉS

Le 19 août 1944, en Normandie, la poche de Falaise est presque refermée sur la 7ᵉ Armée allemande. Mais au nord-est de Caen les Alliés sont toujours face à Cabourg. Le Brigadier Mills-Roberts, chef de la 1st Special Service Brigade, prépare un plan audacieux pour franchir la Dives. Le colonel Young, chef du Commando N°3 sera en pointe ; il faudra faire traverser, de nuit, la zone marécageuse à une longue colonne de 1 600 hommes et baliser le passage avec du ruban blanc pour les unités suivantes. Au petit jour les Commandos émergent des marécages, et prennent par surprise un poste de commandement de la 346ᵉ Division d'infanterie allemande, au manoir d'Angoville. Vers 8 heures, le 45th Royal Marine Commando, le PC de la 1st Special Service Brigade ainsi que le Commando N°6 ont tous rejoint, la manœuvre est un succès complet. Dans les jours qui suivent, Grangues et Gonneville-sur-Mer sont libérées par les Commandos, qui poursuivent leur avance vers la Seine.

❶ STÈLE 6ᵉ DIVISION AÉROPORTÉE *Grangues* ▶

Stèle rappelant l'événement tragique qui s'est déroulé dans ce secteur, dans la nuit du 6 juin 1944. Cinq appareils qui transportaient des éléments de la 6ᵉ Division aéroportée britannique, furent abattus par les Allemands. Quarante-quatre hommes périrent et huit survivants furent fusillés.
Localisation : dans le cimetière près de l'église.

❷ STÈLE 1st CANADIAN PARACHUTE BATTALION
Gonneville-sur-Mer

Stèle à la mémoire des parachutistes du 1st Canadian Parachute Battalion, de la 6ᵉ Division aéroportée, tués à Gonneville-sur-Mer et Douville-en-Auge les 6 et 7 juin 1944.
Localisation : près de la mairie.

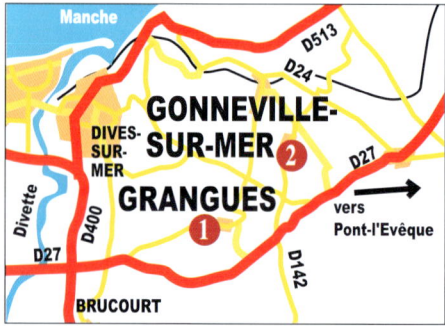

GRAYE-SUR-MER/SAINTE-CROIX-SUR-MER Calvados - 18 km nord de Caen

CARTE P220

LES « PETITS DIABLES NOIRS » À JUNO BEACH

La 7e Brigade canadienne débarque le 6 juin 1944 en Normandie, à Juno Beach, face à la 716e Division d'infanterie allemande du général Richter. Le retard des chars, et les bombardements qui ont laissé intactes la majeure partie des positions allemandes, entraînent des pertes élevées dans les premières vagues d'assaut devant Courseulles-sur-Mer et Graye-sur-Mer. Les Royal Winnipeg Rifles surnommés les « Petits diables noirs » combattent au corps à corps pour réduire les nids de mitrailleuses allemands du point fortifié, codé WN 31. L'arrivée des chars du 1st Hussars Regiment permet enfin de sortir des plages. Les Canadiens s'infiltrent à travers les champs de mines et les marécages, et libèrent Graye-sur-Mer. Rejoints par une compagnie du 1st Canadian Scottish Regiment, ils s'emparent de Sainte-Croix-sur-Mer dans la soirée.

❶ CHAR CHURCHILL
Graye-sur-Mer ▸

Lent et lourdement blindé, le Churchill fut le deuxième char anglais le plus fabriqué de la guerre.
Localisation : à proximité du monument de la Libération.

❷ MONUMENT DE LA LIBÉRATION
Graye-sur-Mer

Monument signal rappelant le Débarquement des Forces Alliées le 6 juin 1944.
Localisation : sur la plage de Graye-sur-Mer (à proximité de la Croix de Lorraine).

❸ PLAQUE SOLDATS CANADIENS
Sainte-Croix-sur-Mer

Plaque à la mémoire des Canadiens morts le 6 juin.
Localisation : sur le mur du cimetière près de l'église.

❹ MONUMENT AÉRODROME B3 - FAFL
Sainte-Croix-sur-Mer

Monument rappelant qu'un aérodrome de la RAF fut en service du 10 juin au 4 septembre 1944. Les groupes de chasse Ile-de-France et Alsace des FFAL y furent basés.
Localisation : sur la D514, à la sortie ouest de Courseulles-sur-Mer.

❺ MONUMENT INNS OF COURT *Graye-sur-Mer*

Monument à la mémoire du régiment blindé The Inns of Court.
Localisation : sur la D514, à la sortie ouest de Courseulles-sur-Mer.

❻ PLAQUES ROYAL WINNIPEG RIFLES - 1st CANADIAN SCOTTISH
Graye-sur-Mer

Deux plaques dédiées au Royal Winnipeg Rifles et au 1st Canadian Scottish Regiment.
Localisation : sur la D514, à la sortie ouest de Courseulles-sur-Mer, sur le mur d'un ancien lavoir.

❼ PLAQUE AUX CANADIENS
Graye-sur-Mer

Plaque dédiée aux soldats canadiens qui ont libéré le bourg le 6 juin 1944.
Localisation : dans l'église de Graye-sur-Mer.

HABLOVILLE
Orne - 15 km nord-ouest d'Argentan

CARTE P224

LES SS LUTTENT POUR SORTIR DE LA POCHE

En ce mois d'août 1944, la 7e Armée allemande est en cours d'encerclement. Elle combat désespérément sur les flancs de la poche, pour permettre au maximum d'hommes et de matériels de l'évacuer. Et pour cela, les Allemands s'appuient sur des obstacles naturels, comme l'Orne ; ensuite ils détruisent les ponts pour retarder encore l'avance alliée. C'est ce que mettent en pratique les survivants de la 10e SS-Panzer-Division Frundsberg, qui franchissent la rivière de nuit. Le 18 août au matin, ils se dirigent vers Habloville ; chaque heure, chaque jour gagnés, ce sont des hommes qui s'échappent. Le lendemain, en fin de matinée, Habloville est libérée, tandis que les Allemands poursuivent leur retraite pour sortir vivant de ce Chaudron.

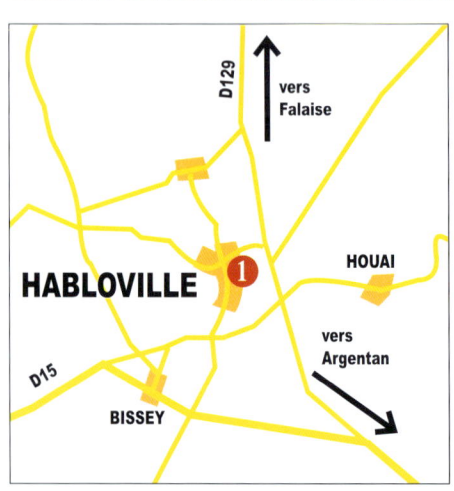

❶ PIÈCE D'ARTILLERIE ALLEMANDE ▲

Ce canon de 105 mm était un obusier de campagne tracté, très apprécié des artilleurs de la Wehrmacht, son seul handicap était son poids élevé.

Localisation : près du monument aux morts .

HÉMEVEZ/COLOMBY

Manche - 5 km sud de Valognes

OFFENSIVE À L'OUEST, OFFENSIVE AU NORD

Une semaine après le Débarquement du 6 juin 1944 à Utah Beach, le VIIe Corps du général Collins tente d'élargir la tête de pont. Mais plusieurs positions ralentissent l'avance des troupes américaines dans le Cotentin. La batterie de Crisbecq-Saint-Marcouf est occupée le 12 juin, après son évacuation par les artilleurs allemands. Le bourg fortifié de Quinéville, sur la côte, est pris le 14, mais Montebourg verrouille encore la route de Cherbourg. Le 15 juin, le général Collins décide une poussée vers l'ouest pour couper la presqu'île en deux. La 90e Division d'infanterie, qui avait été retirée du front le 13 juin après des pertes sévères devant Pont-l'Abbé, est relancée à l'attaque. Le 16 juin, les Américains approchent de Saint-Sauveur-le-Vicomte, qui est prise par les parachutistes de la 82e Division aéroportée. Le 17 juin, les hommes de la 90e Division libèrent Colomby et Hémevez dans leur avance.

❶ STÈLE 82e DIVISION AÉROPORTÉE
Hémevez ▸

Cette stèle est à la mémoire de sept parachutistes américains de la 82e Division aéroportée, exécutés par les Allemands le 6 juin 1944.
Localisation : dans le cimetière de l'église.

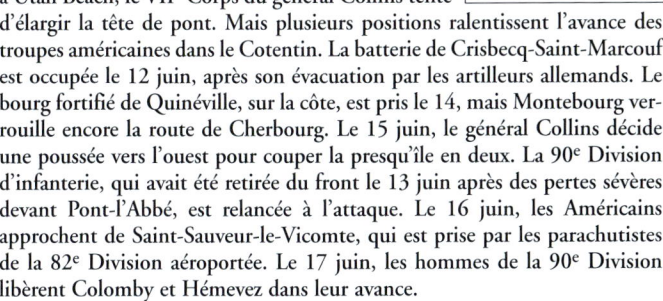

❷ STÈLE 90e DIVISION D'INFANTERIE *Colomby* ▾

Stèle commémorant les combats de la 90e Division d'infanterie américaine et la libération de Colomby.
Localisation : sur la D146 à l'est du bourg, au deuxième carrefour prendre à droite la direction de l'Épine-La Caterie, rouler 1 km sur une route étroite, la stèle est dans un virage.

Stèle 90e Division
d'infanterie

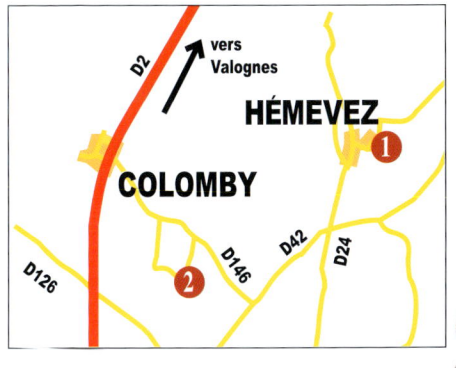

HERMANVILLE-S-MER/LA BRÈCHE D'HER-MANVILLE Calvados - 8 km nord de Caen

CARTE P220

LES COMMANDOS DÉBARQUENT SUR SWORD

Le 6 juin 1944 en Normandie, la 3e Division d'infanterie britannique du général Rennie atteint les plages vers 7 h 30. Les véhicules de la 79e Division blindée, les sapeurs et les chars du 13/18 th Hussars débarquent à Sword Beach, secteur Queen. Les Sherman spéciaux éliminent les obstacles et les défenses des plages : tétraèdres, mines, pieux… Mais quand les compagnies d'assaut atteignent les plages, les défenses allemandes ne sont pas toutes neutralisées. A La Brèche d'Hermanville, le 2nd East Yorkshire et le 1st South Lancashire subissent des pertes face aux mitrailleuses allemandes. La position « Cod » est particulièrement redoutable, les Allemands ont fortifié les habitations, qui sont reliées entre elles par des souterrains. Les Commandos — 4th Special Service Brigade et 1st Special Service Brigade — débarquent en deuxième vague, et se dirigent vers leurs objectifs. La 8e Brigade avance vers Hermanville-sur-Mer, le 1st South Lancashire s'en empare vers 9 h 30.

❶ CIMETIÈRE BRITANNIQUE
Hermanville-sur-Mer

1 005 soldats reposent dans ce cimetière. On y accède par un chemin dallé, et un bâtiment avec une triple ouverture en ogive.
Localisation : sur la D60 (suivre le fléchage).

❷ STÈLE CAPITAINE WIETZEL *La Brèche d'Hermanville*

Stèle à la mémoire du capitaine de vaisseau Roger Wietzel, commandant du cuirassé *Courbet*, qui ramassa ici le 9 juin 1944 de la terre de France pour le général de Gaulle.
Situation : de la D514, prendre le boulevard de la 3e Division d'infanterie britannique, à 200 mètres sur la gauche.

❸ MONUMENT ROYAL ARTILLERY
Hermanville-sur-Mer

Monument dédié aux cinq régiments d'artillerie de la 3e Division d'infanterie britannique.
Localisation : place du cuirassé Courbet, sur le front de mer.

❹ MONUMENT 3e DIVISION D'INFANTERIE - SOUTH LANCASHIRE
Hermanville-sur-Mer

Monument dédié aux soldats de la 3e Division d'infanterie britannique du général Rennie. Une plaque commémore le South Lancashire Regiment.

Localisation : place du cuirassé Courbet, sur le front de mer.

❺ PLAQUE QG ALLIÉ - CENTRE SANITAIRE
Hermanville

Plaque rappelant qu'à cet endroit, le 6 juin 1944, fut établi un quartier général allié et un important centre sanitaire.
Localisation : sur le portail d'entrée de la mairie du bourg.

❻ CHAR CENTAUR *La Brèche d'Hermanville* ▶

Ce char a soutenu les Royal Marine Commandos le 6 juin 1944. Son équipage était de cinq hommes. Son armement : un obusier de 95 mm et une mitrailleuse.
Localisation : au bord de la D514.

❼ PLAQUE 3ᵉ DIVISION BRITANNIQUE
Hermanville-sur-Mer

Plaque rappelant que la 3ᵉ Division d'infanterie britannique installa ici son quartier général le Jour J.
Localisation : sur le portail d'entrée de la mairie du bourg.

❽ MONUMENT MARE SAINT-PIERRE
Hermanville-sur-Mer

Ce puits de la *Mare Saint-*

Char britannique Centaur

Pierre a été cité à l'ordre de l'Armée anglaise pour avoir fourni, du 6 juin au 1ᵉʳ juillet 1944, sept millions de litres d'eau aux troupes britanniques.
Localisation : en face de l'église.

❾ STÈLE 9ᵉ BRIGADE
Hermanville

Plaque à la mémoire des soldats de l'état-major de la 9ᵉ Brigade, de la 3ᵉ Division d'infanterie britannique, tués à cet endroit le 6 juin 1944.
Localisation : au carrefour du chemin du Hamel et avenue Henri Gravier.

❿ MONUMENT MARINS ALLIÉS *La Brèche d'Hermanville* ▶

Monument à la mémoire des soldats des marines alliées morts pendant le Débarquement.
Localisation : sur le front de mer (à 200 m du char britannique).

Monument aux marins alliés

HÉROUVILLETTE/LE MESNIL/ESCO-VILLE
Calvados - 2, 6 et 5 km nord-est de Caen

CARTE P220

Opération Tonga à l'ouest de l'Orne

Tonga, c'est le nom de code de l'opération qui va déposer en Normandie, dans la nuit du 5 au 6 juin 1944, en trois vagues, 1 512 parachutistes de la 6e Division aéroportée. En face, la 711e Division d'infanterie de la Wehrmacht forte de 13 000 hommes mais, d'après les renseignements alliés, d'une faible valeur combative. La première vague a pour objectifs les ponts sur l'Orne, le canal de Caen et la batterie de Merville ; la seconde renforce les positions de la première et détruit plusieurs ponts sur la Dives ; la troisième vague dépose l'état-major de la 6e Division aéroportée et son chef, le général Gale, du matériel et des canons antichars. Au soir du 6 juin, Hérouvillette et Le Mesnil sont dans la zone contrôlée par les parachutistes britanniques. Escoville est libérée brièvement le 7 juin par le 2nd Battalion Oxfordshire and Buckinghamshire Light Infantry, qui se replie face à une contre attaque de la 21e Panzer-Division ; Escoville ne sera libérée définitivement que le 18 juillet lors de l'offensive *Goodwood*.

❶ Stèle 3rd Parachute Brigade - Brigadier Hill
Le Mesnil ▸

Stèle dédiée au brigadier James Hill, commandant de la 3rd Parachute Brigade.
Localisation : à l'intersection de la D513 et de la D37B.

❷ Stèle 1er Bataillon parachutiste canadien *Le Mesnil*

Stèle rappelant la mission remplie avec succès par les hommes du 1er Bataillon parachutiste canadien.
Localisation : à l'intersection de la D513 et de la D37B.

❸ Plaque 2nd Ox and Buck *Hérouvillette*

Plaque dédiée aux hommes qui ont combattu à Pegasus Bridge et aux alentours, et en particulier au 2nd Battalion Oxfordshire and Buckinghamshire Light Infantry.

Localisation : sur le mur du cimetière (celui situé derrière l'église).

❹ Borne 6e Division aéroportée
Hérouvillette

Borne *Pegasus trail* jalonnant un parcours historique retraçant les combats des hommes de la 6e Division aéroportée.
Localisation : à la sortie est du bourg.

❺ Stèle libérateurs britanniques *Escoville*

Stèle à la mémoire des soldats britanniques qui ont libéré Escoville en juillet 1944.
Localisation : devant l'église.

HIESVILLE
Manche - 5 km nord de Carentan

LA MORT D'UN GÉNÉRAL AMÉRICAIN

Le 5 juin 1944 au soir, quarante-six planeurs américains Waco prennent l'air pour la Normandie. La mission a pour nom de code *Chicago*. Les troupes à bord doivent rejoindre les parachutistes de la 101e Division aéroportée, qui ont sauté quelques heures plus tôt. Ils leur apportent surtout des canons, des jeeps, du ravitaillement et du matériel. Parmi les hommes embarqués à bord des planeurs se trouve le général Pratt, l'adjoint du général Taylor qui commande la 101e Division aéroportée. Le 6 juin, les planeurs atterrissent en plein dans la zone prévue, parfaitement balisée au préalable par les pathfinders. Hiesville est occupée sans résistance. Mais il y a une mauvaise nouvelle : le planeur du général Pratt s'est écrasé ; ce dernier et son aide de camp ont été tués sur le coup.

❶ STÈLE GÉNÉRAL PRATT ▸

Stèle dédiée au général de brigade F. Pratt, commandant adjoint de la 101e Division aéroportée, tué lors du crash de son planeur le 6 juin 1944 ; il fut le premier officier général des Forces Alliées mort pour la libération de la France.
Localisation : au croisement de la D129 et de la D329.

❷ MONUMENT 101e DIVISION AÉROPORTÉE ▸

Monument commémorant l'installation dans le château de Colombières, du premier hôpital divisionnaire allié de la 101e Division aéroportée sur le sol normand le 6 juin 1944.
Localisation : en face de l'entrée du château de Colombières.

❸ PLAQUE PC GÉNÉRAL TAYLOR

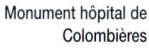

Plaque rappelant que le général Maxwell D. Taylor, chef de la 101e Division aéroportée, installa dans cette maison le premier poste de commandement des troupes aéroportées américaines.
Localisation : sur le portail d'entrée d'une ferme dans le bourg.

Monument hôpital de Colombières

CARTE P223

HOTTOT-LES-BAGUES
Calvados - 20 km de Caen

OFFENSIVE À OUTRANCE À L'EST DE CAEN

Mi-juillet 1944, en Normandie, le général Rommel constate que seulement 10 % des pertes en hommes ont été compensées, et 8 % pour les blindés ; partout, les troupes allemandes sont sur la défensive. Les Alliés sont entrés dans Caen le 9 juillet, mais les ponts sur l'Orne sont détruits et le sud de la ville est encore aux mains des Allemands. À l'ouest de Caen, le XXXᵉ Corps du général Bucknall lance attaque sur attaque ; le 11 juillet, c'est l'opération *Jupiter*, le 15, l'opération *Greenline*, le 16, l'opération *Pomegranate*. Le 19 juillet, l'opération *Maori*, menée par deux divisions d'infanterie : 49ᵉ Division d'infanterie West Riding et 50ᵉ Division d'infanterie Northumbrian, permet la libération de Hottot-les-Bagues.

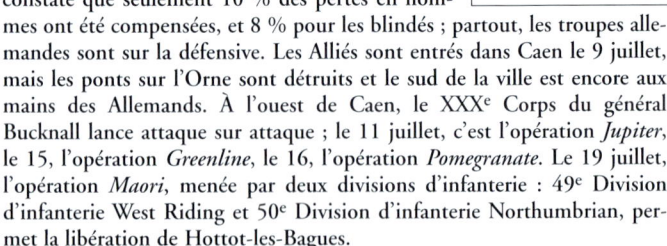

❶ CIMETIÈRE BRITANNIQUE ▲

La majorité des soldats rassemblés dans ce lieu étaient auparavant enterrés dans des cimetières provisoires. Il contient 1 137 tombes de soldats des deux camps.

Localisation : sur la D9 à la sortie est de la ville.

❷ STÈLE 231ᵉ BRIGADE ▶

Stèle à la mémoire des soldats de la 231ᵉ Brigade (2nd Battalion The Devonshire Regiment, 1st Battalion The Hampshire Regiment, 1st Battalion The Dorsetshire Regiment), qui atteignirent cet axe le 18 juillet 1944.

Localisation : sur la D9 à la sortie est de la ville.

Stèle 231ᵉ Brigade

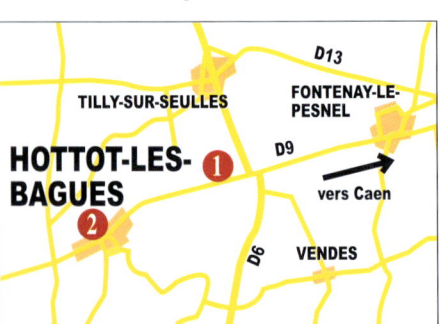

HUISNES-SUR-MER
Manche - 5 km du Mont-Saint-Michel

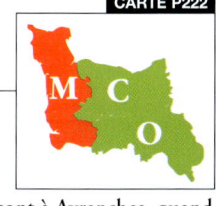

CARTE P222

LE GÉNÉRAL PATTON EXPLOITE LA PERCÉE

À l'ouest du Front de Normandie, la rupture a été obtenue par les Alliés avec l'opération *Cobra*, lancée le 25 juillet 1944. Le 31 juillet, les Américains sont à Avranches, quand le général Wood, à la tête de la 4e Division blindée, téléphone au général Patton pour lui annoncer qu'à Pontaubault, le pont est intact. Patton comprend l'enjeu stratégique, si les Alliés peuvent sortir de la tête de pont de Normandie, un grand pas vers la victoire sera fait dans la campagne de France. Il prépare aussitôt le plan qui va permettre d'exploiter la percée. Il lance ses divisions en Bretagne, la 79e Division d'infanterie se dirige vers le Mont-Saint-Michel, qu'elle atteint le lendemain, 1er août, délivrant Huisnes-sur-Mer dans le mouvement.

❶ OSSUAIRE ALLEMAND

L'ossuaire de Huisnes-sur-Mer est aménagé dans une colline naturelle dont le centre abrite la nécropole. Une galerie circulaire sur deux étages renferme 68 cryptes où reposent 11 956 soldats allemands. Le sol est gazonné et une immense croix est érigée en son centre ; un petit belvédère permet d'admirer la baie du Mont-Saint-Michel. *Localisation : sur la D75 (suivre le fléchage).*

La tête de pont

CARTE P221

ISIGNY-SUR-MER
Calvados - 10 km est de Carentan

LE GÉNÉRAL DE GAULLE AIDE LA POPULATION

Au soir du 6 juin 1944, le général Kraiss, qui commande la 352e Division d'infanterie, constate qu'il est impuissant à repousser le Débarquement allié. Les Américains du IIe Corps ont subi de lourdes pertes à Omaha Beach et à la Pointe du Hoc, mais contrairement aux Allemands ils se renforcent sans cesse, débarquant hommes et matériel. Le 7 juin, la 1re Division d'infanterie atteint, à Formigny, la nationale qui relie Isigny-sur-Mer à Bayeux. Le 8 juin, la 29e Division d'infanterie atteint Grandcamp et La Cambe. Le 9 juin, Isigny est de nouveau bombardée par la marine alliée qui provoque de nombreux incendies, les 2e et 3e Bataillons du 175e Régiment d'infanterie attaquent, avec l'appui des chars du 747th Tank Battalion. Les Américains libèrent Isigny-sur-Mer et font de nombreux prisonniers. Le général de Gaulle foule de nouveau le sol de France à Courseulles-sur-Mer le 14 juin ; il se rend d'abord à Bayeux où il fait son premier discours aux Français libérés, puis il est reçu à Isigny-sur-Mer et remet 200 000 francs au maire, pour aider la population complètement démunie.

❶ VITRAIL ET PLAQUE 29e DIVISION D'INFANTERIE ▸

Vitrail commémorant la libération de la ville, par la 29e Division d'infanterie américaine. Sur le mur extérieur, une plaque est dédiée au 175e Régiment d'infanterie et au 747th Tank Battalion. *Localisation : dans l'église d'Isigny-sur-Mer.*

❷ MONUMENT LIBÉRATION - DE GAULLE

Monument commémorant la Libération par les Alliés, et le discours du général de Gaulle aux habitants d'Isigny-sur-Mer, le 14 juin 1944. *Localisation : sur la place principale de la ville.*

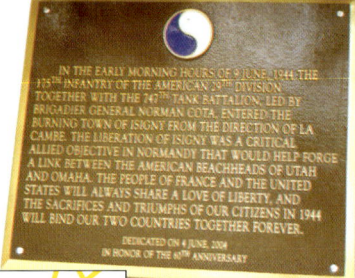

Plaque 29e Division d'infanterie

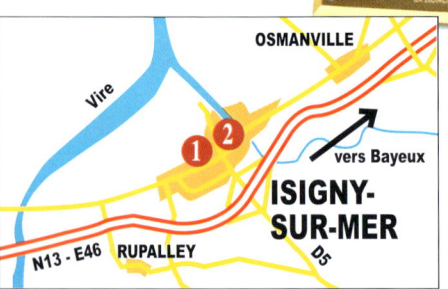

JORT

Calvados - 6 km sud de Saint-Pierre-Église

CARTE P225

DES POLONAIS DANS LE BOCAGE NORMAND

Après l'opération *Totalize* déclenchée le 7 août, le IIe Corps canadien lance, le 14 août, son ultime offensive sur Falaise : *Tractable*. La 1re Division blindée polonaise du général Maczek doit progresser sur l'aile gauche du IIe Corps canadien, et foncer vers Trun pour couper la retraite de la 7e Armée et de la 5e Panzer-Armee. Mais, auparavant, les Polonais doivent capturer les ponts sur la Dives. Le 15 août, les chars du 10e Régiment de Chasseurs à Cheval affrontent plusieurs canons antichars allemands devant Jort. Peu après, des prisonniers, volontaires russes dans l'armée allemande, les informent que le seul passage sur la Dives est un gué. Dans la ville, les grenadiers de la 95e Division d'infanterie sont mis en déroute, et les Polonais repoussent une contre-attaque blindée SS. Les chars polonais réussissent à franchir la Dives et investissent le bourg. Le renfort de la 10e Brigade blindée et des Chasseurs de la 3e Brigade, permet de renforcer la tête de pont, le génie peut entreprendre la construction d'un nouveau passage.

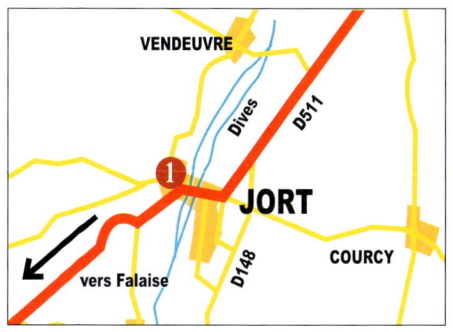

❶ PLAQUE 1re DIVISION BLINDÉE POLONAISE ▲

Plaque à la mémoire du 10e Régiment de Chasseurs à Cheval polonais, de la 1re Division blindée polonaise, qui franchit la Dives le 16 août, contribuant avec cette tête de pont à accélérer la victoire de la poche de Falaise le 21 août. *Localisation : sur le mur du cimetière, rue de la 1re Division blindée polonaise.*

JULLOUVILLE
Manche - 8 km sud de Granville

CARTE P222

LE CHEF DE LA 7e ARMÉE S'EXTRAIT DU PIÈGE

Après le succès de l'opération *Cobra*, fin juillet 1944, les Américains avancent rapidement en Normandie sur un front d'une quinzaine de kilomètres. Le 30 juillet, la 3e Division blindée approche de Villedieu-les-Poêles et franchit la Sienne à Gavray. Vers l'est, la 4e Division blindée manque de peu la capture du général Hausser, chef de la 7e Armée allemande ; ce dernier réussit à franchir les lignes américaines avant que la poche de Roncey ne soit hermétiquement fermée. Les Allemands perdent plus de 7 000 hommes dans ces combats. Les avant-gardes de la 4e Division blindée atteignent Avranches. Sur la côte, la 6e Division blindée du général Grow est à Granville le 31 juillet. Pendant la même journée les Américains entrent dans Avranches, évacuée par les Allemands, et la 6e Division blindée libère Jullouville.

![Monument du général Eisenhower : LE GÉNÉRAL EISENHOWER COMMANDANT DES ARMÉES ALLIÉES INSTALLA ICI [SON] QUARTIER GÉNÉRAL AOÛT 1944 — 1944]

❶ MONUMENT GÉNÉRAL EISENHOWER

Monument dédié au général Eisenhower, Commandant en chef des Forces Alliées, qui installa ici son quartier général en août 1944.
Localisation : au nord de la ville, au carrefour de l'avenue Eisenhower et de l'avenue de Kairon.

La tête de pont

CARTE P221

LA CAMBE/CARDONVILLE
Calvados - 5 et 10 km est d'Isigny-sur-Mer

LA DIVISION INDIAN HEAD DÉBARQUE

L'objectif allié, au soir du 6 juin 1944, est de constituer un front continu d'Isigny-sur-Mer à Cabourg, en passant par Bayeux et Caen. La 2e Division d'infanterie américaine *Indian Head* débarque en deuxième vague, sur Omaha Beach, à Saint-Laurent-sur-Mer dans l'après-midi du 7 juin. Le 8 juin, à 5 h 30, des blindés du 747th Tank Battalion sont bloqués devant La Cambe, qui est défendue par plusieurs canons antichars de la 352e Division d'infanterie allemande. Avec des renforts d'infanterie du 175th Regimental Combat Team, les Américains prennent le village vers 9 heures. La 29e Division d'infanterie commence à franchir les marais de l'Aure, vers le sud ; le 116e Régiment est mis en réserve dans le secteur de Cardonville. Le 10 juin, le génie entreprend la construction de deux aérodromes, le premier A2 à La Cambe, et le second A3 à Cardonville.

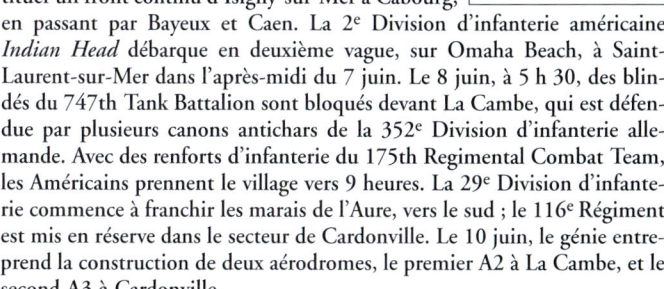

❶ CIMETIÈRE ALLEMAND *La Cambe* ▲

Le cimetière de La Cambe est le plus grand cimetière militaire allemand de Normandie. 21 400 soldats allemands y sont enterrés. Au centre, un tertre de six mètres de haut, surmonté d'une croix de granit, est le tombeau commun de 296 combattants.
Localisation : au bord de la N13 (suivre le fléchage).

❷ STÈLE AÉRODROME A2 *La Cambe (Les Vignets)*

Stèle rappelant que l'aérodrome A2 était situé à cet endroit. Il fut construit par le 820th Engineer Battalion de la 9th US Air Force. Le 367th Fighter Group fut basé ici pendant le mois d'août 1944.
Localisation : au bord de la D113 (suivre le fléchage).

❸ STÈLE AÉRODROME A3 *Cardonville*

Stèle rappelant que l'aérodrome A3 fut construit par le 816th Engineer Battalion de la 9th US Air Force. Le 368th FG fut la première unité à décoller d'un aérodrome allié le 18 juin 1944.
Localisation : au carrefour de la D199 et de la D199A.

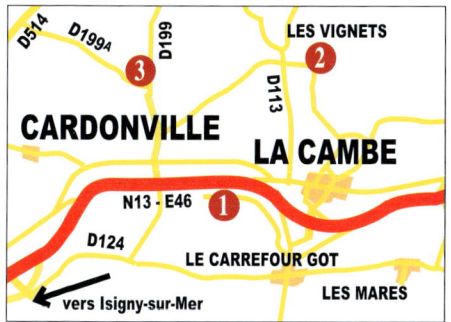

LA CHAPELLE-EN-JUGER
Manche - 10 km ouest de Saint-Lô

CARTE P222

LE FRONT ALLEMAND EST-IL PERCÉ À L'OUEST ?

Le 25 juillet 1944 en Normandie, un bombardement aérien massif frappe une zone de sept kilomètres de large entre Saint-Lô et Périers. Avec l'opération *Cobra,* le général Bradley veut percer le front allemand et relancer la guerre de mouvement. La Chapelle-en-Juger est sous le tapis de bombes. Aussitôt les vagues de bombardiers éloignées, l'infanterie américaine s'élance. Le 8e Régiment de la 4e Division d'infanterie américaine du général Barton avance rapidement, les premières lignes allemandes sont disloquées. Au soir, le 1er Bataillon atteint La Chapelle-en-Juger ; le 2e Bataillon est retardé par un groupe de grenadiers et quelques panzers, il obtient le soutien des chars pour éliminer l'obstacle et rejoint le 1er Bataillon devant La Chapelle-en-Juger. Le village en ruines est libéré le lendemain matin. Le général Hausser tente de reprendre l'objectif dans la journée avec un régiment de la 275e Division d'infanterie allemande, mais la tentative est écrasée par l'aviation américaine.

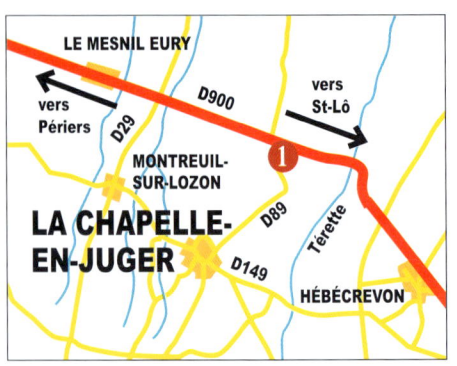

❶ MONUMENT VIIe CORPS AMÉRICAIN

Monument à la mémoire des soldats américains du VIIe Corps du général Collins, qui participèrent à l'opération *Cobra* lancée le 25 juillet 1944.
Localisation : au bord de la D900, au carrefour de la D89 qui mène à La Chapelle-en-Juger.

LA FIÈRE
Manche - 3 km ouest de Sainte-Mère-Église

CARTE P221

LE PONT DE LA FIÈRE, VERROU DU COTENTIN

Dans la nuit du 5 au 6 juin 1944, le 505e Régiment d'infanterie parachutiste de la 82e Division aéroportée saute sur la *drop-zone O*, près de Sainte-Mère-Église. Un groupe se dirige vers l'un des objectifs, le hameau de La Fière, où ils doivent s'emparer d'un pont stratégique qui franchit le Merderet. Les Allemands, retranchés dans le manoir de La Fière, repoussent les Américains qui manquent d'armes lourdes. Vers 11 heures, le général Ridgway donne l'ordre au colonel Lindquist, chef du 508e Régiment, de lancer une attaque massive, enfin le manoir est pris et la défense du pont s'organise. Vers 17 h 30, les Allemands réagissent et contre-attaquent avec des blindés et de l'infanterie. Les Américains détruisent plusieurs chars Renault, l'ennemi retraite. Au matin du 7 juin, les Allemands repartent à l'assaut après une préparation d'artillerie. Les paras du 1er Bataillon du 505e Régiment, commandé par le capitaine Dolan, subissent des pertes terribles mais sauvent définitivement leurs positions. Les Allemands cessent toute offensive.

❶ MONUMENT 82e DIVISION AÉROPORTÉE ▸

Monument en hommage aux soldats de la 82e Division aéroportée américaine, qui combattirent ici. Un plan relief, près du monument, retrace la bataille. *Localisation : à 4 km à l'ouest de Ste-Mère-Église, site de La Fière, au bord de la D15.*

❷ PLAQUES 505e ET 508e RÉGIMENTS PARACHUTISTES ▸

Plaques dédiées aux parachutistes des 505e et 508e Régiments de la 82e Division aéroportée américaine, qui combattirent ici. *Localisation : près du monument. 82e Division aéroportée.*

Plaque dédiée à la compagnie A du 505e Régiment de la 82e Division aéroportée américaine

L'AIGLE
Orne

CARTE P225

LA « COURSE À LA SEINE » DES ALLEMANDS

Fin août 1944, la bataille de la poche de Falaise se termine, toutes les Forces allemandes retraitent vers la Seine. Alors que le 21 août les panzers contre-attaquaient encore dans la région de Vimoutiers, pour maintenir ouverte une porte de sortie, une avant-garde du XVᵉ Corps américain avait franchi la Seine la veille, à Mantes. La 11ᵉ Division blindée, qui appartient au XXXᵉ Corps du général Horrocks, libère Flers le 17 août, et poursuit vers l'est. La division du Taureau, commandée par le général Roberts, traverse Putanges, Gacé et s'empare de L'Aigle le 23 août. C'est une course contre la montre et, malgré une maîtrise totale du ciel, et le fait que la plupart des ponts sur la Seine sont détruits, les Allemands feront franchir le fleuve, du 26 au 29 août, à 165 000 hommes et 25 000 véhicules.

❶ MUSÉE JUIN 1944 ▲

Ce musée retrace la période de l'Appel du 18 juin 1940 à la Bataille de la poche de Falaise. Douze scènes historiques constituées de personnages de cire, et sonorisées avec les voix authentiques des principaux acteurs de la Seconde Guerre mondiale : Pétain, de Gaulle, Churchill, Roosevelt, Staline… en illustrent les principaux épisodes. Une grande carte animée présente les phases principales de la Bataille de Normandie. *Localisation : adresse et téléphone p 229.*

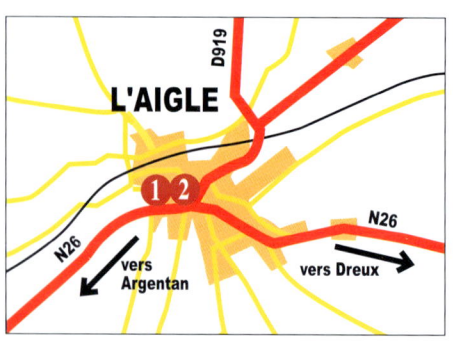

❷ HALF-TRACK M3

Ce blindé semi-chenillé fut le véhicule standard américain. Construit à plus de 40 000 exemplaires, c'était à la base un transport de troupes mais il connut de multiples versions. *Localisation : à côté du musée juin 1944.*

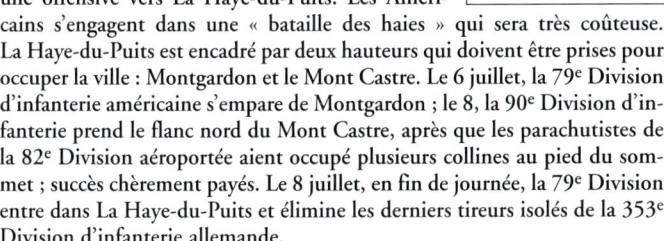

LA HAYE-DU-PUITS
Manche - 30 km nord de Coutances

CARTE P222

LE BOCAGE, CAUCHEMAR DES AMÉRICAINS

Le 5 juillet 1944, la 1re Armée américaine lance une offensive vers La Haye-du-Puits. Les Américains s'engagent dans une « bataille des haies » qui sera très coûteuse. La Haye-du-Puits est encadré par deux hauteurs qui doivent être prises pour occuper la ville : Montgardon et le Mont Castre. Le 6 juillet, la 79ᵉ Division d'infanterie américaine s'empare de Montgardon ; le 8, la 90ᵉ Division d'infanterie prend le flanc nord du Mont Castre, après que les parachutistes de la 82ᵉ Division aéroportée aient occupé plusieurs collines au pied du sommet ; succès chèrement payés. Le 8 juillet, en fin de journée, la 79ᵉ Division entre dans La Haye-du-Puits et élimine les derniers tireurs isolés de la 353ᵉ Division d'infanterie allemande.

1 **MONUMENT 79ᵉ DIVISION D'INFANTERIE** ▸

Monument à la mémoire des soldats de la 79ᵉ Division d'infanterie américaine, qui ont participé à la libération de la ville les 8 et 9 juillet 1944.
Situation : à l'entrée nord du bourg, près du donjon médiéval.

2 **PLAQUE 749th TANK BATTALION**

Plaque dédiée aux soldats du 749th Tank Battalion, qui ont participé à la libération de la ville en juillet 1944.
Localisation : à l'entrée nord du bourg, sur le monument aux morts.

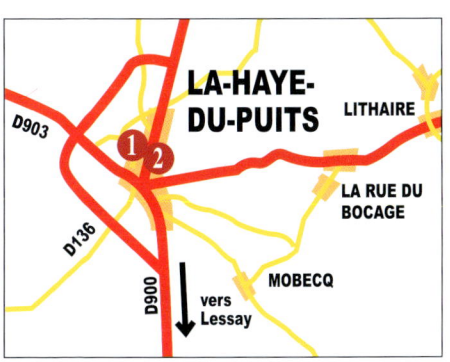

Insigne de la 79ᵉ Division d'infanterie américaine

119

LA MADELEINE/AUDOUVILLE-LA-HUBERT Manche - 15 km nord de Carentan

CARTE P221

UNE ERREUR BÉNÉFIQUE À UTAH BEACH

Le 6 juin 1944, en Normandie, les Forces américaines débarquent sur Utah Beach, à 2,5 kilomètres plus au sud que prévu. Cette erreur de navigation est bénéfique, elle met les troupes américaines hors de portée des puissantes batteries côtières de Crisbecq-Saint-Marcouf et Azeville. Le brigadier général Théodore Roosevelt, commandant en second de la 4e Division d'infanterie, touche le sol normand à 6 h 40 avec la première vague d'assaut, composée d'éléments du 8e Régiment d'infanterie et des chars du 70e Bataillon. En une heure le génie dégage les plages ; les points forts allemands, dont le WN 5 qui défend la plage de La Madeleine, sont neutralisés les uns après les autres. Les Américains avancent vers l'intérieur ; en fin de matinée, la jonction est établie avec les parachutistes de la 101e Division aéroportée. Vers 19 heures, le QG du VIIe Corps du général Collins est installé à Audouville-la-Hubert.

❶ MUSÉE DU DÉBARQUEMENT D'UTAH BEACH *La Madeleine-Utah Beach* ▲

Face à la plage d'Utah Beach, ce musée relate, au moyen de maquettes, d'objets et d'archives, le déroulement du débarquement des troupes américaines. Des engins : char, canon, péniche… sont visibles à l'extérieur du musée.
Localisation : adresse et téléphone page 231.

❷ PLAQUE QG VIIe CORPS *Audouville-La-Hubert*

Plaque, sur le portail d'entrée, rappelant que dans cette ferme fut établi le premier quartier général avancé du général Collins, commandant du VIIe Corps américain.
Localisation : sur la D14, à l'entrée sud du bourg sur la droite.

❸ STÈLE VOIE EISENHOWER *La Madeleine-Utah Beach*

Stèle honorant le général Dwight David Eisenhower, commandant suprême des Forces Alliées le 6 juin 1944. Dwight Eisenhower fut président des États-Unis de 1952 à 1961.

Localisation : à gauche du Musée du Débarquement.

❹ MONUMENT 1re BRIGADE SPÉCIALE DU GÉNIE *La Madeleine-Utah Beach*

Monument dédié aux soldats de la 1re Brigade Spéciale du Génie, commandée par le général Caffey.
Localisation : à 200 m sur la gauche du musée, sur un blockhaus.

❺ MONUMENT SOLDATS AMÉRICAINS *La Madeleine-Utah Beach*

Monument érigé par les États-Unis en 1984, pour

le 40e anniversaire du Débarquement, en mémoire de ses fils tombés sur les plages de Normandie.
Localisation : à 200 m sur la gauche du Musée du Débarquement.

6 MONUMENT 4e DIVISION D'INFANTERIE
La Madeleine-Utah Beach

Monument inauguré en 1964 par le général Bradley, en hommage aux soldats de la 4e Division d'infanterie américaine.
Localisation : en face du Musée du Débarquement.

7 PLAQUE SOLDATS AMÉRICAINS - CRYPTE GÉNÉRAL CAFFEY ▾
La Madeleine-Utah Beach

Plaque (à l'entrée du blockhaus) dédiée aux soldats américains tombés le 6 juin 1944. À l'intérieur, une pièce a été transformée en lieu de mémoire ; une plaque rappelle le rôle de la 1re Brigade Spéciale du Génie, commandée par le général Caffey. Une autre plaque est dédiée aux

généraux Ridgway et Taylor, à l'amiral Moon, au lieutenant-colonel Fourquet (FAFL), à l'amiral Deyo, aux généraux Collins et Barton et au brigadier général Roosevelt.
Localisation : à 200 m sur la gauche du musée, sur un blockhaus.

8 MONUMENT 90e DIVISION D'INFANTERIE
La Madeleine-Utah Beach ▸

Monument à la mémoire des morts de la 90e Division d'infanterie américaine. Il a été inauguré en 1974 par le général Landrum, qui commandait la division en 1944.
Localisation : sur la gauche du Musée du Débarquement.

9 PLAQUE GARDES CÔTES
La Madeleine-Utah Beach

Plaque dédiée aux gardes côtes des États-Unis qui ont participé à l'invasion de la Normandie, et qui ont servi dans le monde, sur terre, sur mer et dans

Monument 90e Division d'infanterie américaine

les airs pendant la guerre.
Localisation : à 200 m sur la gauche du musée, sur un blockhaus.

10 STÈLE ANNIVERSAIRE
La Madeleine-Utah Beach

Stèle commémorative du 6 juin 1984. À l'invitation de François Mitterrand,

Crypte général Caffey

Borne 00 de la Liberté

président de la république
française, tous les chefs
d'états des pays belligé-
rants ont commémoré le
40e anniversaire du
Débarquement.
*Localisation : à 100 m
sur la gauche du musée,
un accès vers la plage.*

**11 BORNE 00 DE LA
LIBERTÉ** *La Madeleine-
Utah Beach* ▲

Borne de la Liberté, érigée
en 1947. Elle relie La
Madeleine à Bastogne à
1 142 kilomètres.
*Localisation : en face du
Musée du Débarquement.*

**12 PANNEAU ROWE
ROAD** *La Madeleine-
Utah Beach*

Panneau à la mémoire du
Private J. T. Rowe du

531 st Engineer Shore
Regiment, tué au combat
le 6 juin 1944. De nom-
breux panneaux sont
placés au bord des routes
côtières, symbolisant des
soldats du génie tués
pendant le Débarquement.
*Localisation : à gauche
du Musée du
Débarquement.*

**13 VITRAIL FORCES
FRANÇAISES LIBRES**
La Madeleine ▶

Vitrail à la mémoire des
soldats des Forces
Françaises Libres qui
débarquèrent en
Normandie avec les
troupes alliées.
*Localisation : dans la cha-
pelle du hameau de La
Madeleine, à gauche avant
d'arriver à Utah Beach.*

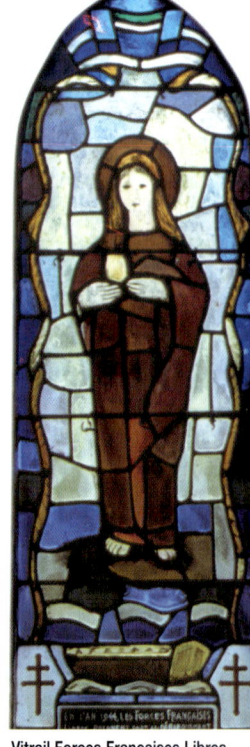

Vitrail Forces Françaises Libres

14 STÈLE USNR
*La Madeleine-Utah
Beach*

Stèle à la mémoire des
vétérans de l'United States
Naval Reserve qui sont
morts à Utah Beach.
*Localisation : 300 m à
droite du Musée du
Débarquement, place
Angelos T. Chatas.*

15 PLAQUE US NAVY
*La Madeleine-Utah
Beach*

Dans ce blockhaus fut
installé une unité de l'US
Navy qui contrôla, du
8 juin au 31 octobre
1944, le débarquement et
le trafic sur Utah Beach.
*Localisation : derrière le
café-restaurant* Le
Roosevelt.

LA LONDE (château de)
Calvados - 4 km nord de Caen

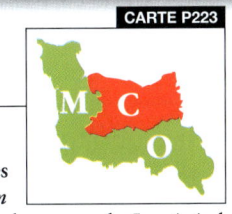

CARTE P223

LE MILE CARRÉ LE PLUS SANGLANT

Fin juin 1944, Caen, objectif du Jour J des Forces Alliées, n'est toujours pas libérée. L'offensive *Epsom* vient de commencer le 26 juin, à l'ouest de la capitale normande. Le général Crocker, chef du Ier Corps, lance des attaques au nord de la ville pour maintenir sur la défensive les divisions blindées allemandes. Le 27 juin, l'opération *Mitten* débute. Après un barrage d'artillerie, la 8e Brigade de la 3e Division d'infanterie atteint le bois qui borde la château de La Londe au sud-est. Les grenadiers allemands du 192e Régiment contre-attaquent, tandis qu'une trentaine de panzers enterrés repoussent les Sherman du Staffordshire Yeomanry de la 27e Brigade blindée. Le lendemain, le 1st Battalion The Suffolk Regiment repart à l'assaut sous le feu intense des défenseurs allemands. Après une journée de furieux combats, et d'énormes pertes, les Britanniques s'emparent du château de La Londe, mais ne peuvent poursuivre leur avance, cloués par le feu des panzers camouflés.

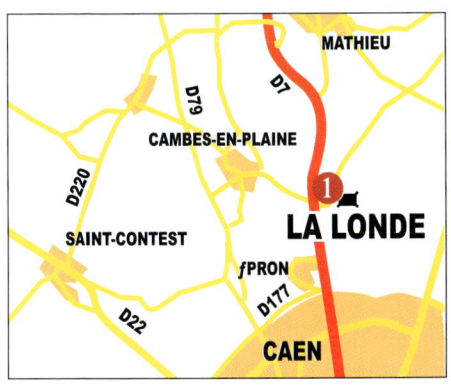

❶ STÈLE SUFFOLK REGIMENT

Stèle dédiée au 1st Battalion The Suffolk Regiment, de la 3e Division d'infanterie britannique, qui ont combattu pour la prise du château de La Londe.
Localisation : au bord de la D7 sur la route de Périers-sur-le-Dan, à l'entrée du château de La Londe (propriété privée).

LA POINTE DU HOC
Calvados - 14 km nord-est d'Isigny-sur-Mer

CARTE P221

LA MISSION IMPOSSIBLE DES RANGERS

La pointe du Hoc, sur la côte normande, est un objectif stratégique du secteur d'Omaha Beach, une importante batterie côtière pouvant menacer les plages du Débarquement, y est installée. Le 6 juin 1944, à 5 h 45, le 2e Bataillon de Rangers du colonel Rudder s'élance à l'assaut ; auparavant, trois barges sur les douze qui transportaient les hommes ont coulé. Avec des échelles et des grappins, les Rangers escaladent la falaise sous le feu des mitrailleuses allemandes. Au sommet, ils découvrent un paysage lunaire et constatent l'absence des canons dans leurs encuvements. Le lendemain, des Rangers découvrent les canons dans un chemin proche de la route côtière, et tentent de les saboter. Au soir du 7 juin, il ne reste plus que 90 hommes valides sur 225 au colonel Rudder. Le 8 juin, la 29e Division d'infanterie qui arrive de l'est libère enfin les Rangers, assiégés depuis deux jours par les Allemands.

1 MONUMENT RANGERS

Monument à la mémoire des Rangers du 2e Bataillon. Commandés par le colonel James E. Rudder, ils ont attaqué et pris possession de la Pointe du Hoc. Le mémorial est construit sur le poste de contrôle de tir où plusieurs soldats ont été ensevelis sous les ruines.
Localisation : accès à partir de la D514 (suivre le fléchage).

POINTE DU HOC

Manche

D514

SAINT-PIERRE-DU-MONT

CRICQUEVILLE-EN-BESSIN

BOISSEL

vers Vierville-sur-Mer

D194

Insigne des Rangers

La délivrance de Caen

LASSON/CAIRON/ROSEL
Calvados - 10 km nord-ouest de Caen

CARTE P223

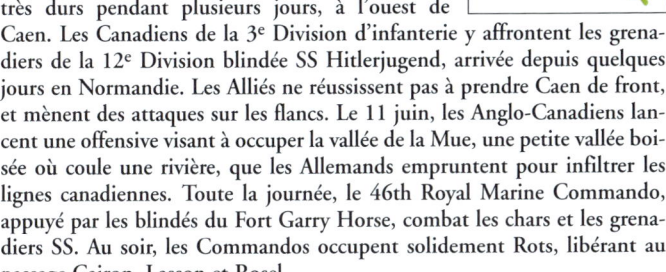

LES SS RECULENT DEVANT LES BÉRETS VERTS

Au début du mois de juin 1944, les combats sont très durs pendant plusieurs jours, à l'ouest de Caen. Les Canadiens de la 3e Division d'infanterie y affrontent les grenadiers de la 12e Division blindée SS Hitlerjugend, arrivée depuis quelques jours en Normandie. Les Alliés ne réussissent pas à prendre Caen de front, et mènent des attaques sur les flancs. Le 11 juin, les Anglo-Canadiens lancent une offensive visant à occuper la vallée de la Mue, une petite vallée boisée où coule une rivière, que les Allemands empruntent pour infiltrer les lignes canadiennes. Toute la journée, le 46th Royal Marine Commando, appuyé par les blindés du Fort Garry Horse, combat les chars et les grenadiers SS. Au soir, les Commandos occupent solidement Rots, libérant au passage Cairon, Lasson et Rosel.

❶ **MONUMENT SOLDATS CANADIENS** *Lasson* ▲

Monument à la mémoire des soldats canadiens morts pour la libération de Lasson en juin 1944.
Localisation : sur la D126 à la sortie du bourg vers Secqueville-en-Bessin.

❷ **PLAQUE SOLDATS CANADIENS** *Rosel*

Plaque sur le monument aux morts dédiée aux soldats canadiens, tués au cours de la libération de la commune en juin et juillet 1944.
Localisation : sur le monument aux morts, à côté de la mairie.

❸ **MONUMENT SOLDATS CANADIENS** *Cairon*

Monument à la mémoire des soldats canadiens morts pour la libération de Lasson en juin 1944.
Localisation : sur la D126 à la sortie du bourg vers Secqueville-en-Bessin.

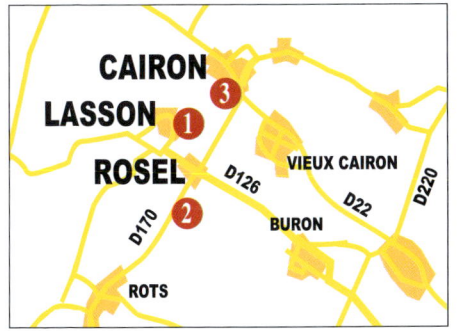

LÉBISEY
Calvados - 1,5 km nord de Caen

CARTE P223

GUERRE DE POSITIONS AUX PORTES DE CAEN

Le 6 juin 1944, à 22 heures, le général Montgomery ordonne à ses brigades de s'arrêter, les troupes britanniques ne prendront pas Caen aujourd'hui. Cet échec annonce le martyre que la ville va subir pendant un mois et demi. Le lendemain, 7 juin, un bataillon du Royal Warwickshire Regiment, de la 3ᵉ Division d'infanterie britannique, tente de s'emparer du petit hameau de Lébisey ; l'attaque échoue contre les positions allemandes bien installées. Pendant un mois, les Britanniques vont rester face aux Allemands de la 21ᵉ Panzer-Division. Le 8 juillet, le lieutenant-général Crocker, chef du Iᵉʳ Corps déclenche l'opération *Charnwood*, objectif : Caen. Une large zone est lourdement bombardée au nord de la ville. Tôt le matin, le bois de Lébisey subit un bref mais intense pilonnage. La 185ᵉ Brigade part à l'assaut, et, à 11 heures, le 2nd Battalion King's Shropshire Light Infantry prend le bois. Avec le soutien des Sherman du Staffordshire Yeomanry, le 2nd Battalion Royal Warwickshire Regiment libère le village de Lébisey, et capture par la même occasion le poste de commandement d'un bataillon de la 16ᵉ Luftwaffen-Feld-Division.

❶ **STÈLE 3ᵉ DIVISION D'INFANTERIE** ▲

Stèle à la mémoire des soldats de la 3ᵉ Division d'infanterie britannique, qui ont combattu dans ce secteur du 6 juin au 9 juillet 1944. Elle rend hommage au 2nd Battalion King's Shropshire Light Infantry qui libéra Biéville et combattit pour Lebisey. *Localisation : sur la D60, au carrefour de la D401.*

LE BOURG-SAINT-LÉONARD
Orne - 8 km est d'Argentan

CARTE P225

LES ALLIÉS VERROUILLENT LE SUD DE LA POCHE
Alors que, le 8 août 1944, les Alliés atteignent Le Mans, Hitler ordonne encore de contre-attaquer, en vain. Les renforts allemands arrivent au compte-gouttes du Midi ou du Nord de la France, mais ne peuvent que colmater provisoirement les brèches. Le 12 août, les Américains de la 5e Division blindée et les Français de la 2e Division blindée sont devant Argentan, mais un ordre du général Bradley les contraint à stopper leur avance, tandis qu'au nord, Montgomery n'est pas encore à Falaise. Le 13 août, à midi, une avant-garde américaine atteint Le Bourg-saint-Léonard, carrefour stratégique ; aussitôt les drapeaux fleurissent aux fenêtres. Les Allemands bombardent sporadiquement le village. Le 16 août, ils contre-attaquent, mais dans la soirée les Américains ont repris le bourg. Le 17, les Allemands sont de nouveau dans les rues du Bourg-saint-Léonard avec des blindés ; encore une fois le village change de mains, les Américains sont revenus. Le 18 août, après quelques dernières salves d'artillerie allemande, et un calvaire d'une semaine, les habitants du Bourg-saint-Léonard sont définitivement libérés.

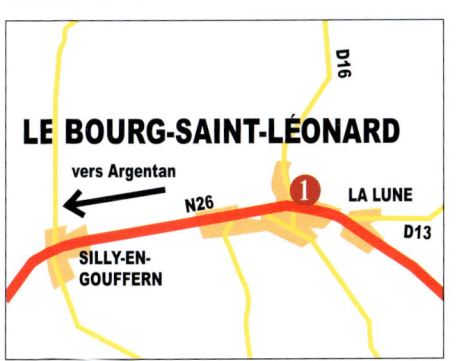

❶ STÈLE DE LA LIBÉRATION ▲

Stèle rappelant les combats acharnés entre troupes allemandes et alliées, du 16 au 19 août 1944. *Localisation : dans le centre du bourg, sur la N26.*

LE CARREFOUR/CARTIGNY L'ÉPINAY

CARTE P221

Calvados - 25 km ouest de Bayeux

UN COUP DUR POUR LE 2ᵉ BATAILLON

Trois jours après le Débarquement du 6 juin 1944
sur Omaha Beach, les Américains n'ont pas encore
fait la jonction avec les troupes débarquées à Utah. La progression vers le
sud est entravée par les marécages de l'Aure, et la destruction des ponts par
les Allemands. Le 9 juin, le 115th Regimental Combat Team a recours au
génie pour franchir l'obstacle, il atteint Colombières et Bricqueville ; le
2ᵉ Bataillon combat à Vouilly et continue son avance. Dans la nuit le lieutenant-colonel Warfield et ses hommes se trompent d'itinéraire, ils atteignent enfin leur destination à la nuit tombée : le Carrefour. Les Américains
commencent à s'installer, épuisés, quand une forte colonne allemande en
repli tombe sur les GI's. Surpris, les Américains subissent de fortes pertes,
et le lieutenant-colonel Warfield est tué. Le lendemain, 10 juin, la progression reprend vers le sud avec un nouveau chef et des remplaçants.

❶ MONUMENT WARFIELD
Le Carrefour ▶

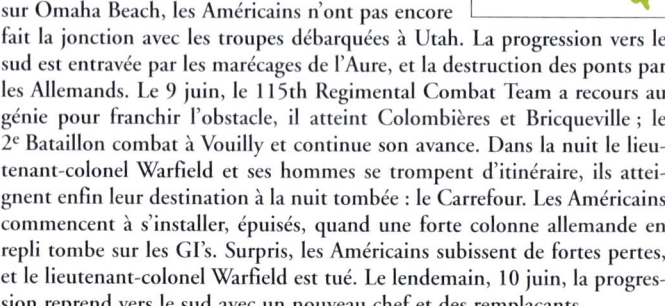

Monument commémorant
les combats de la nuit du
9 au 10 juin 1944. À cet
endroit, 150 officiers et
soldats, du 2ᵉ Bataillon du
115ᵉ Régiment de la
29ᵉ Division d'infanterie
américaine, furent tués
dans une attaque alleman-
de. Le chef du bataillon le
lieutenant-colonel
William E. Warfield faisait
partie des victimes.
*Localisation : de la D29
prendre la direction de
Cartigny, continuer jus-
qu'au carrefour.*

❷ MONUMENT AÉRODROME A5
Cartigny-L'Épinay

Monument rappelant que
l'aérodrome A5 fut

construit à cet endroit
pour les avions du

404th Fighter Group, et
des 506th, 507th et 508th
Fighter Squadrons de
l'US Air Force.
*Localisation : de la D15
avant Cartigny-L'Épinay,
prendre à droite (panneau
monument américain),
toujours à droite, la stèle
se trouve dans une voie
sans issue.*

LE DÉZERT
Manche - 12 km nord de Carentan

CARTE P222

COMBATS DANS LES MARÉCAGES

Au début du mois de juillet 1944, l'aile droite du front américain progresse lentement entre Carentan et Saint-Lô. Le 7 juillet, le XIXe Corps du général Corlett attaque à l'ouest de la Vire. Le 84e Corps d'armée du général von Choltitz est contraint d'engager toutes ses réserves. La région est marécageuse et favorise la défense, les Allemands des divisions d'élite Das Reich et Götz von Berlichingen se battent avec acharnement et ne reculent qu'à l'extrême limite. Le 7 juillet au soir, les Américains prennent Saint-Jean-de-Daye ; le 10, ils atteignent Le Dézert. Le 11, La Panzer Lehr Division, qui arrive du secteur de Caen, lance une forte contre-attaque et reprend Le Dézert ; mais après quelques kilomètres, les hommes de la 9e Division d'infanterie américaine, avec l'appui des chasseurs bombardiers, stoppent les Allemands qui reculent et abandonnent Le Dézert.

❶ CANON ANTICHAR

Ce canon de 75 mm était l'une des armes antichar les plus répandues dans l'Armée allemande ; avec la munition adéquate, il pouvait percer à 2000 mètres le blindage de pratiquement tous les chars alliés.
Localisation : sur la place devant la mairie.

129

LE MESNILBUS
Manche - 9 km sud-est de Périers

CARTE P222

LE BLITZKRIEG DES BLINDÉS AMÉRICAINS

Lancée au matin du 25 juillet 1944, l'opération *Cobra* obtient quelques succès, mais à la fin de la journée la percée ne s'est pas produite. Le lendemain, le général Collins chef du VIIe Corps, décide d'engager les divisions blindées pour obtenir la rupture. Le 27, la 1re Division d'infanterie prend Marigny à l'ouest, la 90e Division libère Périers à l'est. Le CCB du colonel Boudinot avance sur la nationale Saint-Lô-Coutances, mais il se heurte à des actions de retardement d'unités blindées SS. Le VIIIe Corps qui a attaqué sur le front Périers-Lessay progresse rapidement dans la journée du 27 juillet. Le 28, le CCB de la 4e Division blindée prend Coutances ; le CCB de la 2e Division blindée encercle, par le sud, plusieurs milliers de soldats allemands dans une poche dans le secteur de Roncey. A l'ouest de Saint-Lô, la 83e Division d'infanterie repousse les SS de la 17e Panzergrenadier-Division, le 29 juillet les fantassins du 331e Régiment libèrent Le Ménilbus et atteignent Montcuit.

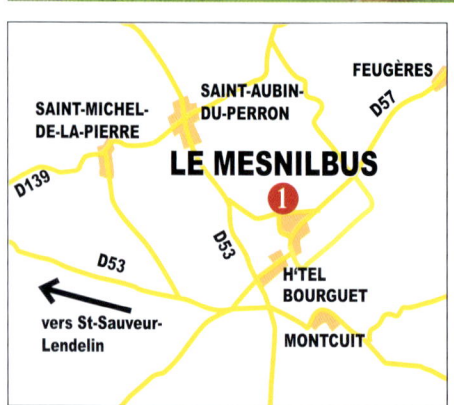

❶ MONUMENT DUFY

Monument à la mémoire du pilote de chasse Robert Lee Dufy, dont l'avion P47 Thunderbolt s'est écrasé à Le Mesnilbus, le 27 juillet 1944. L'avion fut déterré en 1992 et le pilote identifié, il avait survécu après avoir sauté en parachute et vivait aux Etats-Unis dans le Colorado.
Situation : sur la D57, dans le centre du bourg.

LE MESNIL PATRY

Calvados - 10 km ouest de Caen

CARTE P223

LA 11ᵉ DB À L'ASSAUT DES SOMMETS

Le 7 juin 1944, la 7ᵉ Brigade du Brigadier Foster avance facilement à l'ouest de Caen. Le Royal Winnipeg Rifles libère Secqueville-en-Bessin et Putot-en-Bessin, tandis que le Regina Rifle Regiment s'empare de Norrey-en-Bessin et Bretteville-l'Orgueilleuse. Mais l'offensive canadienne est stoppée par la 12ᵉ SS-Panzer-Division Hitlerjugend, qui vient d'arriver sur le front. Le 11 juin, les Canadiens lancent une attaque sur la vallée de la Mue ; les Allemands utilisent cette vallée boisée et très encaissée pour harceler les Canadiens. Les fantassins du Queen's Own Rifles of Canada montés sur les chars du 1st Hussars Regiment démarrent de Norrey ; ils traversent Le Mesnil-Patry, mais une violente contre-attaque de chars et de fantassins de la Hitlerjugend repoussent les Canadiens, les pertes sont sévères. Le Mesnil-Patry est perdue et ne sera repris qu'avec l'offensive *Epsom* du 25 juin.

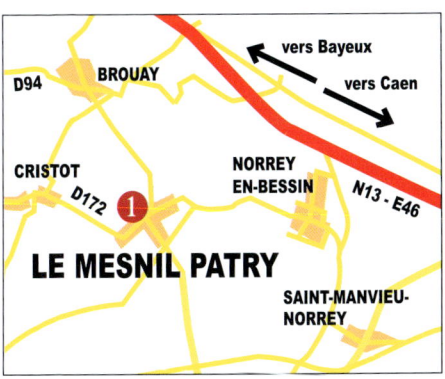

❶ MONUMENT QUEEN'S OWN RIFLES

Monument à la mémoire des soldats canadiens du régiment The Queen's Own Rifles of Canada, de la 5ᵉ Brigade de la 3ᵉ Division d'infanterie, morts pendant la Bataille de Normandie et pour la libération du Mesnil-Patry en juin 1944.
Localisation : dans le bourg, en face de l'église.

La percée d'Avranches

LE PLESSIS LASTELLE/SAINT JORES
Manche - 17 km ouest de Carentan

CARTE P222

LA DIVISION DAS REICH ARRIVE EN NORMANDIE

Début juillet 1944, le VIIIᵉ Corps d'armée du général Middleton lance une offensive de grande envergure sur le front du Cotentin. L'objectif est de percer la ligne *Mahlmann*, l'effort principal porte sur l'axe La Haye-du-Puits/Lessay. Le 4 juillet, la 82ᵉ Division aéroportée s'empare de la cote 95, tandis que la 79ᵉ Division d'infanterie progresse vers La Haye-du-Puits. La 90ᵉ Division d'infanterie libère Saint-Jores le 5 juillet, et après trois jours de combats acharnés, les Américains s'emparent de La Haye-du-Puits le 8 juillet. Le Renseignement américain apporte bientôt une mauvaise nouvelle : la 2ᵉ SS-Panzer-Division Das Reich vient d'arriver en Normandie. La Das Reich contre-attaque aussitôt ; les Allemands obtiennent quelques succès, encerclant et capturant des éléments de la 90ᵉ Division d'infanterie américaine près du Plessis-Lastelle. Succès sans lendemain, le 8 juillet, Le Plessis-Lastelle est dans les lignes américaines.

❶ MONUMENT 90ᵉ DIVISION D'INFANTERIE
Le Plessis Lastelle ▸

Monument dédié aux soldats de la 90ᵉ Division d'infanterie américaine *Tough Ombres*, qui ont combattu du 3 au 12 juillet 1944 pour la libération du Plessis-Lastelle (Beaucoudray Bataille de la colline 112), *Localisation : dans le centre du bourg.*

❷ STÈLE 712nd TANK BATTALION
Le Plessis Lastelle

Monument à la mémoire de huit soldats, du 712nd Tank Battalion (1ʳᵉ section, compagnie C), tués en juillet 1944. *Localisation : sur la D138*

au nord du bourg de Lastelle.

❸ STÈLE 90ᵉ DIVISION
Saint-Jores

Stèle à la mémoire des combattants de la 90ᵉ Division d'infanterie américaine, qui sont tombés pour libérer Saint-Jores du 3 au 5 juillet 1944. *Localisation : dans le centre du bourg, devant la mairie.*

SAINT-JORES D903
❸
D24
LE PLESSIS-LASTELLE
D140
Mont Castre
❷
Tourbière de Baupte
LASTELLE D338
❶

CARTE P221

LES DUNES DE VARREVILLE
Manche - 20 km nord de Carentan

LES AMÉRICAINS FACE AU MUR DE L'ATLANTIQUE

Le 6 juin 1944, la 4e Division d'infanterie américaine débarque en Normandie à Utah Beach, à 2,5 km plus au sud que prévu ; une sous-estimation de la force des courants a entraîné cette erreur. Erreur bénéfique puisque la zone est à la limite de portée des batteries d'Azeville et de Crisbecq-Saint-Marcouf, et que les défenses y sont moins solides. Bombardées, isolées, les positions allemandes subissent l'assaut de la première vague américaine à 6 h 40, puis l'attaque des chars amphibies. Une heure plus tard, la plage est nettoyée par le génie et les Américains pénètrent à l'intérieur des terres, un bataillon se dirige vers l'ouest afin d'effectuer la jonction avec les parachutistes. Vers le nord, en longeant la côte, ils neutralisent plusieurs points de résistance, et dépassent Les Dunes de Varreville. Au soir du 6 juin, le Débarquement sur Utah Beach est un succès.

❶ MONUMENT 2e DIVISION BLINDÉE ▸

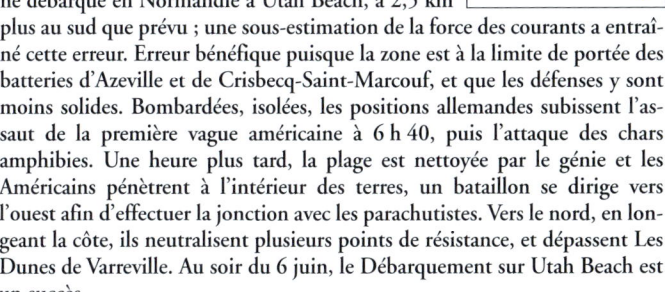

Monument commémorant le Débarquement, le 6 juin 1944 à l'aube, des troupes alliées, et le 30 juillet, de la 2e Division Blindée du général Leclerc sur la plage d'Utah. Près du monument se trouvent plusieurs véhicules blindés : half-track, char Sherman, véhicule M8.
Localisation : au bord de la D421 (suivre le fléchage).

❷ CHAR 2e DB "NORMANDIE"

Ce char de la 2e DB française, le *Normandie*, appartenait au 2e Escadron du 12e Régiment de cuirassiers.
Localisation : à côté du monument du Débarquement.

❸ STÈLES 2e DIVISION BLINDÉE - BORNE N°1

Stèles commémorant les campagnes de la 2e Division Blindée commandée par le général Leclerc. Les unités qui la composaient sont inscrites sur les stèles. La borne de la Liberté N° 1 est le point de départ du parcours libérateur de la 2e DB et de la 3e Armée américaine.
Localisation : à côté du monument du Débarquement.

Borne de la Liberté N° 1

SAINT-GERMAIN-DE-VARREVILLE

❶ ❷ ❸ **Manche**

LES DUNES DE VARREVILLE

D423

D421

SAINT-MARTIN-DE-VARREVILLE

vers Carentan

D14

D67

LA MADELEINE

133

LESSAY
Manche - 20 km nord de Coutances

CARTE P222

COUP DÉCISIF SUR LE FRONT OUEST

Début juillet 1944, les Américains du VIIIe Corps combattent durement pour s'emparer de la hauteur du Mont-Castre. Le 9 juillet, la 79e Division d'infanterie libère La Haye-du-Puits. Une nouvelle division arrive en renfort : la 8e Division d'infanterie du général Mac Mahon. Le 14 juillet, les 9e et 79e Divisions d'infanterie s'arrêtent sur la rivière Ay devant Lessay, tandis que la 90e est stoppée sur la Sèves. Le général von Choltitz opère un repli général de ses forces sur une nouvelle ligne de défense. Le 25 juillet, l'opération *Cobra* débute à l'ouest de Saint-Lô. Le 27, le VIIe Corps exploite la percée du front allemand. Lessay est libérée le même jour par le 315e Régiment de la 79e Division d'infanterie. Les Allemands sont contraints à la retraite pour éviter l'encerclement de leurs forces dans ce secteur.

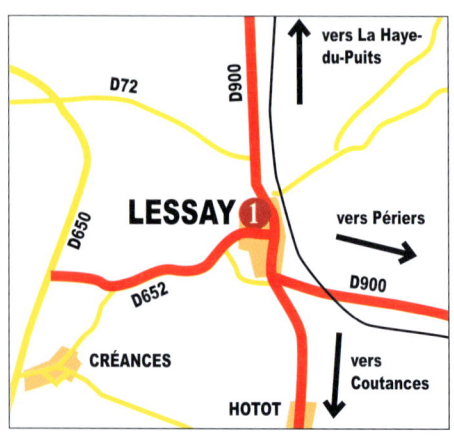

❶ PLAQUE DE LA LIBÉRATION ▲

Plaque sur le monument aux morts, commémorant le 50e anniversaire de la libération de Lessay par les Alliés.
Localisation : au bord de la D900, sur le monument aux morts.

LINGÈVRES
Calvados - 15 km sud de Bayeux

CARTE P223

Un haut fait d'armes pour les Sherman

Sur le front du XXXe Corps britannique, au sud de Bayeux, la Panzer-Lehr-Division oppose une solide résistance autour de Tilly-sur-Seulles. Après l'échec de la 7e Division Blindée le 12 juin à Villers-Bocage, dans une tentative de contourner l'obstacle, le général Horrocks relance l'attaque de front. Le 14 juin, la 50e Division d'infanterie part à l'assaut. La 151e Brigade avance sur Lingèvres après une intense préparation d'artillerie. Les Britanniques pénètrent dans le bourg, mais les blindés allemands contre-attaquent les Sherman du 47th Royal Dragoon Guards. Le combat tourne à l'avantage des Sherman Firefly contre les Panther, six chars allemands sont détruits dans Lingèvres, dont cinq par le même Sherman. A la fin de la journée, une nouvelle contre-attaque allemande est bloquée par l'artillerie, le 1st Battalion Dorsetshire Regiment tient solidement Lingèvres.

❶ Monument 50e Division d'infanterie ▸

Monument dédié aux soldats de la 50e Division d'infanterie Northumbrian, qui ont combattu en juin et juillet 1944 pour la libération de Lingèvres.
Localisation : sur la D13 à la sortie ouest du bourg, devant l'église.

❷ Stèle 4/7th Royal Dragoon Guards

Stèle à la mémoire des soldats du 4/7th Royal Dragoon Guards, B Squadron, qui sont morts dans les combats pour la libération de Lingèvres, le 14 juin 1944.
Situation : en venant de Caen, prendre à droite avant l'église, puis à gau-

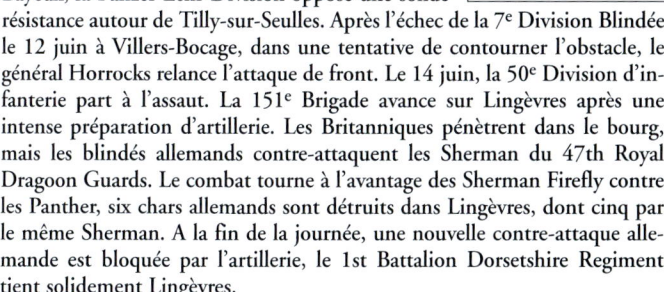

che, la stèle se trouve à 200 mètres à une fourche.

❸ Stèle Essex

Stèle dédiée aux soldats du 2nd Battalion Essex Regiment The Pompadours de la 56e Brigade d'infanterie.
Localisation : lieu-dit "La Haye", 1 km après la sortie ouest du bourg, prendre une route à droite qui mène aussitôt à une aire de pique-nique, la stèle se trouve au fond à droite.

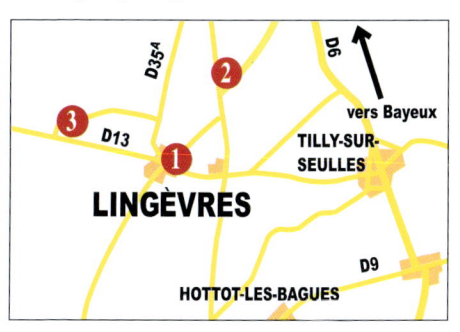

CARTE P220

LION-SUR-MER
Calvados - 15 km nord de Caen

LE MUR RÉSISTE AUX COMMANDOS

Le 6 juin 1944, la 4th Special Service Brigade débarque sur Sword Beach en deuxième vague. Le 41st Royal Marine Commando, commandé par le lieutenant-colonel Gray, est déposé par six barges Landing Craft Infantry sur Queen Beach. Sa mission est de prendre Lion-sur-Mer. Plusieurs officiers sont tués sur la plage, les Commandos atteignent la route côtière et se dirigent vers leurs objectifs. Mais le point fortifié WN 21, codé « Trout » à Lion-sur-Mer bloque les Commandos. Une compagnie du 1st South Lancashire vient appuyer le 41st RMC sans obtenir de résultat. Pendant ce temps sur Queen Beach un embouteillage se produit, les chars ne peuvent pas débarquer, et le brigadier Cunningham, chef de la 9e Brigade, est blessé. Le WN 21 sera pris le 7 juin par le 41st Royal Marine Commando qui établira la liaison avec le N°46 Commando.

❶ MONUMENT DE LA LIBÉRATION ▶

Monument commémorant la libération de la ville le 7 juin 1944, un message du général Roosevelt glorifiant les Libertés est gravé sur une plaque.
À côté on peut voir un char britannique Churchill Avre.
Localisation : à la sortie ouest de la ville, sur la D514.

❷ STÈLE 41st ROYAL MARINE COMMANDO

Stèle à la mémoire des soldats du 41st Royal Marine Commando, qui participèrent à la libération de Lion-sur-Mer le 6 juin 1944.

Localisation : à l'ouest de la ville, sur le boulevard maritime.

❸ MONUMENT ROYAL ENGINEERS CORPS ▾

Monument dédié au Royal Engineers Corps, et en particulier à la 77e Section d'assaut, qui contribua à la libération de la ville le 6 juin 1944. Ce monument fut inauguré en 1989 par le général George Cooper.
Localisation : à l'ouest de la ville, sur le boulevard maritime.

Monument Royal Engineers Corps

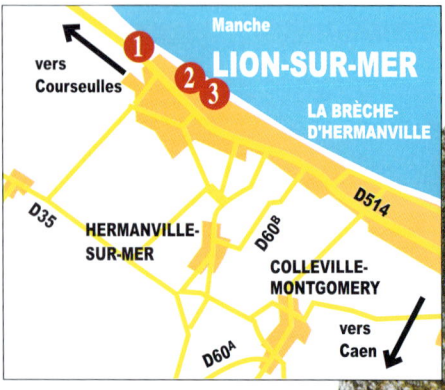

CARTE P222

LITHAIRE
Manche - 5 km est de La Haye-du-Puits

DEUX MOIS DE DURS COMBATS POUR LES PARAS

Après la prise de Cherbourg, le VIIIe Corps du général Middleton lance toutes ses forces vers le sud. Il faut sortir du Cotentin, où rivières et marécages empêchent le déploiement des unités blindées. Le 3 juillet 1944, la 82e Division aéroportée attaque vers La-Haye-du-Puits, la progression initiale est rapide face à des Osttruppen, volontaires de l'Est, peu combatifs. Mais bientôt les parachutistes atteignent la ligne principale de défense des Allemands, au pied du Mont Castre. Le 4 juillet, ils attaquent une ligne de collines dominée par la crête de la Poterie qu'ils occupent. Le lendemain, ils éliminent les derniers points de résistance. Lithaire est libérée et la 82e Division aéroportée attend la relève, car les pertes sont lourdes pour une unité engagée depuis le Jour J, le 6 juin.

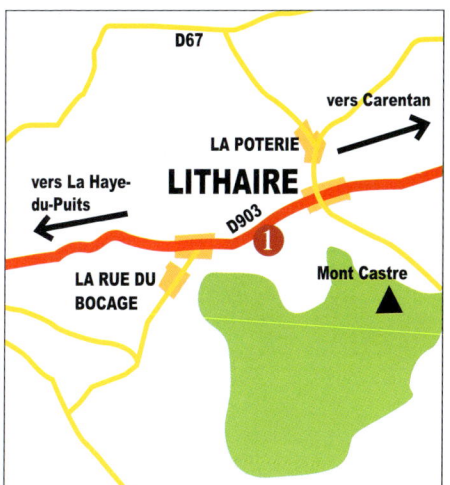

❶ MONUMENT 82e DIVISION AÉROPORTÉE - 90e DIVISION D'INFANTERIE ▲

Monument dédié aux combattants des 82e Division aéroportée et 90e Division d'infanterie (bataille du 5 au 10 juillet 1944). *Localisation : sur la D903 entre La Haye-du-Puits et Carentan.*

LONGUES-SUR-MER
Calvados - 8 km nord de Bayeux

CARTE P221

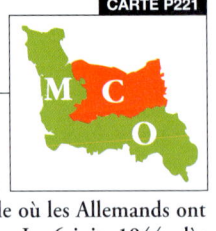

UNE BATTERIE DU MUR SE REND

Située à l'ouest d'Arromanches-les-Bains en Normandie, Longues-sur-Mer domine l'océan du haut d'une falaise de soixante-cinq mètres, position idéale où les Allemands ont installé une batterie de quatre canons de 150 mm. Le 6 juin 1944, dès 5 h 30, plusieurs croiseurs et un cuirassé pilonnent la position. Mais quand la flotte de débarquement se présente au large, la batterie ouvre le feu à son tour. Le *HMS Ajax* réplique à un kilomètre de distance au large. Les canons allemands cessent de tirer un moment, puis recommencent ; la dernière pièce tirera jusqu'à 17 heures. La batterie de Longues-sur-Mer se rend aux Britanniques le lendemain avec les 184 hommes de la garnison.

❶ BATTERIE DE LONGUES-SUR-MER ▲

Quatre canons de 150 mm d'une portée de vingt kilomètres armaient cette batterie. Un poste de tir, à peine achevé le 6 juin 1944, était installé au bord de la falaise.

Localisation : accès à partir de la D514 (suivre le fléchage).

❷ STÈLE AÉRODROME B11 - CLOSTERMAN

Stèle rappelant que l'aérodrome britannique B11 fut opérationnel à cet endroit, du 21 juin au 4 septembre 1944. Pierre Closterman, pilote des Forces Aériennes Françaises Libres, partit en mission de cet aérodrome au sein du Squadron 602.
Localisation : à l'entrée du site de la batterie de Longues.

❸ STÈLE DU 60ᵉ ANNIVERSAIRE

Stèle commémorant le 60ᵉ anniversaire de la bataille de Normandie.
Localisation : près de la mairie.

LONGUEVAL

Calvados - 2 km nord-est de Caen

ATLANTIC EN PRÉPARATION DE GOODWOOD

Longueval est libérée une première fois le 7 juin 1944, lorsque le 1st Battalion The Royal Ulster Rifles, de la 6th Airlanding Brigade, entre dans le bourg, vide d'Allemands ; mais les Irlandais doivent ensuite se replier. Mi-juillet 1944, les Alliés s'apprêtent à frapper fort à l'ouest du front de Normandie, c'est l'opération *Cobra* qui doit obtenir la rupture. A l'est, l'offensive *Goodwood* doit poursuivre la fixation des formations blindées allemandes, élargir la tête de pont à l'est de l'Orne et, éventuellement, exploiter une percée. En préparation de *Goodwood*, le IIᵉ Corps canadien du général Simonds déclenche plusieurs attaques au sud de Caen et sur la rive est de l'Orne. L'une d'elle, codée *Atlantic*, lance la 9ᵉ Brigade canadienne au-dessus de l'Orne, qui est franchie au moyen d'un pont Bailey. Les Canadiens avancent sur Longueval, qui est tenue par des grenadiers allemands de la 16ᵉ Luftwaffen-Feld-Division. Avec l'appui des Sherman du 1st Hussars Regiment, l'obstacle est éliminé et le village normand est libéré.

❶ MONUMENT ROYAL ULSTER RIFLES

Monument à la mémoire des soldats du 1st Battalion The Royal Ulster Rifles, de la 6ᵉ Division aéroportée britannique, qui sont entrés dans Longueval le 7 juin 1944. *Localisation : dans le centre du bourg.*

Emblème de la 6ᵉ Division aéroportée britannique

La délivrance de Caen

LOUVIGNY
Calvados - 2 km sud de Caen

CARTE P223

LES CANADIENS FRANÇAIS À LOUVIGNY

Le 9 juillet 1944, les Britanniques entrent dans Caen, la grande cité normande est enfin libérée. Le 16 juillet, au quartier général avancé du IIe Corps canadien à Rosel, le général Simonds expose à ses chefs de bataillon les objectifs de l'opération *Atlantic*. La 2e Division d'infanterie doit exploiter la percée vers le sud et la 4e Brigade doit s'emparer de Louvigny. Le 18 juillet, le Royal Regiment of Canada approche de Louvigny. Les Allemands déclenchent un feu d'artillerie intense, auquel les Canadiens répliquent aussi violemment. Les SS de la 1re SS-Panzer-Division ont installé leur poste de commandement dans le cimetière. Le 19 au matin, les Canadiens relancent leurs attaques et arrachent le village aux Allemands. Ils repoussent les SS hors du cimetière et libèrent le château de Louvigny.

❶ MONUMENT ROYAL REGIMENT OF CANADA

Monument à la mémoire des soldats du 8e Régiment de Reconnaissance, Royal Regiment of Canada, qui ont combattu dans ce secteur du 16 au 20 juillet 1944.
Localisation : sur la D8 à la sortie sud du bourg.

Insigne du Royal Regiment of Canada

LUC-SUR-MER/CRESSERONS
Calvados - 15 et 10 km nord de Caen

CARTE P220

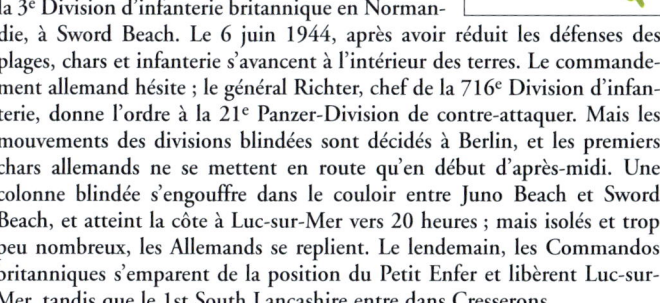

LES ALLEMANDS PERCENT JUSQU'À LA CÔTE

Le 46th Royal Marine Commando débarque avec la 3ᵉ Division d'infanterie britannique en Normandie, à Sword Beach. Le 6 juin 1944, après avoir réduit les défenses des plages, chars et infanterie s'avancent à l'intérieur des terres. Le commandement allemand hésite ; le général Richter, chef de la 716ᵉ Division d'infanterie, donne l'ordre à la 21ᵉ Panzer-Division de contre-attaquer. Mais les mouvements des divisions blindées sont décidés à Berlin, et les premiers chars allemands ne se mettent en route qu'en début d'après-midi. Une colonne blindée s'engouffre dans le couloir entre Juno Beach et Sword Beach, et atteint la côte à Luc-sur-Mer vers 20 heures ; mais isolés et trop peu nombreux, les Allemands se replient. Le lendemain, les Commandos britanniques s'emparent de la position du Petit Enfer et libèrent Luc-sur-Mer, tandis que le 1st South Lancashire entre dans Cresserons.

❶ STÈLE DE LA LIBÉRATION
Luc-sur-Mer ▸

Stèle commémorant l'action du premier Commando allié en Normandie le 28 septembre 1941, et la libération de la ville les 6 et 7 juin 1944.
Localisation : dans le centre du bourg, sur la place Tom Gordon Hemmings.

❷ MONUMENT 22ᵉ DRAGONS *Cresserons*

Monument à la mémoire des soldats du régiment du 22ᵉ Dragons, de la 30ᵉ Brigade de la 79ᵉ Division Blindée, qui sont morts pour la libération de Cresserons en juin 1944.
Localisation : derrière la mairie, place du 22ᵉ Dragons.

❸ STÈLE GÉNÉRAL LECLERC *Luc-sur-Mer*

Stèle dédiée au général Leclerc, chef de la 2ᵉ Division Blindée.
Localisation : dans le centre-ville, place du général Leclerc.

MAHÉRU
Orne - 20 km sud-ouest de L'Aigle

CARTE P225

ERREUR STRATÉGIQUE DES ALLIÉS ?

Mi-août 1944, les Alliés sont à la veille d'une grande victoire en Normandie, la 7e Armée allemande et la 5e Panzer Armee entament un grand mouvement de repli vers la Seine. Mais la Bataille de la poche de Falaise n'est pas terminée, et le Commandement allié sous-estime l'importance des forces allemandes qui n'ont pas encore évacué le « Chaudron ». Montgomery et Bradley stoppent deux divisions blindées devant Argentan, et ordonnent une vaste manœuvre d'encerclement en remontant vers le nord, le long de la Seine. Mais une fois encore, les chefs alliés sous-estiment la capacité des Allemands à franchir le fleuve. La 1re Armée américaine doit progresser sur l'axe Dreux-Elbeuf. Le 19 août, la 2e Division Blindée du général Brooks démarre de la région de Sées. Les deux Combat Command avancent côte à côte. Le 67th Tank Battalion traverse Moulins-la-Marche, libère Maheru sur son passage, et arrête sa chevauchée dans la soirée à Sainte-Anne.

① STÈLE LOBDELL ▲

Stèle à la mémoire du lieutenant Warren Russel Lobdell, pilote de la 9th US Air Force - 358th Fighter Group, 366th Fighter Squadron - tué pendant un combat aérien le 27 juin 1944.
Localisation : sur un parking, près de l'église.

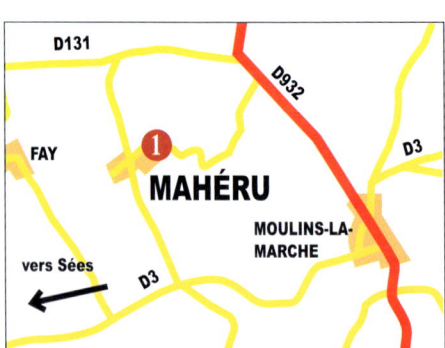

La délivrance de Caen

MALTOT

Calvados - 6 km sud de Caen

CARTE P223

LES SHERMAN SUBISSENT LA LOI DES TIGRE

Le 10 juillet 1944, Caen est presque entièrement libérée, mais l'Orne n'est pas franchie à l'ouest de la ville. C'est l'objectif de l'opération *Jupiter*, la stratégie principale reste de garder en alerte permanente le Panzer-Gruppe West dans le secteur de la 2e Armée britannique. L'attaque débute à 5 heures du matin le 10 juillet, la 43e Division d'infanterie Wessex et deux brigades blindées s'emparent de Baron. Mais sur la cote 112, les Tigre et les grenadiers de la SS-Panzer-Abteilung 102 déciment le 5th Battalion Duke of Cornwall's Light Infantry. A Maltot, les Britanniques des 4th et 5th Battalion Dorsetshire Regiment, et du 7th Battalion Hampshire Regiment, sont tenus en échec. Le 18 juillet, la grande offensive *Goodwood* débute à l'est de Caen. Le 22, la 43e Division d'infanterie repart à l'assaut de ses objectifs du 10 : la cote 112 et Maltot. La 129e Brigade et les chars du 7th Royal Tank Regiment subissent l'artillerie allemande, l'artillerie royale se déchaîne à son tour. Le 5th Battalion Wiltshire Regiment combat au corps à corps pour arracher Maltot. Ce n'est qu'au matin du 23 juillet, que le 4th Battalion Wiltshire Regiment s'empare des ruines du château, jonché de cadavres des soldats de la Leibstandarte Adolf Hitler.

❶ STÈLE DORSETSHIRE REGIMENT

Stèle dédiée aux 4th et 5th Battalion Dorsetshire Regiment qui participèrent aux combats sanglants de la cote 112, le 23 juillet 1944.
Localisation : sur la D147, à l'entrée ouest du bourg.

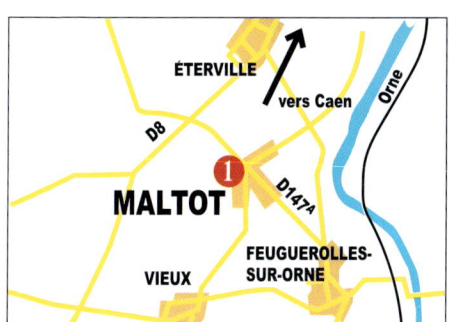

Insigne du Dorsetshire Regiment

143

MARCHÉSIEUX/LA VARDE
Manche - 10 km est de Périers

CARTE P222

A LA CONQUÊTE DE L'ÎLOT DE LA VARDE

Le 19 juillet 1944, le général Bradley rencontre, en Angleterre, tous les chefs des Forces aériennes alliées qui vont soutenir l'opération *Cobra* du 25 juillet. Dans le même souci, afin de s'assurer de meilleures bases de départ, il ordonne de réduire quelques saillants sur le front américain. À un kilomètre au nord de Marchésieux, où est installé le PC d'un régiment de grenadiers SS, La Varde est un petit hameau au milieu des marécages, dans le secteur de la 83ᵉ Division d'infanterie du général Macon. Dans la nuit du 18 juillet, le 331ᵉ Régiment d'infanterie traverse la zone inondée et aborde La Varde. Le génie lance un pont Bailey sur la Taute, mais il est détruit par un obus allemand, empêchant le soutien des chars. Un Kampfgruppe de la 17ᵉ SS-Panzergrenadier-Division contre-attaque ; les fantassins américains commencent à reculer, puis retraitent en désordre en subissant des pertes élevées. La Varde et Marchésieux sont libérées quelques jours plus tard avec l'offensive *Cobra*.

❶ **MONUMENT WALLACE E. ROCK**
Marchésieux ▲

Monument dédié au pilote de chasse américain Wallace E. Rock du 365ᵉ Groupe de chasse, dont l'avion s'est écrasé dans les marais le 22 juillet 1944. Le mémorial abrite les restes de l'avion P47 Thunderbolt.
Localisation : dans le centre du bourg.

❷ **STÈLE 83ᵉ DIVISION D'INFANTERIE** *La Varde*

Stèle à la mémoire des soldats de la 83ᵉ Division d'infanterie, morts dans les combats pour la libération de Marchésieux en juillet 1944.
Localisation : à 2 km au nord du bourg, au bord de la D57.

MARIGNY
Manche - 10 km ouest de Saint-Lô

CARTE P222

UN PETIT VILLAGE NORMAND SOUS LES BOMBES
Le 25 juillet 1944, 1 500 bombardiers larguent 3 300 tonnes de bombes sur une zone de saturation, à l'ouest de Saint-Lô ; le front allemand n'existe plus, en deux jours l'opération *Cobra* obtient enfin la percée décisive. Dans le secteur de l'offensive alliée, la Panzer Lehr Division, commandée par le général Bayerlein, est pratiquement anéantie. Quand le général Collins lance les chars de la 3e Division Blindée, le 26 juillet, quelques groupes isolés résistent désespérément, mais ils ne peuvent endiguer la marée des blindés et de l'infanterie américaine. Les Américains atteignent Marigny, où ils se heurtent à des éléments de la Division Das Reich et de la 353e Division d'infanterie, appuyés par quelques panzers. Les Allemands résistent violemment puis se retirent, Marigny est finalement libérée en fin de journée.

❶ **CIMETIÈRE ALLEMAND** ▲

11 169 soldats allemands sont inhumés dans ce cimetière, situé en pleine campagne. On y entre par un bâtiment en forme d'église. Des croix de granit, groupées par trois, émergent de petits massifs de mille-pertuis.
Localisation : sur la D341, entre Marigny et La Chapelle-en-Juger (suivre le fléchage).

❷ **STÈLE CIMETIÈRE AMÉRICAIN**

Stèle rappelant que de 1944 à 1948, reposèrent à cet endroit 3 070 soldats américains.
Localisation : en face de l'entrée du cimetière de Marigny.

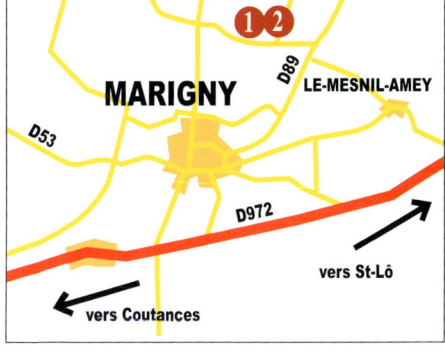

La tête de pont

CARTE P220

MARTRAGNY/DUCY-STE-MARGUERITE
Calvados - 6 km sud-est de Bayeux

BAYEUX MENACÉE PAR LA PANZER LEHR

Bayeux est la première grande ville normande libérée par les Alliés le 7 juin 1944. Le XXXᵉ Corps britannique poursuit son avance, et le 7 au soir Caen n'est plus qu'à une vingtaine de kilomètres. La 50ᵉ Division d'infanterie Northumbrian libère Martragny et franchit la nationale Caen-Bayeux ; la 69ᵉ Brigade traverse Ducy-Sainte-Marguerite et approche de la voie ferrée Caen-Cherbourg. La 8ᵉ Brigade est bloquée au sud d'Audrieu. Le 9 juin, la Panzer Lehr Division, forte de 180 chars, lance une puissante attaque sur Bayeux. Le général Bayerlein a reçu l'ordre de reprendre la ville. Les lignes britanniques sont bousculées, mais après un contre-ordre, l'offensive allemande change d'axe. Audrieu puis Chouain sont reprises par les Allemands, Ducy-Sainte-Marguerite est menacée. Le général Graham lance en contre-attaque les chars de la 8ᵉ Brigade Blindée, qui stoppent les Allemands sur la cote 103. L'échec de cette offensive fait perdre aux Allemands tout espoir de repousser les Alliés à la mer, dans les premiers jours du Débarquement. La Division Panzer Lehr se replie, et établit une solide ligne de résistance autour de Tilly-sur-Seulles, pour de longues semaines.

❶ STÈLE AÉRODROMES BRITANNIQUES ▶
Martragny

Stèle commémorant les vingt aérodromes utilisés par la RAF dans la tête de pont du Débarquement.
Localisation : sur la D35, à l'entée est de Vaux-sur-Seulles.

❷ STÈLE AÉRODROME B7 *Martragny*

Stèle commémorant l'installation de l'aérodrome britannique B7 à proximité de Martragny. B7 fut opérationnel du 19 juillet au 3 septembre 1944.

Localisation : à l'entrée ouest du bourg, rue de l'Ormelet.

❸ MONUMENT TYNESIDE SCOTTISH
Ducy-Sainte-Marguerite

Monument érigé en mémoire des officiers et soldats du 1st Battalion Tyneside Scottish tombés en juin, juillet et août 1944.
Localisation : sur la D94 à la sortie du bourg.

MAY-SUR-ORNE
Calvados - 10 km sud de Caen

CARTE P224

LA HOHENSTAUFEN CONTIENT LES CANADIENS

Fin juillet 1944 en Normandie, les Canadiens du IIe Corps, sous les ordres du général Simonds, tentent de briser la résistance allemande au sud de Caen. Mais la présence de deux Corps blindés SS fait que chaque kilomètre de progression se paye chèrement. De plus, les Allemands font, de chaque village, des points fortifiés qui constituent autant d'objectifs à conquérir. May-sur-Orne est un des bourgs que se disputent les deux camps. Le 7 août, l'opération *Totalize* débute par des vagues d'appareils Lancaster et Halifax du Bomber Command. May-sur-Orne est noyée dans la fumée des bombes. Les chars et l'infanterie attaquent dans les premières heures du 8 août. Les Canadiens français des Fusiliers Mont Royal, commandés par le lieutenant-colonel Gauvreau, subissent des pertes sur leur ligne de départ. À l'approche de May-sur-Orne, le feu allemand se déchaîne, l'artillerie et les mitrailleuses brisent les deux premiers assauts des Canadiens. Dans l'après-midi, ils lancent une nouvelle attaque avec l'appui de chars « crocodiles » lance-flammes. Après une résistance acharnée, les grenadiers allemands reculent sous les jets enflammés. Vers 18 heures, May-sur-Orne est prise par les Fusiliers Mont Royal.

❶ PLAQUE FUSILIERS MONT ROYAL

Plaque dédiée au Régiment canadien français des Fusiliers Mont Royal, de la 6e Brigade de la 2e Division d'infanterie, qui ont libéré May-sur-Orne le 8 août 1944. *Localisation : au bord de la D41B, sur le monument aux morts.*

Insigne du régiment canadien français des Fusiliers Mont-Royal

MÉAUTIS

Manche - 10 km sud de Caen

CARTE P222

LE FRONT ALLEMAND PLIE MAIS NE ROMPT PAS

Le 12 juin 1944, les parachutistes américains de la 101e Division aéroportée viennent de libérer Carentan. Mais la ville est le verrou qui relie Utah et Omaha Beach, les deux plages de débarquement américaines. Les Allemands contre-attaquent dès le lendemain, pour reprendre cet objectif stratégique. Le 13 au matin vers 10 heures, les parachutistes du Major von der Heydte, et les SS du Régiment 37 de la 17e SS-Panzergrenadier-Division partent à l'assaut. Les Allemands atteignent la gare, mais l'offensive s'essouffle, les Américains ont le soutien des chars et de l'artillerie. Les parachutistes et les chars de la 2e Division Blindée du général Ross contre-attaquent à leur tour. Les SS s'accrochent mais subissent de lourdes pertes et se replient. En fin de journée, la nouvelle ligne de front s'établit à quelques centaines de mètres au sud de Méautis, qui se retrouve ainsi libérée.

❶ PLAQUE GÉNÉRAL T. ROOSEVELT ▸

Plaque à la mémoire du général Théodore Roosevelt, commandant adjoint de la 4e Division d'infanterie, mort d'un infarctus pendant les combats du 13 juillet 1944.
Localisation : sur le monument aux morts, devant l'église.

❷ STÈLE 50e GROUPE DE COMBAT - AÉRODROME A17 ▾

Stèle dédiée au 50e Groupe de Combat de la 9th US Air Force, basé sur cet aérodrome. A17 a été construit par le 840e Bataillon du Génie de l'Air, et fut opérationnel du 16 août au 15 septembre 1944.

Localisation : sur la D 443, à la sortie de Méautis vers Carentan.

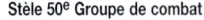

Stèle 50e Groupe de combat

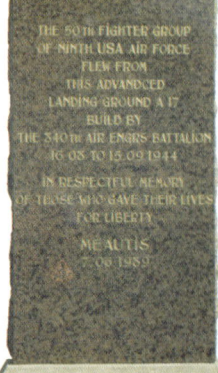

MERVILLE-FRANCEVILLE
Calvados - 5 km ouest de Cabourg

CARTE P220

MISSION IMPOSSIBLE POUR LES PARAS ANGLAIS

Quand le 9e Bataillon parachutiste saute sur la Normandie le 6 juin 1944, il fait encore nuit. Les hommes du lieutenant-colonel Otway se sont entraînés pendant des mois pour s'emparer de la batterie de Merville ; ils connaissent le moindre détail du terrain. Le Jour J, l'opération débute de façon dramatique, beaucoup de parachutistes se noient dans les marais, le vent disperse les hommes sur plusieurs kilomètres et la majeure partie du matériel lourd est perdue ; pourtant, les *Diables rouges* lancent l'assaut sur la batterie, ils occupent les blockhaus les uns après les autres. A 5 heures du matin tout est fini, les parachutistes se replient sur Le Plain et Le Hauger. Les Alliés ne reviendront libérer Merville-Franceville que le 17 août lors de l'opération *Paddle*, ce sont les soldats belges de la brigade Piron qui entreront dans le village désert.

❶ MUSÉE DE LA BATTERIE ▲

Le musée est installé dans la casemate n° 1 de la batterie. Il retrace les opérations et l'assaut de la position par les parachutistes britanniques. Il présente une importante collection d'armes, de matériels, d'uniformes et de documents liés aux combats.
Localisation : adresse et téléphone p 229.

❷ STÈLE 45th ROYAL MARINE COMMANDO ▶

Stèle à la mémoire des trente-cinq soldats du 45th Royal Marine Commando, tombés à Merville-Franceville du 6 au 8 juin 1944.
Localisation : au centre du bourg, face à la poste.

❸ STÈLE VICTIMES 1944

Stèle à la mémoire des soldats alliés et des

Stèle 45e Royal Marine Commando

A la mémoire des 35 Soldats du 45ème Royal Marines Commando tombés à Merville Franceville du 6 au 8 Juin 1944

In memory of the 35 men of 45 Royal Marines Commando who were killed in Merville Franceville 6th to 8th June 1944

Canon britannique d'artillerie lourde de 5,5 pouces

habitants de Merville-Franceville morts en juin, juillet et août 1944 pendant les combats.
Localisation : au centre du bourg, en face de la poste.

❹ BUSTE LIEUTENANT-COLONEL OTWAY ◄

Buste représentant le lieutenant-colonel Terence Otway, commandant du 9e Bataillon parachutiste, qui mena l'assaut de la batterie de Merville
Localisation : à côté du musée de la batterie.

Buste du lieutenant-colonel Otway

❺ STÈLE BRIGADE PIRON

Stèle dédiée aux soldats de la Brigade belge Piron, tués le 18 août 1944 pour la libération de Merville-Franceville.
Localisation : au centre du bourg, face à la poste.

❻ STÈLE 9TH BATTALION PARACHUTE REGIMENT

Stèle à la mémoire du 9th Battalion Parachute Regiment, de la Royal Navy, et de la RAF qui ont contribué à la capture de la batterie.
Localisation : à côté du musée de la batterie.

Stèle 9th Battalion Parachute Regiment, Royal Navy, et RAF

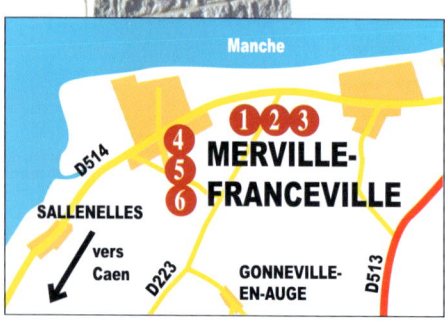

MÉZIDON-CANON
Calvados - 20 km sud-ouest de Caen

CARTE P225

LES BRITANNIQUES FRANCHISSENT LA DIVES

Le 16 août 1944, la 51e Division d'infanterie High-land s'empare de Saint-Pierre-sur-Dives, sinistrée par les bombardements. Au même moment, les Canadiens entrent dans Falaise. Sur le flanc gauche des Écossais, la 49e Division d'infanterie West Riding progresse vers Mézidon. Le bourg est stratégiquement situé entre les deux obstacles naturels du Laizon et de la Dives. Le 49e Régiment de Reconnaissance atteint Canon en fin de matinée, malgré une contre-attaque allemande. Dans l'après-midi, l'infanterie de la 70e Brigade, transportée par camions, part à l'attaque des ponts de la Dives. Au soir du 16 août, les Britanniques, épuisés, occupent les faubourgs de Mézidon. Toute la nuit, l'artillerie allemande, située sur la hauteur voisine de Mirbel, harcèle les soldats du 1st Tyneside Scottish. Le lendemain 17 août, l'état-major du 1st Battalion Tyneside Scottish installe son quartier général dans le château du Breuil, à Mézidon. Les Allemands du 858e Régiment de grenadiers se retirent de leurs positions.

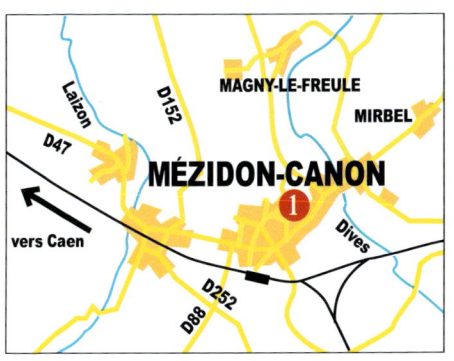

❶ STÈLE 1ER RÉGIMENT ÉCOSSAIS ▲

Cette stèle commémore la libération de la ville le 17 août 1944 par le 1er Régiment écossais.
Localisation : à l'est de la ville, place du général de Gaulle.

MONTEBOURG
Manche - 7 km sud-est de Valognes

CARTE P222

LE DERNIER VERROU VERS CHERBOURG SAUTE

Une semaine après le Débarquement du 6 juin 1944, le VIIe Corps du général Collins remonte la presqu'île du Cotentin vers le nord. Le 12 juin, les Américains occupent la batterie de Crisbecq-Saint-Marcouf, évacuée par les artilleurs allemands, puis Ozeville. Sur la côte, Quinéville tombe le 14, tandis qu'à l'ouest Montebourg constitue un saillant dans la ligne de front américaine. Le bourg est soumis à un intense bombardement de l'aviation et de la marine. Le lieutenant-colonel Keil tente de tenir ses lignes avec des unités disparates. Le 19 juin, le Cotentin est coupé en deux par les Américains, et la 4e Division d'infanterie du général Barton attaque vers Montebourg. A midi, le lieutenant-colonel Keil, à la tête d'un Kampfgruppe reçoit un ordre de repli ; la pluie favorise le retrait allemand. Le lendemain, 20 juin, les Américains entrent dans Montebourg, désertée par l'ennemi.

1 MONUMENT 4e DIVISION D'INFANTERIE ▲

Le monument est une échauguette provenant d'un ancien fort du XVIe siècle. Une plaque est dédiée aux soldats de la 4e Division d'infanterie, morts pour la libération. de Montebourg en juin 1944.
Localisation : dans le centre du bourg, place de la 4e Division d'infanterie.

2 BORNE DE LA LIBERTÉ

Cette borne est l'une de celles qui jalonnent la Voie de la Liberté symbolisant la progression des troupes alliées.
Localisation : dans le centre du bourg, place de la 4e Division d'infanterie.

MONTORMEL/COUDEHARD
Orne - 20 km nord-ouest d'Argentan

CARTE P225

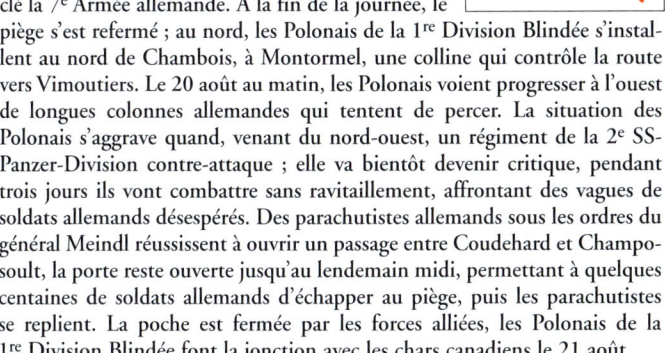

LES POLONAIS ASSIÉGÉS À MONTORMEL

Le 19 août 1944, les Alliés ont pratiquement encerclé la 7e Armée allemande. A la fin de la journée, le piège s'est refermé ; au nord, les Polonais de la 1re Division Blindée s'installent au nord de Chambois, à Montormel, une colline qui contrôle la route vers Vimoutiers. Le 20 août au matin, les Polonais voient progresser à l'ouest de longues colonnes allemandes qui tentent de percer. La situation des Polonais s'aggrave quand, venant du nord-ouest, un régiment de la 2e SS-Panzer-Division contre-attaque ; elle va bientôt devenir critique, pendant trois jours ils vont combattre sans ravitaillement, affrontant des vagues de soldats allemands désespérés. Des parachutistes allemands sous les ordres du général Meindl réussissent à ouvrir un passage entre Coudehard et Champosoult, la porte reste ouverte jusqu'au lendemain midi, permettant à quelques centaines de soldats allemands d'échapper au piège, puis les parachutistes se replient. La poche est fermée par les forces alliées, les Polonais de la 1re Division Blindée font la jonction avec les chars canadiens le 21 août.

❶ MÉMORIAL DE MONTORMEL ▸

Le Mémorial de Montormel est implanté sur le flanc d'une colline qui domine la région. Le mémorial présente les combats de la poche de Falaise. Un plan relief animé et un spectacle sons et lumières illustrent les différentes phases de la bataille. Plusieurs véhicules blindés sont visibles à l'extérieur : char Sherman, véhicule M8. *Localisation : adresse et téléphone p 229.*

❷ MONUMENT DE LA POCHE *Montormel*

Monument commémorant les combats des soldats canadiens et polonais sur cette colline, du 19 au 22 août 1944, et la fermeture de la poche de Falaise par les Forces Alliées. *Localisation : à côté du Mémorial.*

❸ STÉLE COTE 262 *Coudehard*

Stèle commémorant la fin de la bataille de la poche de Falaise, le 22 août, où furent engagées les 1re Division Blindée polonaise et 4e Division Blindée canadienne. *Localisation : au nord de Montormel sur la D42 en arrivant par la D16.*

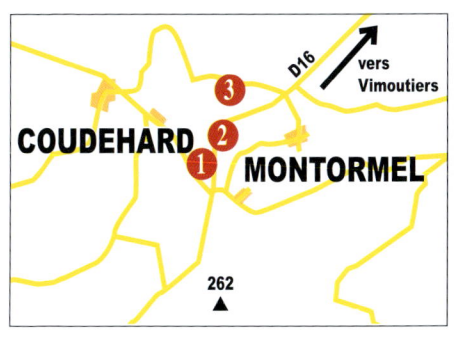

CARTE P224

MONT PINÇON/LE PLESSIS-GRIMOULT

Calvados - 6 km sud d'Aunay-sur-Odon

LES ALLIÉS À L'ASSAUT DU MONT PINÇON

Le 3 août 1944 en Normandie, Hitler ordonne un raccourcissement du front tenu par le Panzergruppe Eberbach, en vue de l'offensive sur Mortain. Les Britanniques du XXXe Corps entrent dans Aunay-sur-Odon le 5 août, et arrivent devant le Mont Pinçon. C'est un sommet de 400 m de haut et une position clé du secteur, où les Allemands sont solidement retranchés. Le 6 août, vers midi, les Britanniques attaquent, mais en peu de temps les mortiers et les mitrailleuses allemandes stoppent net l'offensive de deux bataillons de la 129e Brigade de la 43e Division d'infanterie Wessex. En fin d'après-midi, quelques chars du 13/18th Hussars, de la 27e Brigade Blindée, percent les lignes allemandes et atteignent le sommet ; mais il faut l'arrivée de l'infanterie du Battalion The Wiltshire Regiment pour consolider les positions. Le lendemain, les Britanniques libèrent Le Plessis-Grimoult, où ils découvrent l'épave d'un Tigre Royal.

❶ STÈLE 13/18th ROYAL HUSSARS

Le Mont Pinçon ▲

Stèle à la mémoire des soldats qui ont combattu dans le 13/18th Royal Hussars.

Localisation : en venant d'Aunay-sur-Odon, au sommet du Mont Pinçon prendre sur la droite un chemin de terre (face à l'antenne de transmission).

❷ STÈLE DUKE OF CORNWALL - 43e DIVISION

Le Plessis-Grimoult

Stèle commémorant la libération du Plessis-Grimoult, le 7 août 1944, par le 5th Battalion The Duke of Cornwall's Light Infantry appuyé par la 43e Division d'infanterie Wessex.

Localisation : sur la place principale.

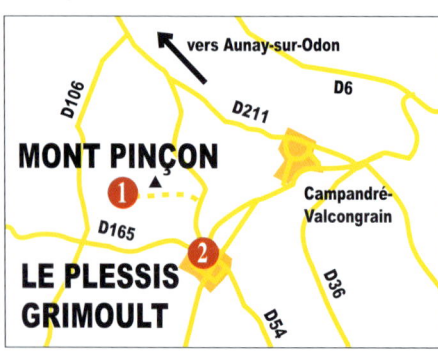

La tête de pont

MORTAIN
Manche - 25 km sud de Vire

CARTE P222

LA DERNIÈRE OFFENSIVE DES ALLEMANDS

Après la prise d'Avranches le 31 juillet 1944, les troupes alliées lancent des pointes en Bretagne et vers l'est. Alors que le couloir de ravitaillement des Américains est encore étroit, Hitler décide de lancer une attaque. L'opération *Lüttich* doit permettre de couper les forces américaines en deux, de repousser le front vers le nord, puis d'anéantir les divisions engagées en Bretagne, à court de carburant. Le 7 août à minuit, le XXXXVIIe Panzer-Korps du général von Funck attaque en direction de Mortain. La 2e Panzer-Division progresse d'une dizaine de kilomètres, mais au nord et au sud, la 116e Panzer-Division et la 2e SS-Panzer-Division sont stoppées. A midi, les Allemands sont encore à vingt kilomètres d'Avranches. Un bataillon du 120e Régiment de la 30e Division d'infanterie américaine est encerclé par les SS. L'artillerie et l'aviation américaine entrent en action. Le général Collins envoie des renforts, ce qui permet à la 30e Division d'infanterie de contre-attaquer. Le 12 août, Mortain est repris par les Américains.

❶ MONUMENT 30e DIVISION D'INFANTERIE

Monument dédié aux soldats de la 30e Division d'infanterie américaine. Un bataillon du 120e Régiment fut encerclé par les Allemands, et résista sur une hauteur pendant six jours, du 8 au 14 août, avant d'être dégagé. *Localisation : au sud de la ville, route de Rancoudray, près d'une chapelle.*

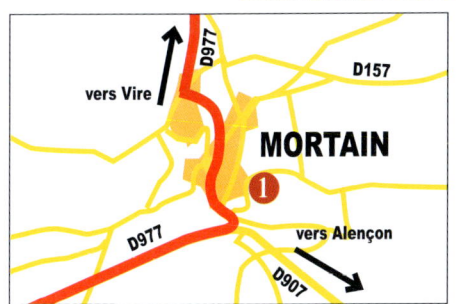

Insigne de la 30e Division d'infanterie américaine

MORTRÉE

Orne - 11 km sud-est d'Argentan

CARTE P225

FRANÇAIS ET AMÉRICAINS « BOUCHONNENT »

Mi-août 1944, la 7e Armée allemande combat dans une poche qui se rétrécit de jour en jour. La 2e Division blindée du général Leclerc est intégrée à la 3e Armée du général Patton, qui doit encercler les Allemands par le sud. Le 12 août, le colonel Warabiot lance ses troupes vers Mortrée, par la nationale 158. Cet axe est déjà encombré par les chars de la 5e Division blindée américaine. Devant Mortrée, une arrière-garde allemande bloque l'avance américaine. Guidés par la Résistance, les Français empruntent des petites routes pour déborder l'obstacle. Les Américains entrent dans Mortrée, ils détruisent deux Panther dans le bourg, mais à la sortie ouest, un Sherman est enflammé par un canon embusqué. Les Américains font appel à l'artillerie pour repousser les Allemands ; vers 15 h 30, Mortrée est libérée.

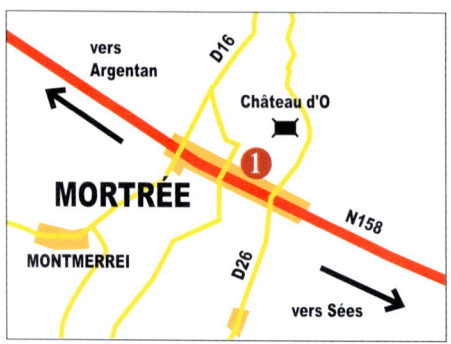

❶ MONUMENT GÉNÉRAL LECLERC ▲

Monument à la mémoire du général Leclerc, et des soldats de la 2e Division Blindée. La stèle évoque les campagnes du général Leclerc : le Tchad, Kouffra, le Fezzan, la Tunisie et la Normandie. *Localisation : dans le centre de la ville, place de l'hôtel de ville.*

MOUEN

Calvados - 4 km ouest de Caen

CARTE P223

EPSOM : 60 000 HOMMES À L'ASSAUT

Le 26 juin 1944, 60 000 hommes sont lancés à l'assaut par les Alliés à l'ouest de Caen, c'est l'opération *Epsom* qui débute. Les premières lignes allemandes sont emportées, mais sur les flancs de l'offensive les Corps blindés allemands lancent des contre-attaques. Le 28 juin, un régiment de la 21e Panzer-Division attaque sur le flanc est, des soldats britanniques de la 159e Brigade sont encerclés à Mouen. Le même jour, la mort du général Dollmann, chef de la 7e Armée, désorganise le commandement allemand. Le lendemain, le VIIIe Corps britannique poursuit son offensive, la 43e Division d'infanterie Wessex reprend Mouen aux jeunes SS de la Hitlerjugend, avec l'appui de l'aviation, tandis qu'une puissante attaque du IIe SS-Panzer-Korps échoue sur le flanc ouest.

① MONUMENT MAJOR LOUIS LEGRAND ▸

Monument dédié au Major Louis Henri Legrand. Cet officier belge était attaché au 23rd Hussars, de la 29e Brigade Blindée. Il fut tué, le 27 juin 1944, dans son char Sherman, avec l'équipage britannique.
Localisation : à l'est du bourg, au bord de la D89.

② PLAQUE SOMERSET LIGHT INFANTRY

Plaque à la mémoire des soldats et officiers du 4th Battalion Somerset Light Infantry Regiment, qui sont morts pendant la campagne d'Europe en 1944 et 1945.
Localisation : sur le mur de l'église.

Plaque Somerset Light Infantry Regiment

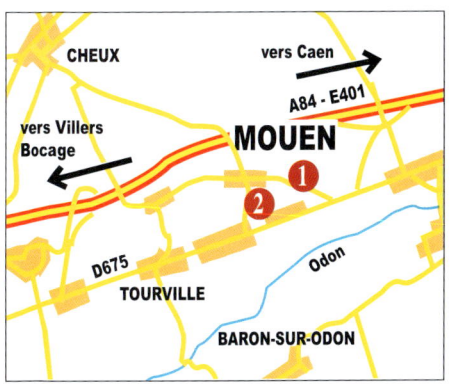

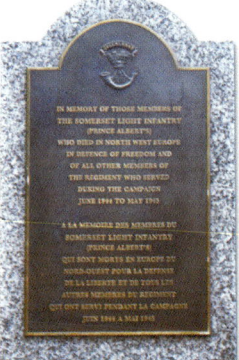

157

NÉHOU/MAGNEVILLE

Manche - 10 km sud de Valognes

CARTE P222

IL FAUT GAGNER DE L'ESPACE VITAL

Le 9 juin 1944, le Débarquement est un succès, mais il faut le consolider. Des milliers d'hommes, de véhicules et d'énormes quantités de matériels sont débarqués sur les plages ; le manque de place devient crucial. Le général Collins décide de couper la presqu'île du Cotentin pour occuper un large territoire, et surtout, de s'emparer du port de Cherbourg, clé du ravitaillement des armées alliées. Le 12 juin, le verrou de Carentan saute, le 15 au soir les Américains sont à Reigneville. Le 16, la 9e Division d'infanterie américaine du général Eddy franchit la Douve, sous le feu allemand et établit une tête de pont. Dans la nuit, des renforts et des munitions sont acheminés, et le lendemain, le 60e Régiment d'infanterie libère Néhou et Magneville.

1 MONUMENT 9e US AIR FORCE - 506e RÉGIMENT PARACHUTISTE
Magneville ▸

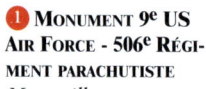

Monument commémorant la chute de deux avions américains : un Douglas C47, le 5 juin 1944 (il transportait dix-huit hommes du 506e Régiment d'infanterie parachutiste, de la 101e Division aéroportée), un bombardier B26 de la 9e US Air Force (six membres d'équipage), dans les deux cas il n'y eut aucun survivant.
Localisation : sur la commune de Magneville, suivre le panneau à partir du centre.

2 MUSÉE PATTON
Néhou

Ce musée présente documents et photographies évoquant la

présence sur le sol normand du général américain George Patton, en juin et juillet 1944.
Localisation : adresse et téléphone p 229.

3 STÈLE PATTON
Néhou (camp Patton)

Stèle commémorant l'établissement, sur la commune de Néhou, du quartier général du

général Patton. Il séjourna ici, dans le secret absolu, du 6 juillet au 2 août 1944, avant de prendre le commandement de la 3e Armée. Un char Sherman M4 est visible à l'entrée du camp.
Localisation : camp Patton sur la D187 (suivre le fléchage).

4 STÈLE GÉNÉRAL PATTON *Néhou (camp Patton)*

Stèle rappelant la devise du général Patton : « *Do not take counsel of yours fears* », avec en parallèle celle du révolutionnaire Danton : « *De l'audace, encore de l'audace, toujours de l'audace* ».
Localisation : camp Patton sur la D187.

CARTE P224

NOTRE-DAME-DES-ROCHERS/SAINTE-HONORINE-LA-CHARDONNE

Orne - 15 et 13 km est de Condé-sur-Noireau

LE GÉNÉRAL VON KLUGE A DISPARU

Mi-août 1944, le IIe SS-Panzer-Korps contient difficilement la poussée alliée au nord de la poche de Falaise. Il ne peut que ralentir l'encerclement des Ve Panzer-Armee et 7e Armée. Les divisions blindées allemandes sont exsangues et épuisées ; la 21e Panzer-Division, qui combat le 13 août dans le secteur de Condé-sur-Noireau, est sur le front depuis plus de deux mois. Le 14 août, Hitler autorise un repli des unités blindées pour préparer une hypothétique contre-attaque. Le dispositif allemand est réorganisé. La défense de l'Orne, à l'est de Flers, repose sur le IIe Corps parachutiste, avec son poste de commandement près de Sainte-Honorine-la-Chardonne. Les 9e et 10e SS-Panzer-Division se retirent vers Putanges, via Notre-Dame-des-Rochers. La 11e Division blindée britannique, qui vient d'être rattachée au XXXe Corps du général Horrocks, libère Flers le 14 août. Le 15, le général von Kluge, chef du Groupe d'armées B est introuvable ; en ces heures cruciales, les chefs allemands ne reçoivent plus d'ordre. Le XXXe Corps britannique poursuit son avance vers l'est, Sainte-Honorine-la-Chardonne et Notre-Dame-des-Rochers sont libérées les 17 et 18 août.

❶ MONUMENT 11e DIVISION BLINDÉE
Notre-Dame-des-rochers ▸

Monument à la mémoire des soldats de la 11e Division blindée britannique, qui se sont battus ici le 17 août 1944.
Localisation : lieu-dit « Le pont Huant », au sud du bourg, sur la D805, à gauche avant le pont.

❷ STÈLE NESBITT - 574th SQUADRON
Sainte-Honorine-la-Chardonne

Stèle dédiée au Lieutenant R. Nesbitt, du 266th Squadron de la Royal Air Force, qui s'est écrasé dans le secteur le 12 juin 1944. La stèle commémore également le crash d'un bombardier du 574th Squadron du 391st Bomber Group, de la 9th US Air Force, sur le territoire de la commune le 7 août 1944.
Localisation : près de l'église.

ORGLANDES/LA BONNEVILLE
Manche - 10 et 13 km sud de Valognes

CARTE P222

CHERBOURG, OBJECTIF DU VIIᵉ CORPS

Les Américains progressent difficilement, mi-juin 1944 dans le Cotentin, car la région est marécageuse entre Carentan et Saint-Sauveur-le-Vicomte. Le 13 juin 1944, la 90ᵉ Division d'infanterie du général Landrum prend Pont-L'Abbé. La 82ᵉ Division aéroportée attaque le 14 vers Saint-Sauveur-le-Vicomte, tandis que la 9ᵉ Division d'infanterie avance vers Valognes et se rapproche de Cherbourg. Le 15 juin, le général Collins lance une offensive vers l'ouest pour couper le Cotentin. Le 60ᵉ Régiment de la 9ᵉ Division d'infanterie atteint La Bonneville. Le 16 juin, la progression sur deux axes se poursuit ; les parachutistes du général Ridgway sont sur la Douve. Saint-Sauveur-le-Vicomte est libérée après un violent tir d'artillerie. La 9ᵉ Division d'infanterie capture des ponts intacts et franchit la Douve ; le 47ᵉ Régiment atteint Hauteville-Bocage, tandis que le 39ᵉ Régiment libère Orglandes.

❶ CIMETIÈRE ALLEMAND *Orglandes* ▲

Orglandes était auparavant un cimetière provisoire américain. 10 152 soldats allemands y reposent. L'entrée se fait par un petit bâtiment surmonté d'un clocher. Des croix de pierre portant plusieurs noms s'alignent sur un espace gazonné en pente douce. *Localisation : au bord de la D24 (suivre le fléchage).*

❷ PLAQUE 9ᵉ ET 90ᵉ DIVISIONS D'INFANTERIE *Orglandes*

Plaque dédiée aux 9ᵉ et 90ᵉ Divisions d'infanterie américaine qui ont libéré Orglandes. *Situation : sur le mur du cimetière communal.*

❸ STÈLE DE LA LIBÉRATION *La Bonneville*

Stèle commémorant la libération du bourg par les troupes américaines, le 15 juin 1944. *Localisation : dans le centre du bourg.*

vers Valognes • D2 • HAUTTEVILLE-BOCAGE • ❶ • D126 • ❷ • ORGLANDES • D330 • D24 • SAINT-SAUVEUR-LE-VICOMTE • LA BONNEVILLE • D15 • ❸

La tête de pont

CARTE P220

OUISTREHAM

Calvados -14 km nord de Caen

LE COMMANDO KIEFFER LIBÈRE OUISTREHAM

En 1944, Ouistreham est un village situé à l'arrière immédiat de Riva Bella sur la côte normande. La proximité de l'embouchure de l'Orne, et du canal de Caen, en font un secteur très fortifié. C'est à cet endroit que débarquent, le 6 juin 1944, les 177 Français du 1er Bataillon de Fusiliers Marins Commandos. Les Français du commandant Kieffer, qui sont intégrés au N°4 Commando britannique, ont obtenu le privilège de fouler les premiers le sol de Normandie. Sur la plage, les Commandos laissent une quarantaine de tués et de blessés, puis avancent vers l'intérieur. Le commandant Kieffer est touché mais continue avec ses hommes. La troop 1 subit des pertes face à la position du casino. Les Commandos reçoivent l'appui d'un blindé du 13/18th Hussars de la 27e Brigade blindée, le blockhaus allemand est neutralisé. Ouistreham est libérée en fin de matinée.

❶ MUSÉE DU MUR DE L'ATLANTIQUE ▸

Ce musée est installé dans un bunker de dix-sept mètres de haut, un ancien poste de tir du Mur de l'Atlantique. Il fait revivre l'atmosphère des combats grâce à la reconstitution des pièces, sur cinq niveaux, avec du matériel et des mannequins. Au dernier étage, on peut voir l'horizon à travers un télémètre allemand. Du matériel lourd peut être observé à l'extérieur.
Localisation : adresse et téléphone : p 229.

❷ MONUMENT ROYAL NAVY - ROYAL MARINE COMMANDO

Monument à la mémoire des marins et soldats de la Royal Navy et des Royal Marine Commando, qui ont débarqué le 6 juin 1944 et qui ont combattu en Europe jusqu'au 8 mai 1945.
Localisation : devant la gare maritime.

❸ MUSÉE DU DÉBARQUEMENT N° 4 COMMANDO

Dans ce musée on peut voir maquettes, armes,

uniformes et objets retraçant l'action du N°4 Commando, auquel étaient intégrés le Commando Kieffer. Une maquette à grande échelle présente la prise du blockhaus du casino de Ouistreham par les Français.
Localisation : adresse et téléphone : p 230.

❹ MONUMENT FFL - KIEFFER

Monument symbolisant le sacrifice des Français libres le 6 juin 1944 ; plusieurs stèles et un panneau sont dédiés aux Fusiliers marins français morts au combat. Un petit monument est consacré au commandant Kieffer.
Localisation : sur le front de mer.

Monument de la Libération

⑤ MONUMENT DE LA LIBÉRATION - PLAQUE N°4 COMMANDO ▲

Monument signal commémorant la libération de l'Europe par les Forces Alliées, qui débuta le 6 juin 1944 avec le Débarquement en Normandie. Une plaque sur le monument est dédiée aux soldats du Commando franco-anglais N°4 morts pour la libération de la France le 6 juin 1944.
Localisation : sur la D514, à l'entrée sud de Ouistreham.

⑥ VITRAUX 1ʳᵉ BRIGADE COMMANDO - 51ᵉ DIVISION D'INFANTERIE ▼

Deux superbes vitraux ornent cette église. Le premier est dédié à la 1ʳᵉ Brigade de Commandos (N°3, N°4, N°6 et N°45). Le second est à la mémoire de la 51ᵉ Division d'infanterie britannique Highland ; il fut réalisé par un ancien sapeur du génie.
Localisation : dans l'église de Ouistreham.

Vitrail 51ᵉ Division d'infanterie britannique Highland

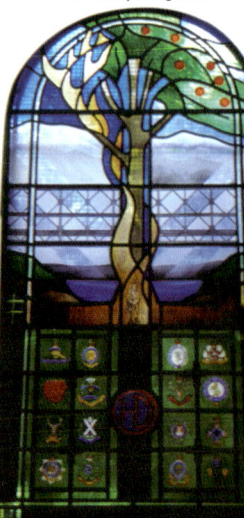

Panneau 1ᵉʳ Bataillon de Fusiliers marins commando

PÉRIERS/MILLIÈRES
Manche - 26 et 28 km ouest de Saint-Lô

CARTE P222

LES ALLEMANDS S'ÉCHAPPENT PENDANT LA NUIT

L'opération *Cobra* a débuté le 25 juillet 1944, elle lamine les premières lignes allemandes à l'ouest de Saint-Lô. Le 26, les Américains attaquent sur le front du VIIIe Corps d'armée, de Périers à Lessay. L'objectif du général Middleton est de fixer les forces allemandes pendant que s'effectue la percée. Face à Périers, les hommes de la 90e Division d'infanterie rencontrent une vive résistance, la progression est faible. Le lendemain, l'attaque repart après une préparation d'artillerie, les Américains réalisent que les positions ennemies sont désertes ; les SS de la 2e SS-Panzer-Division Das Reich et les parachutistes du 6e Régiment se sont retirés dans la nuit. Le 359e Régiment de la 90e Division d'infanterie du général Landrum libère Périers en ruines le 27 juillet. Millières est libérée par la 8e Division d'infanterie commandée par le général Stroh.

❶ MONUMENT 90e DIVISION D'INFANTERIE *Périers* ▲

Monument commémorant la libération de Périers par les soldats de la 90e Division d'infanterie commandée par le général Landrum. Le monument représente trois soldats de la 90e Division tués dans la région en juin et juillet 1944.
Localisation : sur la place principale de la ville, en face de la mairie.

❷ PLAQUE 90e DIVISION D'INFANTERIE *Périers*

Plaque dédiée aux soldats de la 90e Division d'infanterie, qui sont morts pour la libération de Périers, le 27 juillet 1944.
Localisation : dans le centre ville, au pied du monument aux morts.

❸ STÈLE 8e DIVISION D'INFANTERIE *Millières*

Stèle à la mémoire des soldats de la 8e Division d'infanterie, morts pour la libération de Millières, du 26 au 28 juillet 1944.
Localisation : au bord de la D431 au nord du bourg.

163

PÉRIGNY/PROUSSY
Calvados - 12 et 5 km de Condé-sur-Noireau

CARTE P224

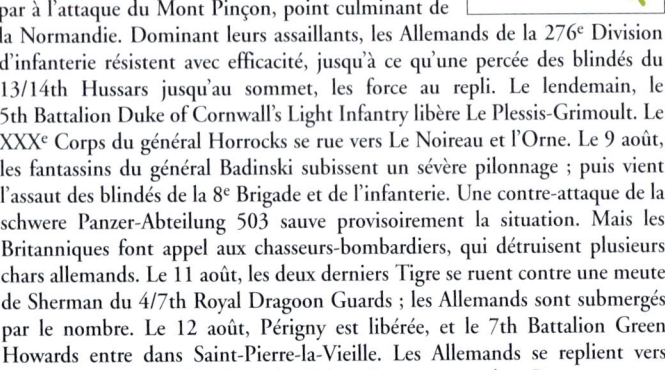

LA RUÉE DÉSESPÉRÉE DES TIGRE ALLEMANDS

Le 6 août 1944, la 43e Division d'infanterie Wessex par à l'attaque du Mont Pinçon, point culminant de la Normandie. Dominant leurs assaillants, les Allemands de la 276e Division d'infanterie résistent avec efficacité, jusqu'à ce qu'une percée des blindés du 13/14th Hussars jusqu'au sommet, les force au repli. Le lendemain, le 5th Battalion Duke of Cornwall's Light Infantry libère Le Plessis-Grimoult. Le XXXe Corps du général Horrocks se rue vers Le Noireau et l'Orne. Le 9 août, les fantassins du général Badinski subissent un sévère pilonnage ; puis vient l'assaut des blindés de la 8e Brigade et de l'infanterie. Une contre-attaque de la schwere Panzer-Abteilung 503 sauve provisoirement la situation. Mais les Britanniques font appel aux chasseurs-bombardiers, qui détruisent plusieurs chars allemands. Le 11 août, les deux derniers Tigre se ruent contre une meute de Sherman du 4/7th Royal Dragoon Guards ; les Allemands sont submergés par le nombre. Le 12 août, Périgny est libérée, et le 7th Battalion Green Howards entre dans Saint-Pierre-la-Vieille. Les Allemands se replient vers Condé-sur-Noireau ; le 16 août les Britanniques entrent dans Proussy.

❶ MONUMENT 349th BOMB SQUADRON ◂
Périgny

Monument à la mémoire de l'équipage du bombardier du 349th Bomb Squadron de l'US Air Force, qui s'est écrasé sur la commune le 9 août 1944.
Localisation : sur la place principale du bourg.

❷ STÈLE JAMES LANFRANCHI *Proussy*

Stèle dédiée au pilote canadien James Lanfranchi, âgé de 26 ans, de la 403e Escadrille de la Royal Canadian Air Force, abattu le 28 juin 1944 à Proussy
Localisation : dans le nord du bourg, près du monument aux morts.

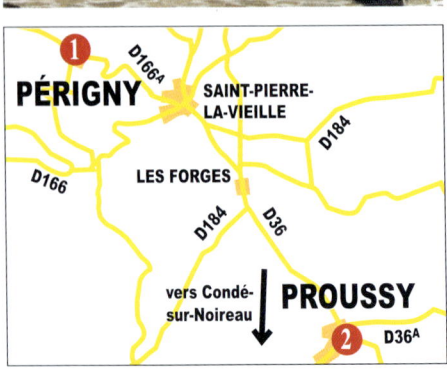

PICAUVILLE
Manche - 9 km ouest de Sainte-Mère-Église

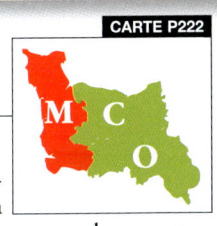

CARTE P222

LES PARAS ASSIÉGÉS SUR LA COLLINE 30

Les parachutistes du 508e Régiment, de la 82e Division aéroportée, sautent dans l'inconnu, dans la nuit du 6 juin 1944. Sur plus de 2000 hommes, un quart seulement atterrit sur la drop zone, ou à proximité. Le lieutenant-colonel Shanley, chef du 2e Bataillon du 508e Régiment rassemble environ trois cents paras près de Picauville, il décide de se diriger vers le lieu de rassemblement du régiment, la colline 30 à l'est de Picauville. En route, ils sont rejoints par un second groupe de deux cents hommes, ils atteignent leur objectif à 21 heures. Les Allemands de la 91e Division d'infanterie sont stationnés à Picauville ; le 7 juin, ils lancent plusieurs attaques sur la colline 30, ils sont repoussés. Le 8, un nouvel assaut échoue, mais la position est pilonnée par l'artillerie en permanence. Dans la journée, malgré un contact établi avec les parachutistes qui occupent Chef-du-Pont, de l'autre côté du Merderet, la situation devient critique, on manque de tout : eau, munitions, plasma. Le 9 juin, dans une charge héroïque, les Américains franchissent le passage de La Fière, les Allemands se replient sur Picauville. Le général Gavin vient se rendre compte lui-même de la situation sur la colline 30. Le 10 juin, le 358th Regimental Combat Team, de la 90e Division d'infanterie, attaque vers Pont-L'Abbé. Les Américains subissent de lourdes pertes, Picauville est libérée mais Pont-L'Abbé résiste encore.

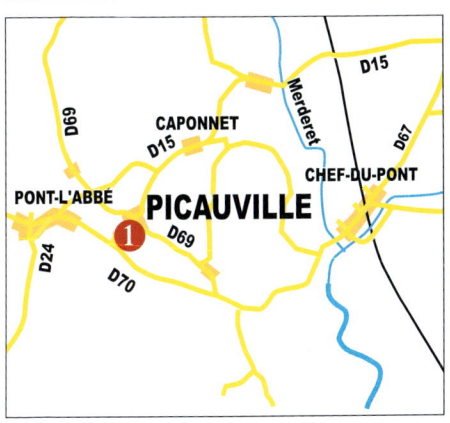

❶ MONUMENT 9th US AIR FORCE - 82e ET 101e DIVISIONS AÉROPORTÉES

Monument à la mémoire des équipages de la 9th US Air Force, des parachutistes des 82e et 101e Divisions aéroportées, qui sont morts dans le crash de leurs avions dans le secteur de Picauville, les 6 et 7 juin 1944. *Localisation : sur la place principale de la ville, devant l'église.*

PONTAUBAULT
Manche - 5 km sud d'Avranches

CARTE P222

LA CHANCE SOURIT AU GÉNÉRAL PATTON

Le 30 juillet 1944, la 6e Division Blindée libère Avranches, évacuée par les Allemands. La porte de la Bretagne est ouverte. La puissante 3e Armée du général Patton - VIIIe, XIIe, XVe et XXe Corps d'armée — entre sur le champ de bataille. Un peu plus au sud, une avant-garde américaine s'empare d'un pont intact sur la Sélune à Pontaubault. Les Allemands lancent plusieurs contre-attaques ; un puissant Kampfgruppe commandé par le lieutenant-colonel Bacherer échoue dans une ultime tentative. Au soir du 31 juillet, le général Patton n'hésite pas, il utilise ce passage pour faire franchir ses divisions en un flot ininterrompu, qui va ensuite déferler sur la Bretagne et vers la Loire.

Seul passage stratégique bien que souvent bombardé, aucune armée n'a réussi à le détruire. Ce pont, les 1er et 2 Août 1944 permit au Général PATTON de pénétrer en Bretagne, de gagner Paris et de poursuivre sa chevauchée jusqu'au cœur de l'Allemagne.

❶ PLAQUES DU PONT DE PONTAUBAULT ◂

Deux plaques sur ce pont, qui franchit la Sélune, rappelant son importance stratégique. Plusieurs fois bombardé, ce pont a résisté à la destruction. Il permit, les 1er et 2 août 1944, à la 3e Armée du général Patton de pénétrer en Bretagne, de gagner Paris et de poursuivre l'offensive jusqu'en Allemagne.
Localisation : sur la D43, à l'entrée du bourg en venant d'Avranches.

Le chaudron de Falaise

CARTE P224

PONT-D'OUILLY/LE MESNIL-VILLEMENT

Calvados - 13 et 18 km est de Condé-sur-Noireau

HITLER AUTORISE UN REPLI DES BLINDÉS

Les Britanniques franchissent l'Orne à Thury-Harcourt le 13 août, et approchent de Condé-sur-Noireau. Le XXXe Corps, commandé par le général Horrocks, repousse inexorablement les forces allemandes au nord de la poche de Falaise. Le même jour, le maréchal von Kluge, chef du Groupe d'armées B, fait un exposé téléphonique de la situation au général Jodl, chef des opérations à l'Oberkommando der Wehrmacht. Le lendemain, Hitler autorise un retrait des divisions blindées à l'est de Flers, suivi d'une contre-attaque du XVe Corps américain dans la région d'Alençon. Le 16 août, la Ve Panzer-Armee tente de contenir l'avance alliée sur une ligne Falaise-Les Loges Saulces-Condé-sur-Noireau. Dans la même journée, le XXXe Corps libère Pont-d'Ouilly, puis atteint Le Mesnil-Villement, repoussant les débris de la 277e Divison d'infanterie allemande.

❶ PLAQUE PILOTES CANADIENS *Le Mesnil-Villement* ▲

Plaque dédiée aux quatre pilotes canadiens de chasseurs Typhoon, qui sont morts en attaquant ce pont le 12 août 1944. *Localisation : sur le pont des Vers, au-dessus de l'Orne.*

❷ STÈLE AVIATEURS POLONAIS *Pont-d'Ouilly*

Stèle à la mémoire de l'équipage polonais du bombardier Avro Lancaster du 300th Squadron du 1st Group du Bomber Command de la Royal Air Force ; l'appareil s'est écrasé dans le secteur le 14 août 1944, tuant les sept aviateurs polonais à son bord. *Localisation : à 2 km de la sortie est de la ville, vers Falaise, sur le bord de la D511 à droite.*

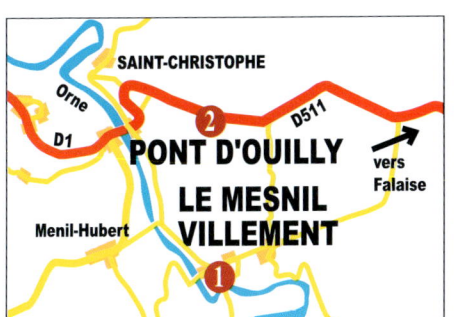

PORT-EN-BESSIN/STE-HONORINE-DES-PERTES Calvados - 9 et 13 km de Bayeux

CARTE P220

La jonction entre Gold et Omaha beach

Petit port de pêche à l'ouest d'Arromanches, en Normandie, Port-en-Bessin est situé entre deux zones de débarquement, Omaha Beach, secteur du Ve Corps américain, et Gold Beach, secteur du XXXe Corps britannique. Le 6 juin 1944, le 47th Royal Marine Commando débarque à l'est d'Arromanches et progresse vers Port-en-Bessin ; à la nuit, les Commandos s'arrêtent à quelques kilomètres du but. Le 7 juin les Britanniques partent à l'assaut avec l'appui des chasseurs bombardiers, une quarantaine d'hommes est tué pour la conquête de l'ouest du port. Dans la même journée les Américains du 16th Regimental Combat Team, qui ont débarqué à Omaha Beach, libèrent Sainte-Honorine-des-Pertes et atteignent Huppain. Le 8 juin au matin les commandos britanniques libèrent Port-en-Bessin et établissent le contact avec des éléments de la 29e Division d'infanterie américaine.

❶ Musée des épaves sous-marines *Commes/ Port-en-Bessin*

Pendant 25 ans, le conservateur du musée a plongé, fouillant les fonds marins des plages du Débarque-ment, pour remonter à la surface de nombreux objets familiers qui appartenaient aux soldats américains. Il a extrait du sable des pièces importantes : canons, chars… Le musée raconte cette aventure à travers films et photos.
Localisation : adresse et téléphone p 228.

❷ Musée des archives Omaha 1 944 *Sainte-Honorine-des-Pertes*

Ce musée présente du matériel, des documents d'archives, des photos et des films sur le Débarquement de la 1re Division d'infanterie à Omaha Beach.
Localisation : adresse et téléphone p 231.

❸ Monument de la Libération *Port-en-Bessin* ▸

Monument commémorant la libération de l'Europe

par les Forces Alliées.
Localisation : dans le port, sur la jetée

❹ Stèle 47th Royal Marine Commando *Port-en-Bessin*

Stèle dédiée au 47th Royal Marine Commando qui était commandé par le lieutenant-colonel Philipps.
Localisation : au bord de la D514, à l'entrée de la ville en venant d'Arromanches.

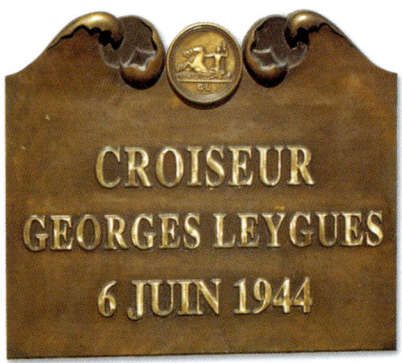

Plaque croiseur des FNFL Georges Leygues

⑤ Monument 47th Royal Marine Commando *Port-en-Bessin* ▾

Monument à la mémoire des soldats du 47th Royal Marine Commando qui sont tombés le 6 juin 1944 à Asnelles, et pendant les combats pour la libération de Port-en-Bessin les 6 et 7 juin 1944.
Localisation : au sommet de la falaise, à l'ouest du port.

⑥ Monument général Montgomery *Port-en-Bessin*

Monument à la mémoire du général Montgomery, chef du 21e Groupe d'armées composé de la 1re Armée américaine du général Bradley et de la 2e Armée britannique du général Dempsey. Une rencontre des trois chefs alliés eut lieu le 10 juin 1944, à Port-en-Bessin.
Localisation : sur la D6, au carrefour de l'entrée sud de la ville en venant de Bayeux.

⑦ Plaque croiseur Georges Leygues *Port-en-Bessin* ◂

Plaque rappelant l'action du croiseur Georges Leygues, des Forces Navales Françaises Libres, qui a contribué par ses tirs à neutraliser la batterie de Longues-sur-Mer.
Localisation : sur un mur en face de la mairie.

⑧ Plaque croiseur Montcalm *Port-en-Bessin*

Plaque rappelant l'action du croiseur Montcalm des Forces Navales Françaises Libres qui a appuyé de son feu le débarquement américain sur Omaha Beach.
Localisation : sur le mur de l'office du tourisme.

⑨ Plaque 47th Royal Marine Commando *Port-en-Bessin*

Plaque commémorant l'action du 47th Royal Marine Commando et des marins des croiseurs Georges Leygues et Montcalm.
Localisation : sur un blockhaus dans le port, au pied de la tour Vauban.

Monument au 47th Royal Marine Commando

QUINÉVILLE
Manche - 15 km est de Valognes

CARTE P222

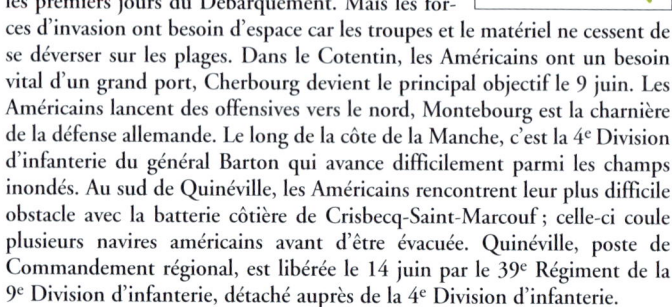

LA PROGRESSION DIFFICILE DE LA 4ᴱ DIVISION

Les Allemands échouent à repousser les Alliés dans les premiers jours du Débarquement. Mais les forces d'invasion ont besoin d'espace car les troupes et le matériel ne cessent de se déverser sur les plages. Dans le Cotentin, les Américains ont un besoin vital d'un grand port, Cherbourg devient le principal objectif le 9 juin. Les Américains lancent des offensives vers le nord, Montebourg est la charnière de la défense allemande. Le long de la côte de la Manche, c'est la 4ᵉ Division d'infanterie du général Barton qui avance difficilement parmi les champs inondés. Au sud de Quinéville, les Américains rencontrent leur plus difficile obstacle avec la batterie côtière de Crisbecq-Saint-Marcouf ; celle-ci coule plusieurs navires américains avant d'être évacuée. Quinéville, poste de Commandement régional, est libérée le 14 juin par le 39ᵉ Régiment de la 9ᵉ Division d'infanterie, détaché auprès de la 4ᵉ Division d'infanterie.

❶ MÉMORIAL DE LA LIBERTÉ RETROUVÉE

On plonge dans le passé avec la visite de ce Mémorial, qui retrace la période de 1940 à 1944. Une rue entière d'un bourg normand sous l'Occupation est reconstituée avec personnages, véhicules, et accessoires. On pénètre à l'intérieur d'un blockhaus. Un film sur la libération du Cotentin est proposé en complément.
Localisation : adresse et téléphone p 230.

❷ STÈLE 9ᵉ DIVISION D'INFANTERIE ▸

Stèle à la mémoire des soldats du 39ᵉ Régiment de la 9ᵉ Division d'infanterie américaine, qui ont libéré la ville le 14 juin 1944.

Localisation : sur le front de mer.

❸ PANNEAU N° 10 COMMANDO

Panneau commémorant la mission de renseignement, réussie, par un groupe français du N°10 Commando, dans la nuit du 26 au 27 décembre 1943, dans le secteur de Quinéville.
Localisation : sur le front de mer.

❹ BORNE VOIE DE LA LIBERTÉ

Cette borne est l'une de celles qui jalonnent l'itinéraire des Forces Alliées en 1944, dans leur progression pour la libération de Cherbourg.
Localisation : sur le front de mer, devant le Musée de la Liberté.

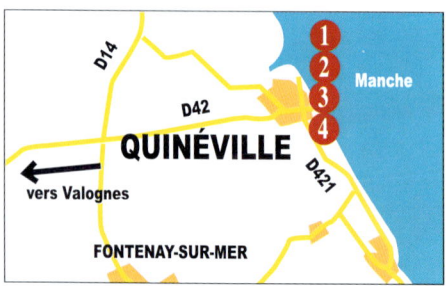

RANVILLE

Calvados - 6 km nord-est de Caen

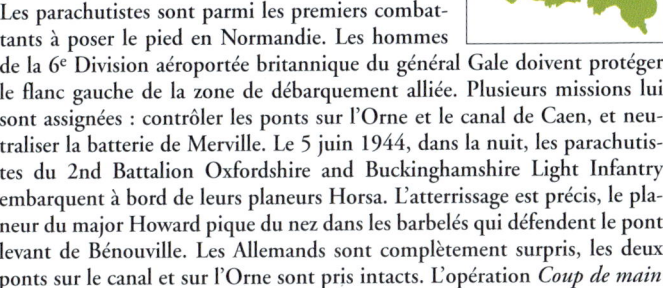

CARTE P220

LES PLANEURS DES OX AND BUCKS S'ENVOLENT

Les parachutistes sont parmi les premiers combattants à poser le pied en Normandie. Les hommes de la 6e Division aéroportée britannique du général Gale doivent protéger le flanc gauche de la zone de débarquement alliée. Plusieurs missions lui sont assignées : contrôler les ponts sur l'Orne et le canal de Caen, et neutraliser la batterie de Merville. Le 5 juin 1944, dans la nuit, les parachutistes du 2nd Battalion Oxfordshire and Buckinghamshire Light Infantry embarquent à bord de leurs planeurs Horsa. L'atterrissage est précis, le planeur du major Howard pique du nez dans les barbelés qui défendent le pont levant de Bénouville. Les Allemands sont complètement surpris, les deux ponts sur le canal et sur l'Orne sont pris intacts. L'opération *Coup de main party* est un succès total. Le bourg de Ranville est libéré par le 13e Bataillon parachutiste du lieutenant-colonel Luard à 14 heures.

❶ MÉMORIAL PÉGASUS ▲

Ce musée est consacré aux troupes aéroportées britanniques. Deux parcours historiques et thématiques, un plan relief, de nombreux objets, dont la célèbre cornemuse de Bill Millin, permettent de comprendre l'enjeu de la mission de la 6e Division aéroportée. A l'extérieur, on peut voir l'authentique pont Pegasus et une reproduction d'un planeur anglais Horsa.
Localisation : adresse et téléphone p 230.

❷ CIMETIÈRE BRITANNIQUE

Le cimetière militaire est voisin du cimetière paroissial, où est inhumé le premier soldat britannique tué le 6 juin 1944. 2 562 soldats reposent dans ce cimetière.
Localisation : dans le centre ville, près de l'église (suivre le fléchage).

❸ PLAQUE PARACHUTISTES ÉCOSSAIS

Plaque dédiée aux parachutistes écossais tombés en Normandie ;

elle fut inaugurée le 18 octobre 1994 par le général Pearson.
Localisation : sur un banc près du moulin (en face de l'entrée du cimetière).

❹ PLAQUE MAJOR STRAFFORD

Plaque à la mémoire du Major Strafford, de la 6e Division aéroportée britannique.
Localisation : sur un mur, près du moulin.

❺ PLAQUE JIM WRIGHT

Plaque à la mémoire du GNR/signaller Jim

Cimetière britannique

Wright, de la 6ᵉ Division aéroportée britannique, tué le 6 juin 1944. *Localisation : dans le cimetière communal, sur le mur de la chapelle.*

6 STÈLE GÉNÉRAL GALE

Stèle représentant le général Sir Richard Gale commandant de la 6ᵉ Division aéroportée, qui libéra Ranville dans la nuit du 5 au 6 juin 1944. *Localisation : dans la cour de la mairie.*

7 STÈLE 6 JUIN 1944

Stèle érigée en septembre 1944 par les hommes du Royal Engineers de la

6ᵉ Division aéroportée. *Localisation : dans le cimetière militaire, à gauche de la croix du Sacrifice.*

8 BORNE MAJOR HOWARD

Borne à la mémoire du Major Howard, commandant du 2nd Battalion Oxfordshire and Buckinghamshire Light Infantry. *Localisation : en face de l'entrée du Musée mémorial Pegasus.*

9 PLAQUE BRIGADE PIRON

Plaque à la mémoire des combattants belges de la Brigade Piron, tombés en

août 1944. *Localisation : en face de l'entrée du cimetière, sur le mur du moulin.*

10 PLAQUE 6 JUIN 1944

Plaque commémorant la libération de Ranville, premier village de France libéré le 6 juin 1944 par le 13th Battalion The Parachute Regiment, de la 5ᵉ Brigade de la 6ᵉ Division aéroportée. *Localisation : dans le centre ville, place du 6 juin 1944.*

11 STÈLE 2th OX AND BUCKS

Stèle rappelant que, le Jour J, un planeur Horsa atterrit près de ce pont. Une section du 2nd Battalion Oxfordshire and Buckinghamshire Light Infantry, et des soldats du Royal Engineers s'en emparèrent. *Localisation : au bord de la D514, près du pont sur l'Orne.*

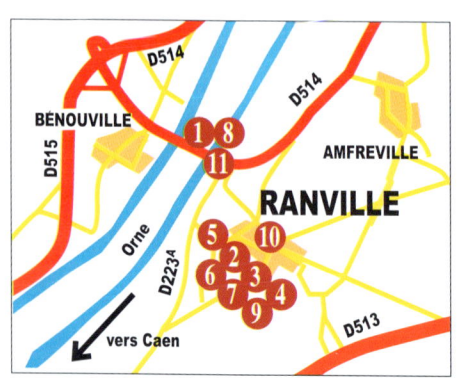

REVIERS

Calvados - 12 km nord de Caen

CARTE P220

LES CHARS SPÉCIAUX À COURSEULLES

Les Canadiens de la 3e Division d'infanterie du général Keller sont tous des volontaires. Ils n'ignorent pas que, le 6 juin 1944, lorsqu'ils mettent le pied sur les plages normandes, beaucoup ne reverront pas leur pays natal. Le Regina Rifle Regiment de la 7e Brigade débarque à Courseulles-sur-Mer face à la position fortifiée, codée WN 29. Les deux premières compagnies abordent la plage vers 8 heures. La Compagnie A doit attendre les chars de soutien, qui arrivent à 9 h 45, pour neutraliser les défenses allemandes, avec des pertes sévères. La Compagnie B progresse rapidement dans Courseulles. Les Compagnies C et D arrivent en deuxième vague. Les hommes du lieutenant-colonel Matheson s'emparent d'un autre point fort à la sortie sud de Courseulles-sur-Mer, puis se dirigent vers Reviers en fin de matinée. A 17 heures, les compagnies du Regina Rifle Regiment sont regroupées dans le bourg libéré.

❶ CIMETIÈRE CANADIEN - CAMERON HIGHLANDERS ▲

2 049 soldats reposent dans ce cimetière. Ce site rassemble les tombes de deux cimetières provisoires établis en 1944 à Bény-sur-Mer et à Reviers. Deux rangées d'érables mènent du centre à la pierre du Souvenir. Dans un bâtiment à gauche de l'entrée, une plaque est dédiée aux Cameron Highlanders of Ottawa. *Localisation : sur la D35, à la sortie est du bourg (suivre le fléchage).*

❷ MONUMENT REGINA RIFLE REGIMENT

Monument à la mémoire des soldats du Regina Rifle Regiment morts pour libérer la ville. *Localisation : sur la D170, dans le centre du bourg.*

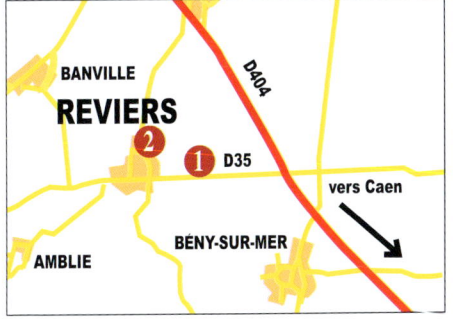

RÉVILLE
Manche - 4 km nord de Saint-Vaast-la-Hougue

CARTE P222

REPLI SUR LA FORTERESSE DE CHERBOURG

Les Allemands ont résisté pendant une semaine dans le secteur de Montebourg. Le 17 juin 1944, ils entament un mouvement de repli, la coupure du Cotentin par les Américains ne peut plus être empêchée. Plusieurs divisions allemandes voient leurs unités séparées en deux par la percée américaine ; certains éléments se replient vers Cherbourg, alors que d'autres s'échappent vers le sud. Au nord, les Allemands reconstituent un front provisoire sur l'axe Valognes-Quettehou. À l'est du Val de Saire, du 18 au 19 juin, toutes les positions sont évacuées : le poste émetteur de la Luftwaffe de Teurthéville-Bocage, la batterie de Gatteville, et celle de La Pernelle, dont les pièces sont sabotées. Toutes les forces allemandes se regroupent dans le périmètre défensif de la forteresse de Cherbourg. Réville est libérée le 20 juin par les Américains de la 4e Division d'infanterie.

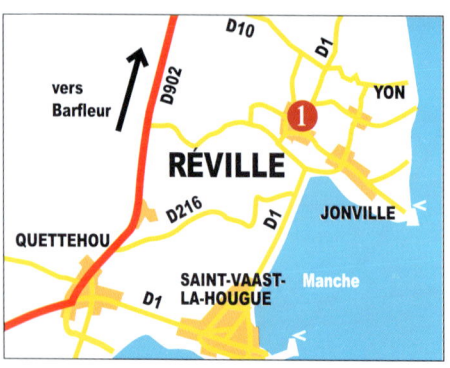

❶ STÈLE 4e DIVISION D'INFANTERIE ▲

Stèle à la mémoire des soldats de la 4e Division d'infanterie américaine, qui ont libéré le village le 20 juin 1944. La plaque commémore également les Normands victimes des combats.
Localisation : sur une petite place derrière la mairie.

ROBEHOMME
Calvados - 12 km sud de Cabourg

CARTE P220

LES CANADIENS SE NOIENT DANS LA DIVES

Les Canadiens du 1er Bataillon parachutiste sautent, dans la nuit du 5 au 6 juin 1944, sur la drop zone V près de Varaville. Les largages sont dispersés, certains parachutistes se retrouvent à plus de quinze kilomètres de leur drop zone. Malgré le balisage des éclaireurs, de nombreux hommes de la Compagnie B tombent dans les zones inondées de la Dives. Des paras se noient, entraînés par le poids de leur équipement. Un petit groupe, commandé par le lieutenant Toseland, se dirige aussitôt vers le pont de Robehomme. Les paras sont sur leur objectif à 3 heures du matin, mais les hommes du génie ne sont pas au rendez-vous. Un unique sapeur britannique collecte les charges individuelles, mais l'explosion ne fait qu'endommager le pont. A 6 heures, l'arrivée de quelques sapeurs permet, cette fois, de détruire complètement le pont de Robehomme. Les parachutistes se replient. Robehomme ne sera délivrée qu'au moment de l'opération *Paddle*, le 17 août, par la 1st Special Service Brigade.

❶ PLAQUE 3rd PARACHUTE SQUADRON - 1er BATAILLON PARACHUTISTE ▲

Sur une pile du pont Bailey, une plaque rappelle que les hommes du génie du 3rd Parachute Squadron, et du 1er Bataillon parachutiste, détruisirent ce pont le 6 juin 1944.
Localisation : sur la D224 à l'est du bourg.

❷ PLAQUE 1er BATAILLON PARACHUTISTE CANADIEN

Plaque dédiée aux parachutistes canadiens du 1er Bataillon, de la 3e Brigade de la 6e Division aéroportée, qui sautèrent en Normandie, dans la nuit du 5 au 6 juin 1944. Les vétérans du 1er Bataillon rendent hommage aux Normands pour leur aide, qui contribua au succès de la mission.
Localisation : dans le bourg, sur un mur à gauche en face de l'église.

ROTS

Calvados - 10 km ouest de Caen

CARTE P223

PANZERS CONTRE ANTICHARS ANGLAIS

A l'ouest de Caen, de part et d'autre de la nationale 13 et de la voie ferrée Paris-Cherbourg, Canadiens et Allemands sont face à face. À Bretteville-l'Orgueilleuse, le 8 juin 1944, vingt-cinq chars menés par le chef de la Division blindée SS Hitlerjugend, le SS-Standartenführer Kurt Meyer, se heurtent aux antichars du Regina Rifle Regiment ; attaques et contre-attaques se succèdent, les Allemands doivent reculer. À Rots, les Commandos britanniques du 46th Royal Marine affrontent au corps à corps les SS de la 1re Compagnie du Régiment 26 de la Hitlerjugend. Les chars du Fort Garry Horse sont engagés dans des combats singuliers contre les Panther, à travers les rues étroites du village. Rots est arraché aux SS le 12 juin, les grenadiers allemands laissent 122 morts sur le terrain.

❶ PLAQUE FORT GARRY HORSE - PLAQUE RÉGIMENT DE LA CHAUDIÈRE

Monument commémorant la libération de Rots par les troupes canadiennes du régiment de La Chaudière et les blindés du Fort Garry Horse, le 12 juin 1944.

Localisation : dans le bas du village, au bord de la rivière Mue.

Insigne du Régiment blindé Fort Garry Horse

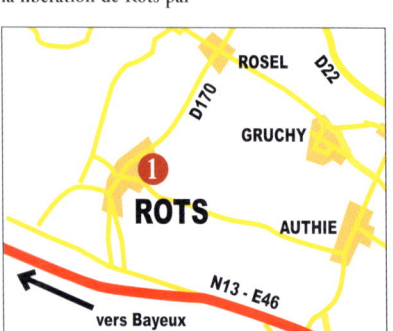

SAINTENY
Manche - 20 km sud de Carentan

CARTE P222

GUERRE D'USURE AU SUD DE CARENTAN

Le 4 juillet 1944 en Normandie, le VIIe Corps américain attaque au sud de Carentan, dans une zone difficile de marécages et de rivières. La 83e Division d'infanterie se heurte, devant Sainteny, aux grenadiers SS de la division Götz von Berlichingen, appuyés par des parachutistes du 6e Régiment. Jour après jour, les Américains lancent assaut après assaut et subissent de lourdes pertes. Le 5 juillet, la 83e Division d'infanterie du général Macon perd près de 1 500 hommes pour 200 mètres de progression. Le 6, la 4e Division d'infanterie vient en appui, mais sans obtenir de résultat décisif, tandis que les chars Panther de la Das Reich renforcent la défense allemande. Ce n'est qu'après dix jours de combats, le 10 juillet, contre les grenadiers de la division Götz von Berlichingen et les paras du lieutenant-colonel von der Heydte, que les Américains entrent dans Sainteny, qui n'est plus que ruines.

❶ STÈLE 83e ET 4e DIVISIONS D'INFANTERIE ▲

Stèle en hommage aux 83e et 4e Divisions d'infanterie américaine, qui libérèrent Sainteny en juillet 1944.
Localisation : au bord de la D971, à l'entrée de la ville.

❷ PLAQUE 83e DIVISION D'INFANTERIE

Plaque à la mémoire des soldats du 331e Régiment de la 83e Division d'infanterie américaine, qui ont combattu et qui sont morts dans les marais de Sainteny en juin et juillet 1944.
Localisation : sur le mur de la mairie.

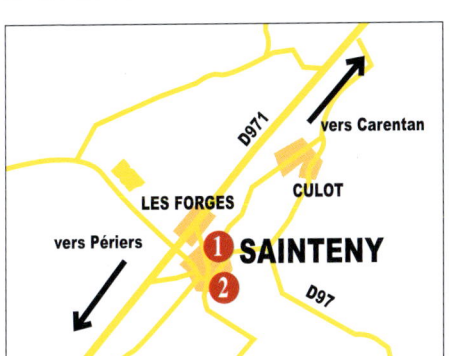

CARTE P224

ST-ANDRÉ-SUR-ORNE/ST-MARTIN-DE-FONTENAY Calvados - 10 et 14 km sud de Caen

CANADIENS ET ALLEMANDS EN ENFER

Après la prise de Caen, le 19 juillet 1944, Canadiens et Britanniques poursuivent leur avance vers le sud avec pour objectif Falaise. L'opération *Spring* est lancée le 24 juillet. Après une intense préparation d'artillerie, les Queen's Own Cameron Highlanders of Canada, de la 6e Brigade, arrivent devant Saint-André-sur-Orne. Les Canadiens subissent des pertes terribles face aux positions allemandes enterrées, le Black Watch of Canada est décimé devant Saint-Martin-de-Fontenay. L'assaut reprend le 28 et se heurte aux contre-attaques de la 9e SS-Panzer-Division Hohenstaufen. Le 1er août, Saint-André-sur-Orne et Saint-Martin-de-Fontenay sont dégagées et resteront sur la ligne de front jusqu'à l'opération *Totalize* lancée le 7 août.

❶ MONUMENT 2e DIVISION D'INFANTERIE *Saint-Martin-de-Fontenay* ▲

Monument commémorant les combats dans ce secteur de plusieurs régiments de la 2e Division d'infanterie canadienne : le régiment de Maisonneuve, le Black Watch - Highland Regiment of Canada - et le Toronto Scottish Regiment.
Localisation : à 1 km au nord du bourg, sur la D562, une petite route sur la droite monte au sommet de la colline, où est situé le monument.

❷ MONUMENT RÉGIMENTS DE MAISONNEUVE ET BLACK WATCH *Saint-André-sur-Orne*

Monument en hommage aux officiers, sous-officiers et soldats des régiments de la 4e Brigade de la 2e Division d'infanterie canadienne : le régiment de Maisonneuve et Black Watch of Canada, qui ont combattu et sont morts dans le secteur de Saint-André-sur-Orne.
Localisation : sur la D89 au centre du bourg.

La tête de pont

SAINT-AUBIN-SUR-MER/LANGRUNE-SUR-MER Calvados - 15 km nord de Caen

LES CHARS SPÉCIAUX FRANCHISSENT LE MUR

Le 6 juin 1944, le North Shore Regiment, de la 5e Brigade canadienne, débarque en Normandie à Juno Beach ; face à eux, un régiment de la 716e Division d'infanterie allemande. La Compagnie A progresse rapidement à l'ouest de Saint-Aubin-sur-Mer, mais la Compagnie B rencontre de nombreux obstacles. L'appui des blindés amphibies du Fort Garry Horse est décisif, les chars spéciaux réduisent à l'explosif murs antichars et blockhaus. Le lieutenant-colonel Buell peut lancer ses compagnies vers l'intérieur ; en fin de journée, les Canadiens débarrassent Saint-Aubin-sur-Mer des derniers défenseurs allemands. À Langrune-sur-Mer, les combats de rue causent 50 % de pertes au 48th Royal Marine Commando, mais au soir du 6 juin, les Allemands sont chassés de la ville.

❶ MONUMENT NORTH SHORE - DUCLOS - 48th ROYAL MARINE COMMANDO
Saint-Aubin-sur-Mer

Monument dédié aux soldats Canadiens du North Shore Regiment et du 48th Royal Marine Commando. La mémoire des victimes civiles y est également honorée, ainsi que le débarquement, le 4 août 1944, de Maurice Duclos, envoyé du général de Gaulle. Un blockhaus, à proximité, abrite encore un canon, qui tira sur les Alliés.
Localisation : dans le centre du bourg, sur le front de mer.

❷ STÈLE FORT GARRY HORSE *Saint-Aubin-sur-Mer*

Stèle à la mémoire des hommes du 10e Régiment blindé canadien The Fort Garry Horse, dont les chars amphibies ont débarqué ici le 6 juin 1944.
Localisation : dans le centre du bourg, sur le front de mer.

❸ PLAQUE 48th ROYAL MARINE COMMANDO
Langrune-sur-Mer

Plaque à la mémoire de trois soldats du 48th Royal Marine Commando, tués en libérant la localité.
Localisation : sur le mur d'une maison, au carrefour de la rue de la Mer et de l'avenue de la Libération.

❹ MONUMENT 48th ROYAL MARINE COMMANDO
Langrune-sur-Mer

Monument commémorant la tête de pont établie le 6 juin 1944 par les Commandos britanniques du 48th Royal Marine Commando
Localisation : dans le centre ville, sur le front de mer.

Le chaudron de Falaise

ST-CHARLES-DE-PERCY/LE BÉNY
BOCAGE Calvados - 12 km nord-est de Vire

CARTE P224

LA 11ᵉ DIVISION BLINDÉE À LA POINTE

À la jonction de la 2ᵉ Armée britannique et de la 1ʳᵉ Armée américaine, le 30 juillet 1944, le général Montgomery lance l'offensive *Bluecoat*. Il choisit ce secteur, près de Caumont-l'Éventé, où le rapport des forces est largement favorable aux Britanniques, mais où le relief de crêtes boisées est propice à la défense. La 11ᵉ Division Blindée, qui appartient au VIIIᵉ Corps du général O'Connor, avance avec deux brigades composées d'infanterie et de blindés. Le 31 juillet, la 11ᵉ Division Blindée du général Roberts s'empare d'un pont sur la Souleuvre. Le 1ᵉʳ août, le commandement allemand réagit par le transfert de deux divisions blindées vers le secteur. Les chars du 23rd Hussars, de la 29ᵉ Brigade blindée, entrent dans Le Bény-Bocage, détruisent un panzer sur la place et libèrent la localité. Le 2 à l'aube, le 2nd Armoured Reconnaissance Battalion Welch Guards se heurte aux chars de la Hohenstaufen devant Saint-Charles-de-Percy. A la nuit tombée, le 3rd Battalion Irish Guards atteint le bourg et s'installe pour la nuit. Saint-Charles-de-Percy est libérée le lendemain 3 août.

❶ CIMETIÈRE BRITANNIQUE *Saint-Charles-de-Percy* ▲

On inhume dans ce cimetière les corps des soldats britanniques retrouvés au fil des ans en Normandie. *Localisation : sur la D290 (suivre le fléchage).*

❷ STÈLE GUARDS ARMOURED DIVISION *Saint-Charles-de-Percy*

Stèle à la mémoire de la Guards Armoured Division qui a libéré la ville. *Localisation : à 100 m de la mairie, au bord de la D290.*

❸ PLAQUE GUARDS ARMOURED DIVISION *Saint-Charles-de-Percy*

Plaque dédiée à la Guards Armoured Division. *Localisation : sur le monument aux morts.*

❹ PLAQUE 11ᵉ DIVISION BLINDÉE *Le Bény-Bocage*

La 11ᵉ Division Blindée captura ce pont intact sur la Souleuvre ; il devint le pont du taureau, emblème de la division. *Localisation : sur la D56, route de Torigni-sur-Vire.*

Le chaudron de Falaise

SAINT-CHRISTOPHE-LE-JAJOLET
Orne - 9 km sud d'Argentan

CARTE P225

PATTON STOPPÉ EN PLEINE OFFENSIVE

Trente-cinq kilomètres séparent, le 13 août 1944, le IIe Corps canadien au nord du XVe Corps américain au sud. C'est un couloir par lequel s'échappent des milliers de soldats de la 7e Armée allemande. Le général Patton, qui commande la 3e Armée américaine, est persuadé de pouvoir fermer la poche ; quand il reçoit l'ordre du général Bradley de stopper au sud d'Argentan, il enrage. Cet ordre s'applique à la 2e Division Blindée du général Leclerc, dont les unités sont stationnées entre Sées, Carrouges et Écouché. Dans la nuit du 13 au 14 août, plusieurs véhicules sanitaires de la 2e Division Blindée tombent sur un convoi blindé allemand près de Saint-Christophe-le-Jajolet ; après avoir parlementé, les Allemands relâchent les infirmières et leurs camions. Le 14, le poste de commandement principal de la 2e Division Blindée s'installe à Saint-Christophe-le-Jajolet.

❶ CHAR 2e DIVISION BLINDÉE « KEREN » ▲

Ce char, le « Keren », appartenait à la 2e Division Blindée du général Leclerc. Il est resté là où il a été détruit le 12 août 1944 ; il faisait partie de la colonne Warabiot. Trois membres de l'équipage ont été tués dans les combats, une plaque portant leurs noms est scellée au pied du char. *Localisation : au bord d'une petite route, suivre le fléchage « Keren » à partir du bourg.*

SAINT-CLAIR-SUR-L'ELLE
Calvados - 10 km nord de Saint-Lô

CARTE P222

LA 29ᵉ DIVISION FRANCHIT L'AURE ET L'ELLE

La 29ᵉ Division d'infanterie atteint la plage d'Omaha Beach le 6 juin 1944, à 6 h 30. Le débarquement des deux premières vagues d'assaut est un désastre. Les fantassins sont cloués sur les plages, subissant le feu des mitrailleuses et des canons allemands. L'appui des chars, et surtout le courage des hommes emmenés par quelques officiers déterminés sauvent la situation. Le général Cota mène lui-même les troupes à l'assaut des défenses allemandes. A partir du 8 juin, la progression est plus rapide, la 29ᵉ Division d'infanterie libère les Rangers assiégés à La Pointe du Hoc, et rejoint les Britanniques vers Port-en-Bessin. Le 9, les Américains progressent vers l'ouest et atteignent Isigny-sur-Mer ; vers le sud, ils commencent à franchir les marais de l'Aure. Les Allemands se replient partout. Le 10 juillet, le 115th Regimental Combat Team de la 29ᵉ Division libère Sainte-Marguerite-d'Elle. Le 12, le Vᵉ Corps lance une offensive vers Saint-Lô. Le 115th RCT échoue dans sa tentative de franchissement de l'Elle à Saint-Jean de Savigny. Le 116th RCT réussit à passer à Sainte-Marguerite-d'Elle, le 2ᵉ Bataillon libère Saint-Clair-sur-L'Elle à la nuit tombée.

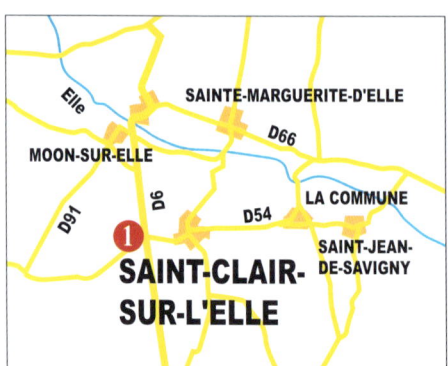

❶ STÈLE 29ᵉ DIVISION

Stèle dédiée aux soldats de la 29ᵉ Division d'infanterie américaine, commandée par le Major général Charles Gerhardt. *Localisation : à l'ouest de la localité, au carrefour de la D6 et de la D54.*

La délivrance de Caen

CARTE P223

SAINT-CONTEST
Calvados - 2 km nord-ouest de Caen

Une journée tragique pour les Caennais

Avec l'opération *Charnwood*, les Alliés maintiennent la pression sur les Allemands, à l'ouest de Caen. Le 7 juillet 1944, des vagues de bombardiers mettent Caen en feu ; puis l'artillerie se déchaîne sur les lignes allemandes au nord-ouest de la ville. Les fantassins de la 59e Division Staffordshire avancent dans la fumée et la poussière, ils sont appuyés par les chars du 1st East Riding Yeomanry. Au centre, devant Saint-Contest, les Britanniques se heurtent aux SS de la 12e SS-Panzer-Division. Les Allemands sont solidement retranchés dans les maisons du bourg, et les Britanniques ont à peine abordé le village qu'ils sont pris sous le feu des mitrailleuses des panzers embusqués vers Buron. Le renfort d'une compagnie du 5th Battalion East Lancashire Fusiliers ne permet pas de progression décisive et les Britanniques s'enterrent. Le lendemain, 8 juillet, l'assaut reprend avec l'appui des Sherman lance-flammes. Les grenadiers SS sont chassés des ruines de l'église et du cimetière, après de féroces combats au corps à corps. Dans la matinée du 9 juillet, les derniers tireurs isolés sont neutralisés et Saint-Contest est libérée.

❶ Stèle 59e Division d'infanterie ◂

Stèle commémorant les combats qui se sont déroulés à cet endroit, lieu-dit *Galmanche*, entre les soldats britanniques de la 59e Division d'infanterie Staffordshire et les SS de la 12e SS-Panzer-Division Hitlerjugend.
Localisation : au nord de Mâlon, prendre un chemin qui part de la D79 sur la gauche, rouler sur 400 mètres.

❷ Plaque 59e Division d'infanterie

Plaque à la mémoire des soldats de la 59e Division d'infanterie britannique Staffordshire, qui ont combattu pour la libération de Saint-Contest les 8 et 9 juillet 1944.
Localisation : sur le mur du cimetière à côté de l'église.

SAINT-DÉSIR
Calvados - 1 km ouest de Lisieux

CARTE P225

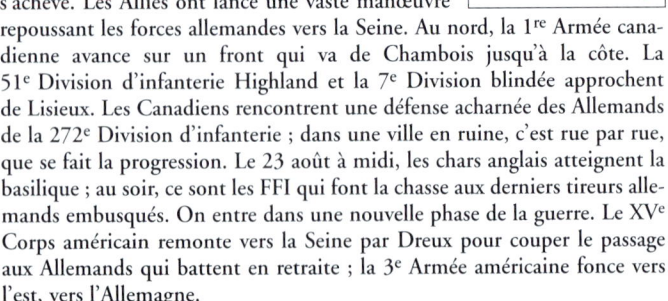

LES CHARS ANGLAIS À LA BASILIQUE DE LISIEUX

Le 20 août 1944, la Bataille de la poche de Falaise s'achève. Les Alliés ont lancé une vaste manœuvre repoussant les forces allemandes vers la Seine. Au nord, la 1re Armée canadienne avance sur un front qui va de Chambois jusqu'à la côte. La 51e Division d'infanterie Highland et la 7e Division blindée approchent de Lisieux. Les Canadiens rencontrent une défense acharnée des Allemands de la 272e Division d'infanterie ; dans une ville en ruine, c'est rue par rue, que se fait la progression. Le 23 août à midi, les chars anglais atteignent la basilique ; au soir, ce sont les FFI qui font la chasse aux derniers tireurs allemands embusqués. On entre dans une nouvelle phase de la guerre. Le XVe Corps américain remonte vers la Seine par Dreux pour couper le passage aux Allemands qui battent en retraite ; la 3e Armée américaine fonce vers l'est, vers l'Allemagne.

❶ CIMETIÈRE ALLEMAND ▲

Le cimetière allemand, installé pendant l'été 1944, est voisin du cimetière britannique.

3 735 soldats allemands y sont inhumés. On y entre par un petit bâtiment à colonnes ; les stèles de grès rouge portent chacune quatre noms, et surgissent de plates-bandes d'iris.
Localisation : à côté du cimetière britannique.

❷ CIMETIÈRE BRITANNIQUE

Le cimetière militaire britannique jouxte un cimetière établi par les Allemands en juin 1944. 598 soldats y reposent. Le cimetière est planté de pommiers et un petit bâtiment en forme de kiosque accueille les visiteurs.
Localisation : au bord de la N13, à l'ouest de Lisieux (suivre le fléchage).

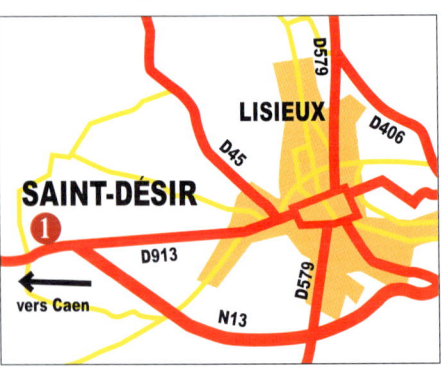

La tête de pont

SAINTE-MARIE-DU-MONT
Manche - 10 km nord de Carentan

CARTE P221

LES AIGLES HURLANTS SUR LA NORMANDIE

Dans la nuit du 6 juin 1944, plus de 400 avions larguent les parachutistes américains de la 101e Division aéroportée sur la Normandie. Le 506e Régiment d'infanterie parachutiste saute sur la *drop-zone C*, près de Sainte-Marie-du-Mont. Les unités sont largement éparpillées. Un groupe d'une centaine d'hommes se forme avec à sa tête le général Taylor, commandant de la division et le lieutenant-colonel Ewell, commandant du 3e Bataillon du 501e Régiment. Ils se dirigent vers Utah Beach afin de contrôler la sortie n° 1. En route, ils éliminent un poste allemand près de Sainte-Marie-du-Mont. Un autre groupe de paras neutralise une batterie de canons à l'ouest du bourg. Plusieurs parachutistes tombent au milieu du village, Américains et Allemands s'entretuent dans la confusion. Dans l'après-midi, Sainte-Marie-du-Mont est libérée de toute présence allemande par un groupe de paras des 501e et 506e Régiments. Les Américains prennent ensuite par surprise les Allemands qui arrivent d'Utah Beach, retraitant face au Débarquement.

❶ PLAQUES DE LA LIBÉRATION ▶

Autour de l'église et dans les rues avoisinantes, un parcours, jalonné par des plaques sur les murs des habitations, raconte la libération du bourg le 6 juin 1944.
Localisation : autour de la place de l'église.

❷ MONUMENT MARINS DANOIS

Monument dédié aux 800 marins danois ayant participé au Débarquement du 6 juin 1944.
Localisation : sur la D913, à la sortie du bourg vers Utah Beach.

Insigne de la 101e Division aéroportée américaine

La tête de pont

SAINTE-MÈRE-ÉGLISE
Manche - 12 km nord de Carentan

LA 82ᵉ DIVISION SURPREND LES ALLEMANDS

L'envoi d'unités parachutistes sur les arrières du Mur de l'Atlantique, à l'aube du 6 juin 1944, doit assurer la réussite du débarquement de la force d'invasion. Les avions qui transportent les hommes de la 82ᵉ Division aéroportée américaine subissent un violent tir de la Flak, lorsqu'ils abordent la côte occidentale du Cotentin dans la nuit du 6 juin ; des avions sont touchés, plusieurs sont détournés de leurs itinéraires. Vers 1 heure, une maison en feu illumine la place de Sainte-Mère-Église, le tocsin retentit et les habitants tentent d'éteindre l'incendie. Quand les Dakota larguent les premiers parachutistes au-dessus du bourg, le désordre est total, les civils se réfugient dans les abris, les Allemands abattent plusieurs parachutistes. À l'extérieur, le lieutenant-colonel Krause, chef du 3ᵉ Bataillon du 505ᵉ Régiment rassemble 158 parachutistes, en silence il verrouille les accès et à l'aube il s'empare de Sainte-Mère-Église et fait une trentaine de prisonniers.

1 MUSÉE DES TROUPES AÉROPORTÉES

Implanté dans un espace arboré, ce musée est composé de deux bâtiments. Le premier, en forme de parachute, abrite un planeur américain Waco et de nombreuses vitrines présentant armes, matériels et équipements. On peut visionner un film retraçant les événements du 5 au 6 juin 1944. Le deuxième bâtiment présente un avion Douglas C47, des mannequins en uniformes et des souvenirs d'époque ; un film illustre ces différents sujets. À l'extérieur un char Sherman et une pièce d'artillerie sont exposés. *Localisation : adresse et téléphone p 231.*

2 MONUMENT DE LA LIBÉRATION ▸

Monument signal commémorant la libération du canton de Sainte-Mère-Église le 6 juin 1944 par les 82ᵉ et 101ᵉ Divisions aéroportées américaines. *Localisation : sur la place principale.*

3 STÈLE AÉRODROME A6

Stèle signalant l'édification d'un terrain d'aviation, par le 552nd AAA Battalion commandé par le colonel Benjamin Warfield. Cet aérodrome fut opérationnel du 12 juin au 26 juillet 1944 *Localisation : à 2 km de Sainte-Mère-Église, sur la D17 vers Beuzeville-au-Plain (à proximité de la ferme de La Londe).*

4 BORNE 0 DE LA LIBERTÉ

La Borne du kilomètre 0, sur la Voie de la Liberté,

Plaque 82ᵉ Division aéroportée

commémore Sainte-Mère-Église comme la première localité d'Europe libérée, les 5 et 6 juin 1944.
Localisation : devant l'hôtel de ville.

❺ Stèle du 505ᵉ Régiment parachutiste ▼

Stèle rappelant l'action du 505ᵉ Régiment d'infanterie parachutiste de la

Stèle du 505ᵉ Régiment parachutiste

82ᵉ Division aéroportée qui libéra Sainte-Mère-Église, le 6 juin 1944.
Localisation : à l'entrée sud de la ville.

❻ Plaque 82ᵉ Division aéroportée ▲

Plaque dédiée au quatre parachutistes, de la compagnie C du 505ᵉ Régiment d'infanterie parachutiste, tués à cet endroit le 6 juin 1944.
Localisation : dans le centre ville, rue de Cayenne.

❼ Stèle Ridgway-Gavin

Stèle rendant hommage aux généraux Ridgway et Gavin et à tous les libérateurs de Sainte-Mère-Église
Localisation : devant l'hôtel de ville.

❽ Monuments cimetières américains

Trois monuments signalent les emplacements de cimetières provisoires établis à Sainte-Mère-Église.
Situation : dans le centre du bourg près du terrain de sport, à la sortie du bourg sur la route de Chef-du-Pont, au sud de Sainte-Mère-Église sur la D70, le carrefour près de l'autoroute.

❾ Vitraux 82ᵉ Division aéroportée ▼

Dans l'église de Sainte-Mère-Église, deux vitraux commémorent la libération du bourg le 6 juin 1944 par les parachutistes de la 82ᵉ Division aéroportée. Un mannequin accroché au clocher rappelle l'odyssée du parachutiste américain John Steele.
Localisation : devant l'hôtel de ville.

Vitrail parachutistes américains

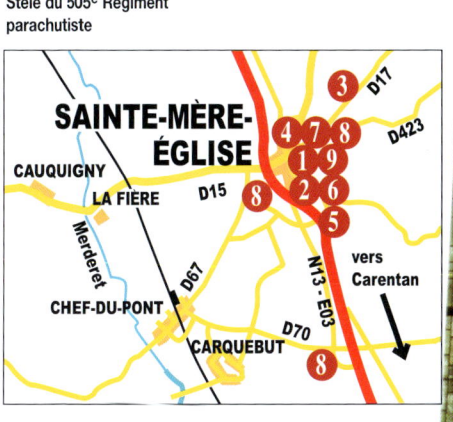

CARTE P222

SAINT-FROMOND/AIREL
Manche - 17 km nord de Saint-Lô

UNE TÊTE DE PONT POUR LA 30e DIVISION

Début juillet 1944 les Américains piétinent dans le bocage normand. Sur l'aile gauche du front ils arrivent devant la Vire. Le 6 juillet, Airel est libérée ; le lendemain, 7 juillet, l'artillerie américaine commence à pilonner la rive occidentale de la Vire. Elle prépare le terrain à la 30e Division d'infanterie du général Hobbs, qui doit franchir la rivière à Saint-Fromond. A 4 h 20, les canots d'assaut emportent la première vague, puis la deuxième sous les obus allemands. Les fantassins escaladent la rive opposée et repoussent un Kampfgruppe allemand. Le génie commence à renforcer le vieux pont de pierre, et à 12 h 30, les premiers blindés américains peuvent traverser la Vire ; un pont flottant permet le passage des véhicules légers. Saint-Fromond est libérée. Au nord du bourg, les Américains franchissent le canal Vire-Taute devant Saint-Jean-de-Daye. Le 11 juillet, une contre-attaque de la division Panzer Lehr échoue à réduire la tête de pont.

1 **PLAQUE 30e DIVISION D'INFANTERIE**
Saint-Fromond ▲

Plaque rappelant les combats qui se déroulèrent à cet endroit, le 7 juillet 1944. La 30e Division d'infanterie franchit la Vire sous le feu allemand et libéra Saint-Fromond.
Localisation : à l'extrémité du pont, côté ouest.

2 **STÈLE PETHICK** *Airel*

Stèle à la mémoire de T. M. Pethick, pilote de la Royal Canadian Air Force, dont l'avion fut abattu à cet endroit par la DCA allemande le 2 juin 1943, il avait 21 ans.
Localisation : au sud du bourg, au bord de la D8 près de la voie ferrée.

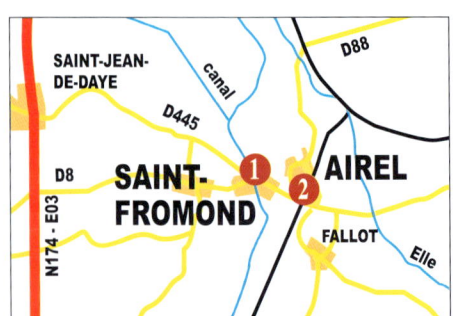

La tête de pont

SAINT-GERMAIN-SUR-SÈVES
Manche - 5 km nord de Périers

CARTE P222

UN SÉRIEUX REVERS POUR LA 90e DIVISION

L'opération *Cobra* doit être lancée le 24 juillet 1944, elle doit obtenir la percée décisive du front allemand. Auparavant, le général Bradley veut réduire quelques saillants dans les lignes américaines. Saint-Germain-sur-Sèves constitue un îlot dans une zone plate et marécageuse. La position est tenue par un Kampfgruppe de la division Das Reich et du 6e Régiment parachutiste, appuyé par quelques canons d'assaut. Le 358e Régiment, de la 90e Division d'infanterie du général Landrum, part à l'attaque le 22 juillet, sans couverture aérienne car le plafond est bas. Le 1er Bataillon subit des pertes énormes mais s'accroche à l'îlot. Le 2e Bataillon n'arrive même pas à franchir les marécages. En début de soirée, les Allemands contre-attaquent avec les chars du SS-Panzer-Regiment 2. Les Américains sont bousculés, en une heure ils perdent une centaine de tués, 400 blessés et 200 prisonniers. Saint-Germain-sur-Sèves est libérée quelques jours plus tard avec Cobra.

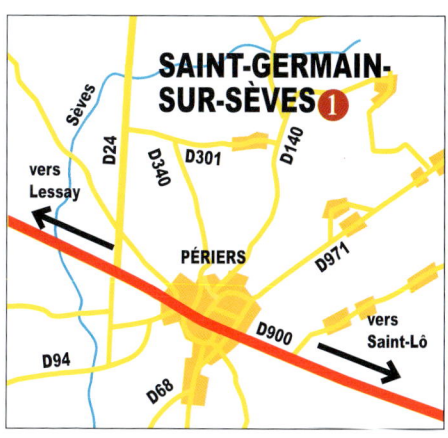

❶ MONUMENT 90e DIVISION D'INFANTERIE

Monument à la mémoire des soldats de la 90e Division d'infanterie, tombés dans les combats pour la libération de Saint-Germain-sur-Sèves, le 22 juillet 1944.
Localisation : à l'ouest du bourg, sur la D301, suivre le fléchage.

La percée d'Avranches

SAINT-JAMES
Manche - 20 km sud d'Avranches

CARTE P222

LE GÉNÉRAL PATTON ENTRE EN GUERRE

Fin juillet 1944, le front allemand est disloqué à l'ouest de Saint-Lô ; les Américains obtiennent enfin la rupture tant espérée et atteignent Avranches le 31. La 3e Armée du général Patton, dont la présence en Normandie avait été tenue secrète, entre en ligne. Les Américains prennent Avranches sans combat et s'emparent d'un pont intact à Pontaubault le 1er août. Le général Patton fait franchir la Sélune à des milliers d'hommes, de véhicules et de chars ; pendant deux jours des files ininterrompues d'engins, pare-chocs contre pare-chocs vont franchir le passage. Pendant ce temps, Hitler persiste dans sa stratégie de résistance sur des positions fixes. Les objectifs ne manquent pas pour les quatre Corps qui composent la 3e Armée : Brest, Rennes, Fougères, Laval. Toutes les tentatives de contre-attaques des Allemands pour colmater la brèche échouent, Saint-James est libérée dans la journée.

❶ CIMETIÈRE AMÉRICAIN

Cimetière provisoire en 1944 et définitif en 1949, Saint-James est le lieu de sépulture de 4 410 soldats américains. Les stèles sont en marbre blanc, sur un mur on peut lire les noms de 498 soldats disparus. L'espace est soigneusement mis en scène par les éléments architecturaux et végétaux. Le mémorial est construit sur le modèle d'une chapelle romane et du sommet de la tour clocher, on aperçoit le Mont-Saint-Michel. *Localisation : sur la D230, en allant vers Louvigné du Desert (suivre le fléchage).*

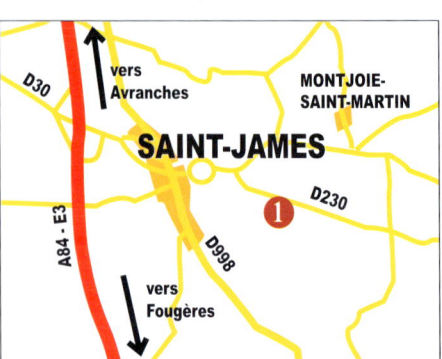

La tête de pont

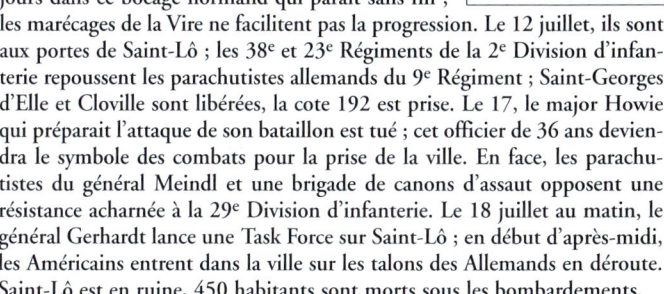

SAINT-LÔ/ST-GEORGES-D'ELLE/ CLOVILLE Manche - 4 et 5 km est de Saint-Lô

UNE SEMAINE POUR PRENDRE SAINT-LÔ

Début juillet 1944, les Américains piétinent toujours dans ce bocage normand qui paraît sans fin ; les marécages de la Vire ne facilitent pas la progression. Le 12 juillet, ils sont aux portes de Saint-Lô ; les 38e et 23e Régiments de la 2e Division d'infanterie repoussent les parachutistes allemands du 9e Régiment ; Saint-Georges d'Elle et Cloville sont libérées, la cote 192 est prise. Le 17, le major Howie qui préparait l'attaque de son bataillon est tué ; cet officier de 36 ans deviendra le symbole des combats pour la prise de la ville. En face, les parachutistes du général Meindl et une brigade de canons d'assaut opposent une résistance acharnée à la 29e Division d'infanterie. Le 18 juillet au matin, le général Gerhardt lance une Task Force sur Saint-Lô ; en début d'après-midi, les Américains entrent dans la ville sur les talons des Allemands en déroute. Saint-Lô est en ruine, 450 habitants sont morts sous les bombardements.

❶ MONUMENT MAJOR HOWIE *Saint-Lô* ▶

Monument à la mémoire de Thomas D. Howie, « le Major de Saint-Lô », qui commandait le 2e Bataillon du 116e Régiment de la 29e Division d'infanterie, tué le 17 juillet 1944 à la tête de ses troupes, en libérant Saint-Lô.
Localisation : à la sortie sud-est de la ville, au carrefour de la N174 vers Vire.

❷ STÈLE COLLINE 192 *Cloville*

Une stèle, table d'orientation, rappelle les combats pour la conquête de cet observatoire stratégique.
Localisation : sur la D95, 2 km à l'est du bourg.

❸ STÈLE 2e DIVISION D'INFANTERIE *Saint-Georges-d'Elle* ▼

Stèle à la mémoire des soldats de la 2e Division d'infanterie, tombés à Saint-Georges-d'Elle pour la Liberté.
Localisation : dans le bourg, en face de la mairie.

Stèle 2e Division d'infanterie

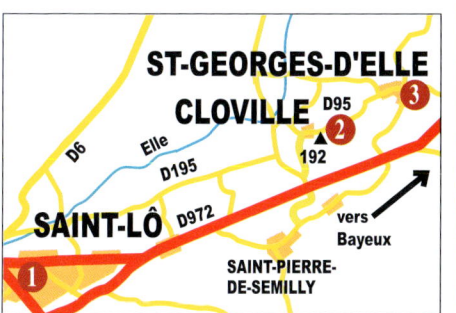

La délivrance de Caen

SAINT-MANVIEU-NORREY
Calvados - 6 km ouest de Caen

LES ASSAUTS BRISÉS DE LA HITLERJUGEND

Trois Corps d'armée sont engagés dans l'opération *Epsom*, lancée le 26 juin à l'ouest de Caen. Le VIIIᵉ Corps du général O'Connor dirige l'attaque décidée par le général Montgomery. A l'aube du 26, la 44th Infantry Brigade Lowland de la 15ᵉ Division d'infanterie Scottish a pour objectif Saint-Manvieu. Les Écossais pénètrent dans le bourg, les combats sont très violents entre les jeunes SS de la Hitlerjugend et le 6th Battalion Royal Scots Fusiliers. Les SS sont persuadés que les Alliés ne font pas de prisonnier. Les Écossais utilisent les chars lance-flammes pour repousser les vagues d'assaut des jeunes grenadiers. Le 26 juin à midi, les Écossais tiennent la place mais subissent encore des tirs de fusées et de mortiers allemands.

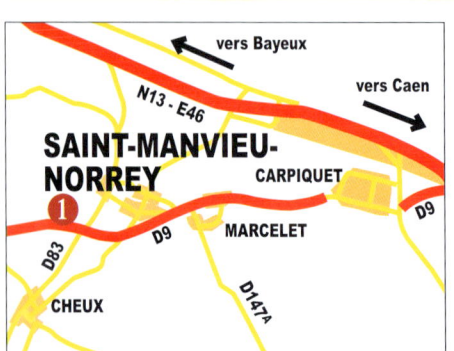

❶ CIMETIÈRE BRITANNIQUE

Une petite allée gazonnée conduit à l'entrée du cimetière encadrée par deux colonnes. 2 183 soldats y reposent.
Localisation : sur la D9 (suivre le fléchage).

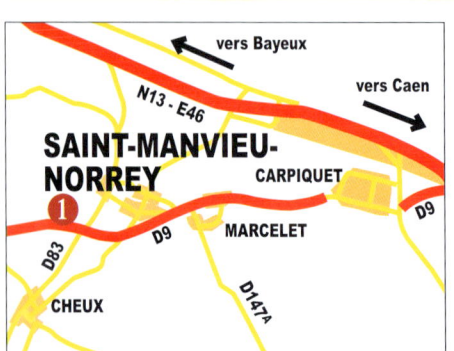

SAINT-MARTIN-DES-BESACES
Calvados - 30 km sud-est de Saint-Lô

CARTE P224

LA 11e DB À L'ASSAUT DES SOMMETS NORMANDS

La 2e Armée britannique se prépare à l'assaut, le 30 juillet 1944. Les forces engagées pour l'opération *Bluecoat* sont largement supérieures aux deux divisions allemandes qui leur font face. À l'aube, les Britanniques attaquent, ils sont ralentis par la densité des champs de mines. Le XXXe Corps avance lentement. Sur le front du VIIIe Corps, la 15e Division d'infanterie Scottish et les chars de la 6th Guards Tank Brigade prennent Sept-Vents et poursuivent vers Saint-Martin-des-Besaces. A 16 heures, les bombardiers alliés pilonnent la cote 309, à l'est du bourg. Sans attendre l'infanterie, les chars britanniques s'élancent, balayent une faible opposition et atteignent rapidement le sommet. Les chars britanniques sont brusquement assaillis par trois Jagdpanther, en quelques minutes quatorze Churchill sont détruits. Le 31 juillet, la 21e Panzer-Division, qui vient d'arriver dans le secteur, contre-attaque à plusieurs reprises la 6th Guards Tank Brigade, les Allemands sont repoussés. La 11e Division blindée perce les défenses antichars allemandes et s'empare de Saint-Martin-des-Besaces en fin de matinée.

① MUSÉE DE LA PERCÉE DU BOCAGE ▶

Ce musée retrace les combats des soldats britanniques et de la Résistance, qui ont participé à la libération du Bocage. Huit espaces scénographiques, des photographies, un diorama et des mannequins illustrent cette période de la Bataille de Normandie.
Localisation : adresse et téléphone p 230.

② STÈLE BRIGADIER BARTTELOT ▶

Stèle à la mémoire du Brigadier sir Walter

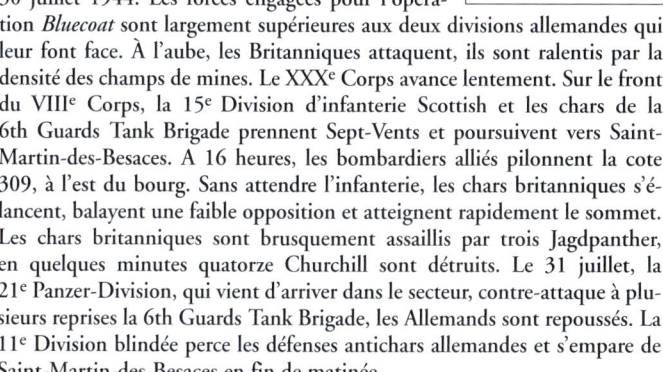

Barttelot, commandant du 4th Tank Battalion Coldstream Guards, qui prit la cote 309, le 30 juillet 1944.
Localisation : sur la N175 à l'est du bourg, au sommet de la cote 309.

Stèle Brigadier Barttelot

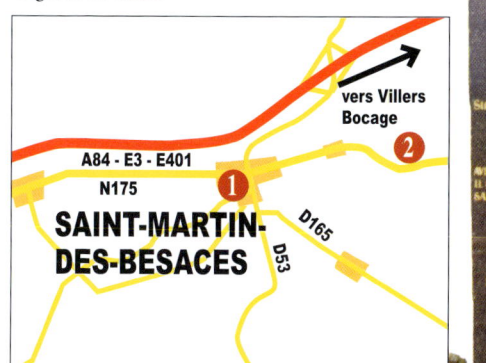

COLDSTREAM HILL
1944 · 1994
50e ANNIVERSAIRE DE LA
BATAILLE DE NORMANDIE

CÔTE 309
A LA MÉMOIRE
DU BRIGADIER
SIR WALTER DE STOPHAM BARTTELOT Bt D.S.O
COMMANDANT LE 4e BATAILLON
DES COLDSTREAM GUARDS

LE 30 JUILLET
AVEC LES CHARS CHURCHILL DE SON BATAILLON
IL S'EMPARAIT DE CE POINT STRATÉGIQUE
SANS INFANTERIE
FORTEMENT TENU PAR L'ENNEMI

TUÉ AU COMBAT LE 16 AOÛT 1944
A
TRAITTEMER LE GRAND

REPOSE AU CIMETIÈRE BRITANNIQUE
DE
St CHARLES DE PERCY
WE WILL REMEMBER HIM

A84 - E3 - E401
N175
SAINT-MARTIN-DES-BESACES
D165
D53
vers Villers Bocage

SAINT-SYLVAIN
Calvados - 15 km sud de Caen

CARTE P224

LES PREMIERS TUÉS SOUS LES BOMBES DES B17

Le 8 août 1944, l'état-major du IIe Corps canadien est optimiste sur les chances de réussite de l'offensive qui commence. L'opération *Totalize* démarre de nuit et, après un désordre initial, les objectifs sont atteints. Les généraux allemands sont atterrés, les Alliés ont-ils réussi à percer le front ? Dans la deuxième phase, le général Simonds lance deux divisions blindées, la 4e Division blindée canadienne et la 1re Division blindée polonaise commandée par le général Maczek. Cela commence mal pour les Polonais qui perdent une quarantaine de soldats sous les bombes des B17 américains. L'attaque débute et les Allemands sont bousculés, mais un Kampfgruppe de la 12e SS-Panzer-Division stoppe l'avance des chars polonais près de Saint-Aignan. Le 9 août, les Polonais relancent l'assaut ; à Saint-Sylvain il faut l'intervention de l'artillerie et des bombardiers pour anéantir les défenses allemandes. Tout l'après-midi et jusqu'à la tombée de la nuit, le Bataillon de Chasseurs de Podhale va combattre les grenadiers allemands, dans les rues et les tranchées, sans emporter la décision. Au matin du 10, le renfort de la 154e Brigade de la 51e Division d'infanterie permet de libérer définitivement Saint-Sylvain.

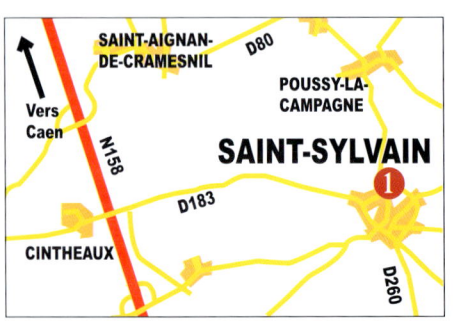

❶ STÈLE
1re DIVISION BLINDÉE

Stèle dédiée aux soldats de la 1re Division blindée polonaise, qui ont combattu et sont morts pour libérer Saint-Sylvain en août 1944.
Localisation : à l'entrée nord du bourg, par la D229, sur une petite place.

La tête de pont

SALLENELLES
Calvados - 8 km ouest de Cabourg

CARTE P220

SOIXANTE-DIX JOURS SUR LE FRONT

Le 6 juin 1944, les hommes du 45th Royal Marine Commando entrent dans Sallenelles ; ils tentent d'avancer sur Merville mais sont repoussés, ils se replient sur Sallenelles puis sur Le Plein. Le 12 juin, les Commandos du 48th Royal Marine pénètrent à leur tour dans Sallenelles, vide d'ennemis ; mais ils ne peuvent aller plus loin, ils se heurtent à la position fortifiée du Moulin du Buisson. Les hommes du lieutenant-colonel Moulton passeront deux mois dans leurs tranchées, dévorés par les moustiques. Le 17 août, la Bataille de Normandie est perdue pour l'armée allemande, et l'opération *Paddle* débute. La 6th Airlanding Brigade doit s'emparer de l'estuaire de la Dives, la Brigade belge du lieutenant-colonel Piron attendait ce moment depuis longtemps. Les véhicules blindés Daimler débouchent de Sallenelles et libèrent enfin le village ainsi que les quelques Normands irréductibles qui n'avaient pas quitté leurs maisons.

❶ PLAQUE EDOUARD GÉRARD ▲

Plaque dédiée au soldat Edouard Gérard, de la Brigade belge Piron, tué le 16 août 1944, à l'âge de 20 ans.
Localisation : au bord de la D514, dans le centre du bourg, sur le mur d'une maison au niveau du n° 13.

❷ STÈLE BRIGADE PIRON

Stèle à la mémoire des soldats belges et luxembourgeois de la Brigade Piron, qui ont combattu pour la libération de Sallenelles et Merville.
Situation : au bord de la D514, à l'entrée nord du bourg.

SANNERVILLE/TOUFFREVILLE
Calvados - 10 km est de Caen

CARTE P223

LE CIEL TOMBE SUR LA TÊTE DES ALLEMANDS

Dans la nuit du 5 au 6 juin 1944, le 8th Battalion Parachute Regiment de la 6e Division aéroportée britannique saute en Normandie. Mais au sol, le lieutenant-colonel Pearson ne réussit à rassembler que le quart de son bataillon sur la drop zone, entre Cuverville et Touffréville. Il forme deux sections qui partent, avec tout l'explosif disponible, détruire les ponts de Bures ; une position défensive est établie près de Touffréville. Leur mission accomplie, les parachutistes se replient sur Le Mesnil. Le front reste fixe jusqu'au 18 juillet, quand le général Montgomery lance l'offensive *Goodwood* à l'est de Caen. Trois divisions blindées sont engagées avec le soutien de plus de 2000 bombardiers. Les premières lignes, occupées par la 16e Luftwaffen-Feld-Division, sont anéanties et la progression initiale du 3rd Royal Tank Regiment est rapide ; Touffréville et Sannerville, sévèrement bombardées, sont libérées.

① MONUMENT 3e DIVISION D'INFANTERIE - APPLETON *Sannerville* ▶

Monument en hommage aux soldats de la 3e Division d'infanterie britannique. Cette division participa à la libération de Caen en juin et juillet 1944. Sur un mur près du monument, une plaque est dédiée au Group Captain Charles Appleton du 124th Wing de la Royal Air Force, abattu le 12 août 1944 au Mesnil Guerard. *Localisation : près de l'église.*

② STÈLE PLATT-BILL *Touffréville*

Stèle à la mémoire de Thomas Billington et

Arthur Platt, soldats du 8th Battalion Parachute Regiment, faits prisonniers et exécutés par les Allemands. *Localisation : du centre du bourg, emprunter la* rue de la Butte verte, puis le C2, sur la droite à 200 mètres après la sortie du bourg.

③ MONUMENT ROYAL MARINE COMMANDO *Sannerville*

Ce monument est dédié aux hommes des 41st, 46th, 47th et 48th Royal Marine Commando qui ont combattu dans cette zone du 7 au 17 août 1944 et qui ont libéré Touffréville et Troarn. *Localisation : au nord-est du bourg, en remontant vers la D37.*

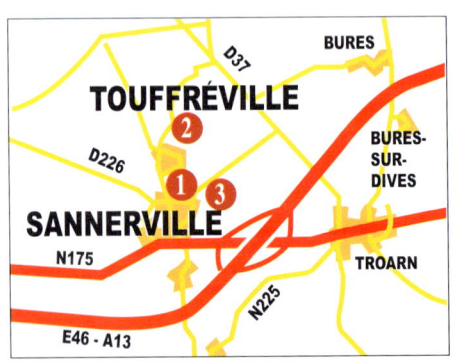

SECQUEVILLE-EN-BESSIN
Calvados - 12 km ouest de Caen

CARTE P220

LES CANADIENS FRANCHISSENT LA N13

Les Canadiens débarquent en Normandie à Juno Beach le 6 juin 1944. La 7e Brigade, commandée par le Brigadier Foster, a pour objectifs Courseulles-sur-Mer et Graye-sur-Mer. Le secteur est fortifié et occupé par une compagnie du 736e Régiment de la 716e Division d'infanterie allemande. Sur Nan Green, face à Courseulles-sur-Mer, le Regina Rifle Regiment fait appel aux chars lance-flammes pour neutraliser la dernière résistance vers 13 heures. Sur Mike Red, le Royal Winnipeg Rifles s'empare de Graye-sur-Mer vers midi. Les Canadiens avancent vers l'intérieur dans l'après-midi ; Reviers, Fontaine-Henri, Pierrepont sont libérées. Le lendemain 7 juin, le Royal Winnipeg Rifles entre dans Secqueville-en-Bessin et Putot-en-Bessin sans opposition, et franchit la nationale 13 qui relie Caen à Bayeux.

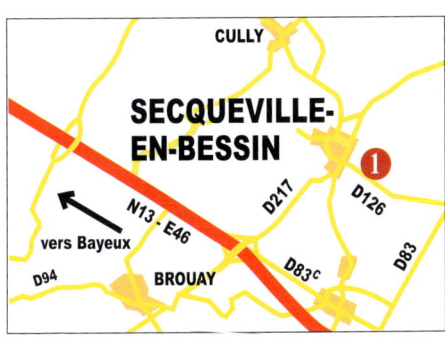

❶ CIMETIÈRE BRITANNIQUE

Ce petit cimetière est en pleine campagne, soldats britanniques et allemands sont inhumés de part et d'autre, séparés par la Croix du Sacrifice. *Localisation : sur la D126 entre Bray et Secqueville-en-Bessin (suivre le fléchage).*

Le chaudron de Falaise

SÉES
Orne - 22 km sud-est d'Argentan

CARTE P225

UN INCIDENT FRANCO-AMÉRICAIN

Le 12 août 1944, les habitants d'Alençon se réveillent au petit matin, libres. La prise de la ville par la 2e Division Blindée du général Leclerc bouleverse les plans du général Eberbach, qui tente de reconstituer un front au sud de la poche de Falaise. La 116e Panzer-Division reçoit l'ordre d'occuper le secteur de l'Orne. Mais les Allemands subissent des pertes quand ils arrivent au nord d'Alençon, où les Français sont installés en défensive. Sans attendre, le général Leclerc lance ses groupements vers le nord, il dirige la colonne Putz vers Sées, par l'est de la forêt d'Écouves. Encore plus à l'est, la 5e Division blindée américaine du Major général Oliver arrive du Mans. Le Combat Command A du général Régnier entre dans Sées vers 10 heures, le régiment de Panzergrenadiers de la 116e Panzer arrive trop tard pour occuper la ville ; sans blindé ni artillerie, les Allemands sont repoussés. Une heure plus tard, l'arrivée des véhicules du groupement Putz provoque un embouteillage et la colère des Américains. Il faudra l'intervention du chef du XVe Corps d'armée, le général Haislip, pour régler le problème.

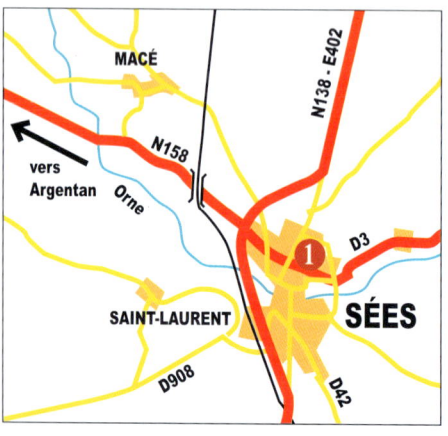

❶ PLAQUE DE LA LIBÉRATION ▲

Plaque commémorant la libération de Sées le 12 août 1944 par les Alliés. Elle rappelle la rencontre entre les Américains de la 5e Division blindée et de la 79e Division d'infanterie, les Français de la 2e Division Blindée, le chef des FFI de l'Orne et le maire de Sées. *Localisation : sur le mur de l'hôtel de ville.*

SERVON
Manche - 16 km sud d'Avranches

CARTE P222

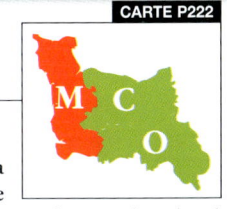

LA 3ᵉ ARMÉE DÉBOUCHE DU COTENTIN

Le 1ᵉʳ août 1944, c'est un simple colonel qui a la lourde responsabilité d'empêcher les Américains de sortir du Cotentin après la prise d'Avranches. Le Kampfgruppe du colonel Bacherer arrive aux portes de la ville, mais sa force est insuffisante face à la puissante 3ᵉ Armée du général Patton. Les Allemands tentent à plusieurs reprises de détruire le pont de Pontaubault, sans succès ; le général Patton en fait son tremplin vers la Bretagne. Pendant deux jours, 24 heures sur 24 heures, chars, véhicules et troupes franchissent la Sélune sur le pont de Pontaubault, et un deuxième passage aménagé par le génie. Vers l'ouest, Patton lance la 79ᵉ Division d'infanterie vers le Mont-Saint-Michel, la 6ᵉ Division blindée s'élance vers Brest par la nationale 176, elle libère Servon dans son avance.

1ᵉʳ AOUT 1944
SERVON EST LIBERE
PAR LES ALLIES
50 ANS PLUS TARD
SERVON SE SOUVIENT

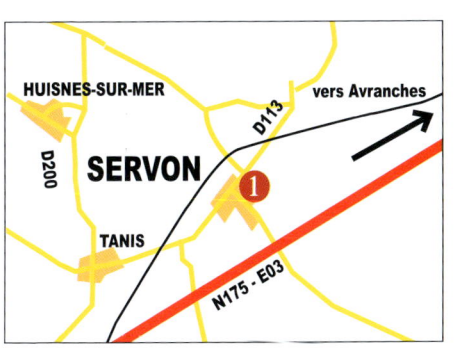

❶ **STÈLE DE LA LIBÉRATION** ▲

Cette stèle commémore la libération de Servon, le 1ᵉʳ août 1944, par les troupes alliées.
Localisation : dans le centre du bourg.

199

Le chaudron de Falaise

TANVILLE
Orne - 12 km ouest de Sées

LA 9ᵉ PANZER PIÉGÉE DANS LA FORÊT D'ÉCOUVES

Le samedi 12 août 1944, la 2ᵉ Division blindée libère Alençon sans combat. Les Français, commandés par le général Leclerc, remontent vers le nord. Il faut traverser la forêt d'Écouves, et le général Leclerc n'ignore pas que la 9ᵉ Panzer-Division y est embusquée. Le sous-groupement Warabiot contourne l'obstacle par l'est et atteint Sées ; la rencontre avec les véhicules de la 5ᵉ Division blindée américaine provoque un embouteillage et un incident. En milieu d'après-midi, les Spahis atteignent le carrefour du Cercueil, ou carrefour du Point du Jour, à deux kilomètres au nord-est de Tanville. A 17 heures, le général Leclerc installe son poste de commandement près du carrefour. Le 13 août, un escadron de tank destroyers de la 2ᵉ Division Blindée libère Tanville ; les Français restent aux aguets, car des Allemands, encerclés dans la forêt d'Écouves, tentent de regagner leurs lignes.

❶ STÈLE
2ᵉ DIVISION BLINDÉE

Stèle à la mémoire des soldats de la 2ᵉ Division Blindée, qui sont morts dans les combats pendant la Bataille de Normandie, le 13 août 1944.

Localisation : sur la D908, carrefour du Point du jour, au nord-est de Tanville.

Insigne de la 2ᵉ Division blindée française

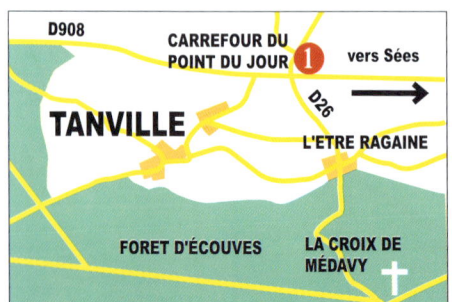

Le chaudron de Falaise

THURY-HARCOURT
Calvados

CARTE P224

LES ALLEMANDS REPOUSSÉS SUR L'ORNE

Le 4 août, les Britanniques libèrent Villers-Bocage, où ils avaient subi un échec le 13 juin. La 7e Division blindée traverse les ruines d'Aunay-sur-Odon. L'offensive *Bluecoat* s'enfonce dans les lignes allemandes, elle a été déclenchée à la jonction des armées britannique et américaine. C'est une large manœuvre qui doit permettre de franchir l'Orne à l'ouest de Caen. Le relief de collines favorise la défense, mais dans ce secteur, la supériorité alliée est écrasante : trois divisions d'infanterie et autant de divisions blindées, face à deux divisions d'infanterie allemandes affaiblies, une division blindée qui combat depuis le 6 juin, et quelques poignées de chars. Le 6 août, la 43e Division d'infanterie Wessex s'empare du Mont Pinçon et bouscule la 276e Division d'infanterie du général Badinski. Sur l'aile droite de la 276e Division, la 277e Division d'infanterie affronte la 59e Division d'infanterie Staffordshire. Le 13 août, les Allemands retraitent et franchissent l'Orne. Thury-Harcourt est libérée.

❶ MONUMENT BATAILLE DE NORMANDIE ▸

Monument commémorant les combats qui se déroulèrent dans le secteur de Thury-Harcourt, pendant la Bataille de Normandie en août 1944.
Localisation : à la sortie nord de la ville, suivre la D6 vers Caen et prendre la première à gauche, puis une deuxième fois à gauche sur une route étroite.

❷ PLAQUE SOLDATS BRITANNIQUES

Plaque à la mémoire des soldats et des officiers britanniques qui ont libéré la localité en août 1944.
Localisation : sur un mur, à gauche de l'entrée du château de Thury-Harcourt.

❸ STÈLE 59e DIVISION ▾

Stèle à la mémoire des soldats de la 59e Division d'infanterie britannique Staffordshire.
Localisation : au carrefour nord de la ville.

Stèle 59e Division d'infanterie britannique

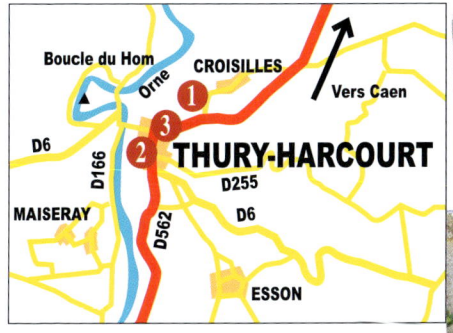

La délivrance de Caen

CARTE P223

TILLY-SUR-SEULLES
Calvados - 20 km ouest de Caen

DÉLUGE DE FEU SUR TILLY-SUR-SEULLES

Le général Horrocks, chef du XXXe Corps lance l'opération *Perch* le 10 juin. Le secteur de l'attaque est solidement défendu par la Panzer-Lehr-Division. Le 11 juin, le 6th Battalion Durham Light Infantry occupe Tilly-sur-Seulles, tandis que les blindés de la 22e Brigade sont bloqués par les Panther allemands. Le lendemain, les Britanniques perdent le bourg. Face à cet échec, le général Montgomery tente une manœuvre de contournement du front par Livry, avec Villers-Bocage pour objectif. Cette tentative audacieuse échoue dramatiquement à Villers-Bocage le 13 août. Le 15 dans la soirée, le général Bayerlein rameute tous ses blindés disponibles, pour repousser une attaque des 49e et 50e Divisions d'infanterie. Le 16 août, la 50e Division repart à l'assaut. Après plusieurs heures de durs combats, le 2nd Battalion Essex Regiment, de la 56e Brigade d'infanterie, reprend pied dans Tilly-sur-Seulles, tandis que le 6th Battalion Durham Light Infantry et les chars du 24th Lancers percent à l'ouest du bourg, puis se retranchent. Le lendemain, les Britanniques libèrent Tilly-sur-Seulles, qui n'est plus que ruines.

❶ CIMETIÈRE BRITANNIQUE ▲

Situé en bordure de route nationale ce cimetière contient 1 222 tombes de combattants. En saison, des rosiers fleurissent au pied des stèles et colorent ce lieu de repos.
Localisation : sur la D13 à la sortie ouest du bourg (suivre le fléchage).

❷ MUSÉE DE LA BATAILLE DE TILLY - STÈLE BATAILLE DE TILLY

Situé dans une chapelle, ce musée retrace les violents combats de Tilly-sur-Seulles en juin 1944 ; documents, photographies, mannequins et objets retrouvés sur le champ de bataille illustrent cet épisode. Près du musée, une stèle est dédiée aux soldats britanniques et canadiens.
Localisation : adresse et téléphone p 231.

Le chaudron de Falaise

TOURNAI-SUR-DIVES
Orne - 12 km nord-est d'Argentan

CARTE P225

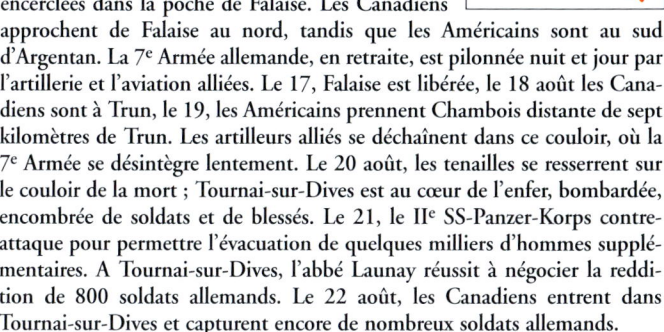

LA 7ᵉ ARMÉE ALLEMANDE CAPITULE

Le 13 août 1944, les forces allemandes sont presque encerclées dans la poche de Falaise. Les Canadiens approchent de Falaise au nord, tandis que les Américains sont au sud d'Argentan. La 7ᵉ Armée allemande, en retraite, est pilonnée nuit et jour par l'artillerie et l'aviation alliées. Le 17, Falaise est libérée, le 18 août les Canadiens sont à Trun, le 19, les Américains prennent Chambois distante de sept kilomètres de Trun. Les artilleurs alliés se déchaînent dans ce couloir, où la 7ᵉ Armée se désintègre lentement. Le 20 août, les tenailles se resserrent sur le couloir de la mort ; Tournai-sur-Dives est au cœur de l'enfer, bombardée, encombrée de soldats et de blessés. Le 21, le IIᵉ SS-Panzer-Korps contre-attaque pour permettre l'évacuation de quelques milliers d'hommes supplémentaires. A Tournai-sur-Dives, l'abbé Launay réussit à négocier la reddition de 800 soldats allemands. Le 22 août, les Canadiens entrent dans Tournai-sur-Dives et capturent encore de nombreux soldats allemands.

❶ PLAQUE DE LA CAPITULATION ▸

Plaque commémorant la reddition des troupes allemandes dans cette cour de ferme, le 21 août 1944 entre 14 h 30 et 17 heures. Plus de 2 000 soldats et officiers déposèrent les armes devant un seul Canadien, à 18 h 30, le gros de la Bataille de Normandie était perdue pour les Allemands.
Localisation : au bord de la D717, en face de la mairie.

❷ HALF-TRACK AMÉRICAIN M3 - PLAQUE DE LA REDDITION

Ce blindé semi-chenillé américain fut construit à plus de 40 000

exemplaires, c'était à la base un transport de troupes mais il connut de multiples versions. Devant l'engin, une plaque commémore la reddition de 800 soldats allemands négociée par l'abbé de Tournai-sur-Dives.
Localisation : dans le centre du bourg sur la place.

❸ PLAQUE RON CURRIE

Plaque à la mémoire du pilote Ron Currie de la Royal Air Force, du Squadron 184 du 129th Wing, abattu à bord de son chasseur Typhoon le 18 août 1944.
Localisation : sur le mur du cimetière communal.

La percée d'Avranches

TOURNIÈRES
Calvados - 15 km ouest de Bayeux

CARTE P222

IL N'Y A PLUS DE FRONT ALLEMAND

Le 10 juin 1944, les Américains ont débarqué depuis quatre jours et consolident la tête de pont. Dans le secteur d'Omaha Beach, ils franchissent les marais de l'Aure, le front allemand se décompose. Le général Kraiss, chef de la 352e Division d'infanterie allemande tente de reconstituer une ligne de défense avec ce qui reste de sa division. Le 38th Regimental Combat Team de la 2e Division d'infanterie américaine, arrivant de Trévières, traverse Tournières et atteint Cerisy-la-Forêt. La 352e Division d'infanterie allemande est annihilée ; il n'y a plus de front en face des Américains de la 2e Division d'infanterie. Mais une contre-attaque de la Panzer-Lehr-Division sur Bayeux et l'arrivée des unités de reconnaissance de la 17e SS-Panzergrenadier-Division, rendent prudents les Américains.

❶ STÈLE GÉNÉRAL EISENHOWER

Stèle rappelant le rôle essentiel du général Dwight David Eisenhower comme chef suprême des Forces Alliées en Europe. Près de cet endroit le général Eisenhower établit son premier poste de commandement. Ce monument fut inauguré le 6 juin 1990, pour le 46e anniversaire du Débarquement et le 100e anniversaire de la naissance du général. *Localisation : à l'ouest du bourg, au carrefour de la D15 et de la D186 (suivre le panneau).*

TOURVILLE
Calvados - 10 km sud-ouest de Caen

CARTE P223

LES PANZER BLOQUENT LE PASSAGE DE L'ODON

Prendre les ponts intacts sur l'Odon, tel est l'objectif de la première phase de l'opération *Epsom*, fixé par le général O'Connor, chef du VIIIe Corps. Le 26 juin, les Britanniques attaquent sous la pluie. La 227e Brigade de la 15e Division d'infanterie Scottish, et les chars du 23rd Hussars prennent Grainville et Colleville, les grenadiers allemands sont balayés. Mais les Écossais sont rapidement stoppés par des contre-attaques de blindés de la 12e SS-Panzer-Division. Le commandement allemand envoie des renforts face au VIIIe Corps : Panther de la 2e Panzer-Division, Tigre de la SS-Panzer-Abteilung 101. Le 27 juin, l'offensive reprend, les chars allemands détruisent de nombreux blindés britanniques, mais ils sont engagés par petits groupes, et parfois à l'unité contre une force toujours supérieure ; la guerre d'usure tourne inéluctablement à l'avantage des Alliés. Le 2nd Battalion Argyll and Sutherland Highlanders attaque vers Tourville. En début d'après-midi, un premier pont intact est pris sur l'Odon. La tête de pont est consolidée avec les chars du 23rd Hussars, puis avec la 159e Brigade en fin de journée.

❶ MONUMENT 15e DIVISION D'INFANTERIE ▸

Monument en mémoire des soldats de la 15e Division d'infanterie Scottish, morts en Europe, du 26 juin 1944 au 5 mai 1945.
Localisation : au bord de la D89, entre Tourville et Tourmauville.

❷ MONUMENT 15e DIVISION - 43e DIVISION - 53e DIVISION

Monument dédié aux soldats de la 15e Division d'infanterie Scottish, 43e Division Wessex et 53e Division Welch, tués dans les combats de l'Odon.
Localisation : dans le cimetière communal.

❸ PLAQUE GÉNÉRAL BARBER

Plaque à la mémoire du général sir Colin Barber, commandant de la 15e Division d'infanterie Scottish qui libéra Tourville en juin 1944.
Localisation : dans le cimetière communal, près d'un pin.

La tête de pont

TRÉVIÈRES

Calvados - 15 km ouest de Bayeux

CARTE P221

LES AMÉRICAINS ÉLARGISSENT LA TÊTE DE PONT

Le 9 juin 1944, la 2ᵉ Division d'infanterie américaine installe son quartier général à Formigny, un
petit village à quatre kilomètres d'Omaha Beach, sur la nationale 13. Le
38th Regimental Combat Team a pour objectif Trévières, poste de commandement d'un régiment de la 352ᵉ Division d'infanterie allemande commandée par le général Kraiss, alors que le 9th Regimental Combat Team,
sur la gauche, doit occuper le secteur de Mandeville-en-Bessin. Le 9th RCT
progresse difficilement et atteint Rubercy, au sud-est de Trévières, en fin de
journée. L'avance du 38th RCT n'est pas plus facile, mais les Américains
atteignent enfin Trévières dans la soirée. Ils constatent que les Allemands
du 916ᵉ Régiment d'infanterie, menacés d'encerclement, ont presque entièrement évacué le village. Les Américains éliminent quelques tireurs isolés
dans la matinée du 10 juin pour délivrer définitivement Trévières.

❶ PLAQUE 2ᵉ DIVISION D'INFANTERIE ▸

Plaque commémorant les
combats de la 2ᵉ Division
d'infanterie américaine
pour la libération de
Trévières, du 8 au
10 juin 1944.
*Localisation : sur la faça-
de de la mairie.*

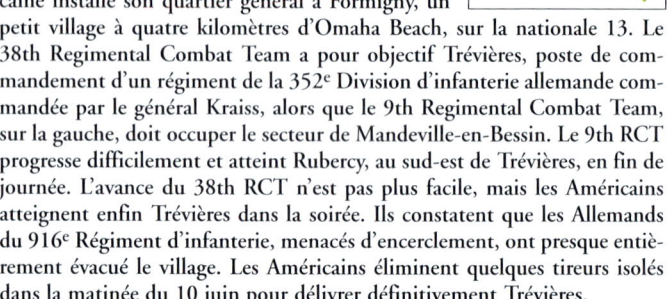

❷ PLAQUE BATAILLE DE NORMANDIE

Le monument aux morts
de la guerre de 1914-1918
porte la trace des combats
pour la Libération de
1944. Un obus a emporté
le visage de la statue qui
est restée dans cet état
jusqu'à aujourd'hui. Sur le
monument une plaque
rappelle la Bataille de
Normandie.

*Localisation : sur une
petite place à côté de
l'église.*

❸ VITRAIL 95ᵉ DIVISION D'INFANTERIE ▸

Vitrail à la mémoire des
officiers et des soldats
du 377ᵉ Régiment de
la 95ᵉ Division

d'infanterie américaine.
Localisation : dans l'église.

Vitrail 95ᵉ Division d'infanterie

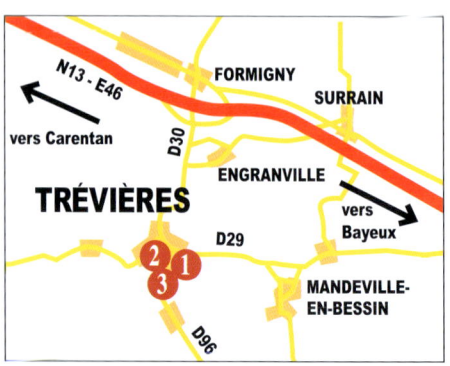

La délivrance de Caen

TROARN

Calvados - 13 km est de Caen

CARTE P223

L'INCROYABLE ODYSSÉE DU MAJOR ROSEVEARE

Dans la nuit du 6 juin 1944, en Normandie, le 8e Bataillon parachutiste est largué dès la première heure, à l'est de l'Orne, dans une zone entre Ranville, Bavent et Touffreville. Vers 4 heures, les parachutistes se regroupent devant Troarn, le Major Roseveare s'embarque avec un petit groupe dans une jeep et sa remorque. L'attelage traverse le village à fond de train sous le feu allemand qui, par miracle, n'atteint pas les explosifs entassés dans la remorque. Arrivés au pont de Troarn, les paras le font sauter rapidement et se replient sur Le Mesnil. Le front reste figé jusqu'au 18 juillet quand les Alliés lancent l'offensive *Goodwood* à l'est de Caen, mais Troarn reste aux mains des Allemands. Ce n'est que le 17 août que le 41st Royal Marine Commando entrera dans Troarn, évacuée par les Allemands en retraite.

❶ PLAQUE 3rd PARACHUTE SQUADRON ROYAL ENGINEERS ▲

Plaque dédiée aux hommes du génie du 3rd Parachute Squadron Royal Engineers, qui ont détruit plusieurs ponts sur la Dives le 6 juin 1944.
Localisation : sur le mur du syndicat d'initiative, dans le centre ville.

❷ STÈLE MAJOR ROSEVEARE

Stèle commémorant l'action des hommes du major Roseveare qui, le 6 juin 1944, ont détruit ce pont sur la Dives.
Localisation : sur la N175, à l'entrée est de la ville.

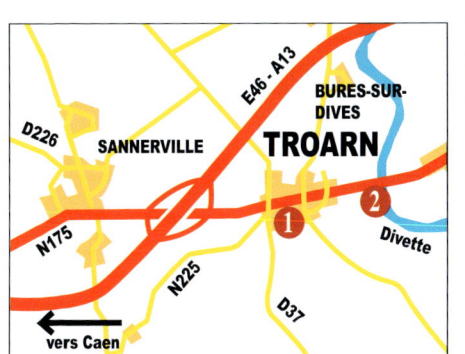

Le chaudron de Falaise

CARTE P225

TRUN

Orne - 13 km nord d'Argentan

LES CANADIENS VERROUILLENT LA POCHE

Un nouveau chef est nommé sur le Front allemand à l'Ouest. Mais que peut faire, ce 17 août 1944 à Paris, le Feldmaréchal Model. L'issue de la bataille ne fait plus de doute pour la 7e Armée allemande. Ordres et contrordres se succèdent au PC du 2e SS-Panzer-Korps ; l'Obergruppenführer Bittrich doit sortir ses unités de la poche, puis les regrouper et contre-attaquer pour maintenir le « Kessel » ouvert. Un flot de troupes allemandes déferle, le 17 août, dans l'étroit couloir entre Trun et Chambois, en direction de Vimoutiers. Le général Montgomery assigne à la 1re Division blindée polonaise d'atteindre Trun et Chambois, les Canadiens de la 10e Brigade d'infanterie ont également Trun comme objectif. Dans la nuit du 17 au 18, le 2e Régiment blindé polonais coupe la route Trun-Vimoutiers. Le 18 août, vers 15 heures, une colonne blindée canadienne — chars du South Alberta et fantassins du Lincoln and Welland Regiment — arrive en vue de Trun. Trun brûle, Trun est vide d'ennemis. Les Canadiens s'installent dans le bourg et verrouillent les quatre routes d'accès.

① **PLAQUE 4e DIVISION BLINDÉE** ▲

Plaque dédiée aux soldats de la 4e Division blindée canadienne, de la 1re Armée canadienne, qui sont tombés pour la libération de Trun, et ont contribué à la fermeture de la poche de Falaise en juillet et août 1944
Localisation : sur le monument aux morts.

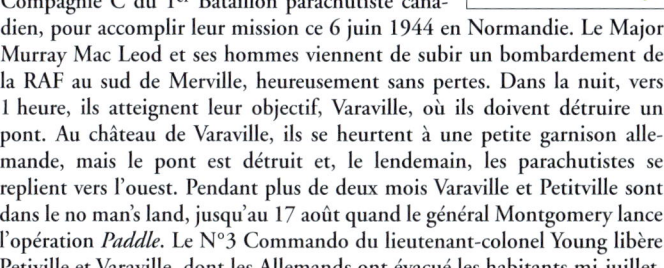

La tête de pont

VARAVILLE/PETITVILLE

Calvados - 5 et 8 km sud de Cabourg

CARTE P220

OBJECTIF ATTEINT POUR LE MAJOR MAC LEOD

Ils ne sont qu'une poignée de parachutistes, de la Compagnie C du 1er Bataillon parachutiste canadien, pour accomplir leur mission ce 6 juin 1944 en Normandie. Le Major Murray Mac Leod et ses hommes viennent de subir un bombardement de la RAF au sud de Merville, heureusement sans pertes. Dans la nuit, vers 1 heure, ils atteignent leur objectif, Varaville, où ils doivent détruire un pont. Au château de Varaville, ils se heurtent à une petite garnison allemande, mais le pont est détruit et, le lendemain, les parachutistes se replient vers l'ouest. Pendant plus de deux mois Varaville et Petitville sont dans le no man's land, jusqu'au 17 août quand le général Montgomery lance l'opération *Paddle*. Le N°3 Commando du lieutenant-colonel Young libère Petiville et Varaville, dont les Allemands ont évacué les habitants mi-juillet.

① STÈLE 3rd PARACHUTE SQUADRON - 1er BATAILLON PARACHU- TISTE *Varaville* ▶

Stèle à la mémoire des sapeurs du 3rd Parachute Squadron et du 1er Bataillon parachutiste canadien qui détruisirent ce pont le 6 juin 1944. *Localisation : à la sortie est de la ville sur la D27.*

② MONUMENT 1er BATAILLON PARACHUTIS- TE CANADIEN *Varaville*

Ce monument est à la mémoire des hommes du 1er Bataillon parachutiste canadien, de la 3e Brigade de la 6e Division aéroportée britannique, qui combattirent dans ce secteur dans les premiers jours du Débarquement. Installés à Le Mesnil, ils

repoussèrent toutes les attaques allemandes. *Localisation : dans le cen-* *tre du bourg, sur la place de l'église.*

③ STÈLE N° 3 COMMANDO *Petiville*

Stèle dédiée aux hommes du N°3 Commando de la 1st Special Service Brigade commandé par le lieutenant-colonel Young, qui ont libéré Petitville le 17 août 1944. *Localisation : dans le cen-* *tre ville, près du cimetière, en face de la mairie.*

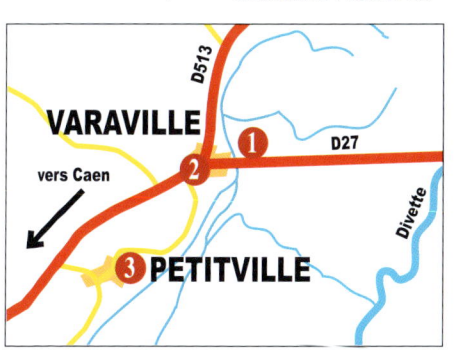

209

VAUX-SUR-AURE/SOMMERVIEU
Calvados - 1 et 2 km nord et nord-est de Bayeux

CARTE P220

LA 50ᵉ DIVISION AUX PORTES DE BAYEUX

La 50ᵉ Division d'infanterie britannique Northumbrian débarque le 6 juin 1944 sur le secteur Gold Beach. C'est une zone d'environ six kilomètres de plages, de Le Hamel jusqu'à La Rivière. Le point fort de Le Hamel — WN 37, selon le code allemand — bloque plusieurs heures la 231ᵉ Brigade. Cette position est défendue par une unité de la 716ᵉ Division d'infanterie allemande ; elle a été manquée par les bombardements alliés. Le 1st Battalion Hampshire Regiment subit de lourdes pertes et doit attendre les renforts pour s'en emparer. Les 56ᵉ et 151ᵉ Brigades débarquent vers 11 heures et se dirigent aussitôt vers Bayeux. En fin de journée, le 2nd Battalion Gloucestershire Regiment s'arrête à Magny-en-Bessin. Le 2nd Battalion South Wales Borderers avance vers l'ouest, et dépasse un émetteur allemand détruit près de Pouligny, les Gallois libèrent Vaux-sur-Aure et s'emparent du pont avant minuit. Le 2nd Battalion Essex Regiment bivouaque à la lisière de Sommervieu, qu'il libère le lendemain avant d'entrer dans Bayeux.

❶ PLAQUE SOUTH WALES BORDERERS
Vaux-sur-Aure ▶

Plaque commémorant la prise de ce pont, et la libération de Vaux-sur-Aure, par le 2nd Battalion South Wales Borderers, de la 56ᵉ Brigade de la 49ᵉ Division d'infanterie West Riding, le 6 juin 1944 dans la soirée.
Localisation : sur le pont qui franchit l'Aure.

❷ STÈLE AÉRODROME B8 - 145ᵉ ESCADRILLE FAFL *Sommervieu* ▼

Stèle rappelant qu'à cet endroit, en août 1944, était installé l'aérodrome B8 de la Royal Air Force. La 145ᵉ Escadrille des Forces Aériennes Françaises Libres atterrit ici pour la première fois, le 19 août 1944
Localisation : à l'ouest du bourg, sur la route Bayeux-Ryes.

Stèle aérodrome B8

La tête de pont

CARTE P220

VER-SUR-MER

Calvados - 15 km nord-est de Caen

DÉBARQUEMENT SUR GOLD BEACH

Le 6 juin 1944, la 50e Division d'infanterie du général Graham débarque en Normandie sur Gold Beach entre Ver-sur-Mer et Saint-Aubin-sur-Mer. Les Britanniques doivent s'emparer de Bayeux, à huit kilomètres de la côte. La 69e Brigade d'infanterie du Brigadier Knox aborde la plage dans un secteur bien défendu. Avec le soutien des chars du 4/7th Royal Dragoons Guards, de la 8e Brigade blindée. Les Britanniques attaquent successivement la position WN 33 puis la WN 34. Le 6th Battalion Green Howards neutralise la position WN 35 tenue par une compagnie de volontaires russes, puis s'empare de la batterie de Mont Fleury. Le 7th Battalion Green Howards débarque en deuxième vague, les Britanniques libèrent Ver-sur-Mer sans rencontrer d'Allemands.

❶ MUSÉE AMERICA GOLD BEACH

Dans ce musée, deux événements historiques sont relatés : le premier vol aéropostal entre la France et les État-Unis en 1927, et le débarquement britannique sur Gold Beach.
Localisation : adresse et téléphone p 231.

❷ VÉHICULE BLINDÉ SEXTON ▸

Ce canon auto-moteur, construit au Canada, utilisait le châssis du char M3 américain.
Localisation : au bord de la D514, dans le centre ville.

❸ MONUMENT 50e DIVISION D'INFANTERIE

Monument dédié aux régiments d'artillerie de la 50e Division d'infanterie Northumbrian.

Localisation : au bord de la D514, dans le centre ville.

❹ MONUMENT HERTFORDSHIRE

Monument à la mémoire du 2nd Battalion Hertfordshire.
Localisation : au bord de la D514, dans le centre ville.

❺ PLAQUE AMIRAL RAMSAY

Plaque rappelant que l'amiral Ramsay, Commandant en chef de la Flotte alliée, résida dans cette maison pendant la bataille.
Localisation : au bord de la D514, dans le centre ville.

❻ PANNEAU 50e DIVISION D'INFANTERIE

Panneau signalant le débarquement des unités de la 50e Division d'infanterie britannique Northumbrian à Ver-sur-Mer.
Localisation : au bord de la D514, sur une voie d'accès à la plage.

❼ PLAQUE 9th BEACH GROUP

Plaque signalant que, de juin à juillet, cette auberge servit de QG à l'état-major du 9th Beach Group de la Marine britannique.
Localisation : en face du Musée America Gold Beach.

Manche

VER-SUR-MER

D514

vers Courseulles-sur-Mer

D112

D65

CRÉPON

VIDECOSVILLE
Manche - 10 km nord-est de Valognes

CARTE P222

REPLI SUR LA FORTERESSE DE CHERBOURG

Le 18 juin 1944, les Forces américaines débarquées à Utah Beach atteignent la côte ouest du Cotentin à Barneville. Le général Collins lance ensuite son VIIᵉ Corps à l'assaut de la forteresse de Cherbourg. A l'est du front, la 4ᵉ Division d'infanterie du général Barton entre dans Montebourg le 20 juin ; le Kampfgruppe Keil qui tenait la ville s'est retiré. Les Allemands opèrent un repli général sur les défenses de Cherbourg. La région du Val de Saire est évacuée, un émetteur de la Luftwaffe est abandonné à Theurtéville-Bocage, ainsi que plusieurs batteries d'artillerie. Le général von Schlieben prend le commandement des troupes encerclées. Malgré quelques arrière-gardes allemandes, les Américains progressent rapidement, et au soir du 20 juin les 8ᵉ, 12ᵉ et 22ᵉ Régiments de la 4ᵉ Division d'infanterie atteignent une ligne Rufosses-Le Theil ; Cherbourg est à une dizaine de kilomètres. Videcosville est libérée dans la progression.

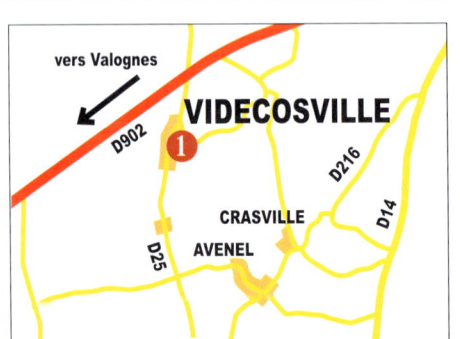

❶ PLAQUE CAPITAINE HAWKINS

Plaque dédiée au capitaine A. Hawkins, de la 82ᵉ Division aéroportée américaine. *Localisation : sur un bâtiment, face à l'église.*

La tête de pont

VIERVILLE-SUR-MER
Calvados - 20 km nord-est de Bayeux

CARTE P221

LA BIG RED ONE OUVRE LA VOIE DE LA LIBERTÉ

Le 6 juin 1944, après les vagues de bombardiers qui passent au-dessus d'Omaha Beach vers 6 heures, dix-sept navires de guerre ouvrent le feu simultanément sur les défenses de la plage. La première vague d'assaut aborde Omaha vers 6 h 30. Les barges s'échouent à 50 mètres des plages ; les Rangers, les soldats des 1re et 29e Divisions d'infanterie américaine, lourdement équipés, pataugent jusqu'au sable sec. Ils découvrent alors que les Allemands ne sont pas tous morts ; mitrailleuses et canons déciment les premières compagnies, empêtrées dans les obstacles. A 8 h 30, les plages sont surchargées de véhicules ; l'ordre est donné de cesser tout débarquement. Vers 10 h 30, les hommes du 116e Régiment d'infanterie et du 5e Rangers s'élancent à l'assaut, et réussissent à percer. Au soir Vierville-sur-Mer est libérée ; une contre-attaque allemande est repoussée et une sortie, la seule du secteur, est aménagée avec les bulldozers.

❶ MUSÉE OMAHA D-DAY ▲

Ce musée est consacré au Débarquement sur le secteur d'Omaha Beach. On y trouve du matériel et de l'équipement varié : radio, optique, génie qui mettent en relief les avancées technologiques en temps de guerre. Quelques engins et une dizaine de mannequins des deux camps complètent cette collection originale. Du matériel de guerre est exposé à l'extérieur : canon allemand Pak 88, cloche blindée…
Localisation : adresse et téléphone p 231.

❷ PLAQUE OPÉRATION AQUATINT

Plaque commémorant l'opération *Aquatint* menée le 12 septembre 1942 par un Commando britannique dirigé par le Major March Philipps.

Le raid fut un échec, seulement trois hommes parvinrent à s'échapper.

Cloche blindée d'observation allemande (musée D Day Omaha)

213

La tête de pont

Monument à la mémoire des unités de la Garde Nationale

Localisation : sur le muret qui borde la plage, au lieu-dit Les Moulins.

3 MONUMENT GARDE NATIONALE ▲

Monument à la mémoire des unités de la Garde Nationale qui participèrent

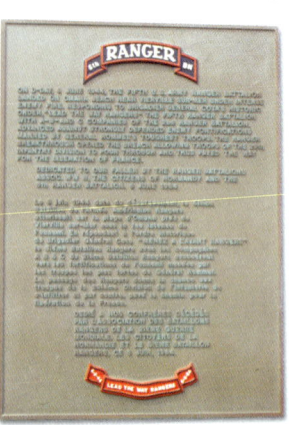

Plaque du 5e Bataillon de Rangers américain

à l'assaut du Jour J, les 6 et 7 juin 1944.
Localisation : au bord de la D517, à l'est du bourg.

4 PLAQUE 5e BATAILLON DE RANGERS ◄

Plaque commémorant les combats du 5e Bataillon de Rangers américain, qui a débarqué sur Omaha Beach le 6 juin 1944.
Localisation : au bord de la D517, à la sortie est du bourg, sur un mur à droite.

5 STÈLE 6e BRIGADE SPÉCIALE DU GÉNIE

Stèle à la mémoire de tous les soldats de la 6e Brigade Spéciale du Génie, qui ont combattu et sont morts pour la liberté. « *The fight for the first thousand yards* » (colonel Paul Thomson).
Localisation : au bord de la D517, à la sortie est du bourg.

6 STÈLE 29e DIVISION D'INFANTERIE

Stèle dédiée à la 29e Division d'infanterie américaine, commandée

par le général Gerhardt, qui a débarqué sur Omaha Beach le 6 juin 1944.
Localisation : au bord de la D517, à la sortie est du bourg.

7 MONUMENT PREMIER CIMETIÈRE AMÉRICAIN ▼

Monument indiquant l'emplacement du premier cimetière américain en Normandie, sur la plage

Monument du premier cimetière américain

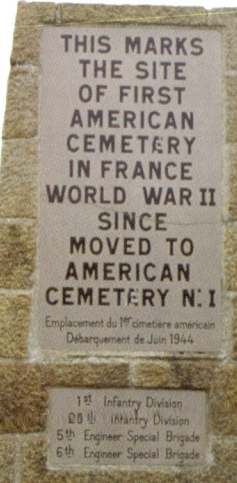

d'Omaha Beach.

Localisation : au bord de la D517 (route côtière), sur la gauche à 500 m à partir des Moulins, au niveau des terrains de tennis (en contrebas de la route, descendre quelques marches).

8 PLAQUE 29e DIVISION D'INFANTERIE

Plaque commémorant la destruction du mur antichar qui barrait la sortie D1 de la plage, par le génie de la 29e Division d'infanterie américaine.

Passerelle Mulberry

Localisation : en face du monument à la Garde Nationale, de l'autre côté de la route sur le mur.

9 PASSERELLE MULBERRY ▲

Cette passerelle est un élément du port artificiel d'Omaha Beach, détruit le 19 juin par une tempête. *Localisation : au bord de la D517, dans la descente vers la plage.*

10 PLAQUES 81st CM BATAILLON - 110th FA BATTALION

Deux plaques à la mémoire du 81st Chemical Mortar Battalion, et de la batterie B du 110th Field Artillery Battalion. *Localisation : sur le mur de l'église.*

11 STÈLE 58th ARMORED BATTALION ◄

Stèle dédiée au 58th Armored Field Artillery Battalion. *Localisation : près du monument de la Garde Nationale.*

12 PLAQUE QG 11th PORT

Plaque rappelant que le quartier général du 11th Port fut installé dans ce château, du 8 juin au 21 juillet 1944. *Localisation : sur la D514, à la sortie ouest de Vierville.*

Stèle dédiée au 58th Armored Field Artillery Battalion.

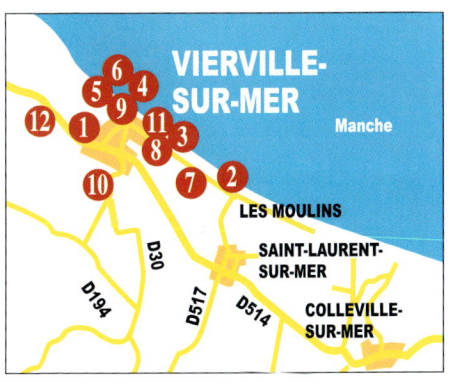

Le Chaudron de Falaise

VILLERS-BOCAGE
Calvados - 20 km sud-ouest de Caen

CARTE P224

PERCH : UN ÉCHEC POUR LES RATS DU DÉSERT

La prise de Caumont-l'Éventé par les Américains, le 13 juin 1944, met en danger le flanc ouest du front allemand. Au même moment, le général Montgomery lance l'opération *Perch*, à la frontière des Ve Corps américain et XXXe Corps britannique. Le 13 juin, à l'aube, la 7e Division blindée britannique, commandée par le général Erskine, doit contourner les lignes de la Panzer-Lehr-Division. La progression est rapide, une avant-garde de la 22e Brigade blindée entre dans Villers-Bocage vers 8 heures, sans combat. Les unités s'échelonnent dans le bourg et sur la route de Caen. Brusquement, vers 9 heures, une attaque de la 2e Compagnie de la SS-Panzer-Abteilung 101, menée par l'Obersturmführer Wittmann, anéantit la colonne britannique. L'opération *Perch* est un échec, et pour les habitants de Villers-Bocage, cela signifie sept semaines d'occupation supplémentaires. Le 30 juillet, débute l'offensive *Bluecoat*, qui aboutit le 3 août à un retrait stratégique des Allemands. Les Britanniques libèrent définitivement Villers-Bocage le 4 août.

❶ STÈLE 7e DIVISION BLINDÉE ▸

Stèle dédiée aux soldats de la 7e Division blindée britannique, qui sont morts à Villers-Bocage, dans les combats du 13 juin 1944.
Localisation : à l'entrée est du bourg, à un carrefour.

❷ STÈLE CAPITAINE RAREY ▾

Stèle à la mémoire du capitaine Georges Rarey, pilote américain du 366th Fighter Group, dont l'appareil P47 Thunderbolt s'est écrasé à cet endroit le 27 juin 1944.
Localisation : 1 km à l'ouest du bourg, à la jonction de la D67 et de la D71.

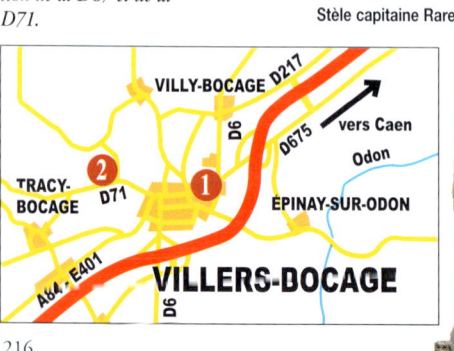

Stèle capitaine Rarey

216

CARTE P220

VILLONS-LES-BUISSONS
Calvados - 8 km nord de Caen

COMBATS DE RUE AUX BUISSONS

Le 6 juin 1944 en milieu de matinée, Bernières-sur-Mer est libérée par les Canadiens. Mais les troupes qui débarquent sans cesse provoquent un embouteillage. La 9e Brigade de la 3e Division d'infanterie, commandée par le Brigadier Cunningham, atteint la plage en deuxième vague et perd un temps précieux pour s'extraire de cet encombrement. Au soir du Jour J, les Canadiens du North Nova Scotia Highlanders s'arrêtent à Villons, à quelques kilomètres de Caen. Le lendemain à 5 heures du matin, les Canadiens reprennent leur avance, chars de reconnaissance en tête. La 9e Brigade a pour objectif l'aérodrome de Carpiquet. Les Canadiens bousculent les Allemands, et repoussent les grenadiers hors du village des Buissons, après des combats de rue. Ils poursuivent ensuite vers Buron.

❶ MONUMENT 9e BRIGADE ▸

Monument à la mémoire des soldats de la 9e Brigade d'infanterie, qui ont combattu dans ce secteur, surnommé « Hell's corner », « Le coin de l'enfer », du 7 juin au 7 juillet 1944.
Localisation : au bord de la D220, à la sortie ouest du bourg.

❷ PLAQUE STORMONT DUNDAS AND GLENGARRY HIGHLANDERS

Sur la façade du château de Villons-les-Buissons, une plaque est dédiée aux soldats du régiment The Stormont, Dundas and Glengarry Highlanders, de la 9e Brigade d'infanterie.
Localisation : dans le centre du bourg (Non visible, propriété privée).

❸ STÈLE AÉRODROME B16

Stèle commémorant l'aérodrome allié B16. Sous le commande-ment du groupe N°84 de la Seconde Force Tactique Aérienne, des escadrilles britanniques et norvégiennes y furent basées en août et septembre 1944.
Localisation : au bord de la D220, à la sortie ouest du bourg

❹ MONUMENT COMBATTANTS NORVÉGIENS ▾

Monument dédié aux combattants norvégiens de la Seconde Guerre mondiale.
Localisation : au bord de la D79, à l'entrée du bourg.

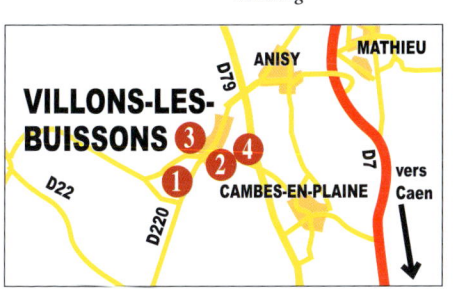

Monument combattants norvégiens

Le Chaudron de Falaise

VIMOUTIERS
Orne - 27 km sud de Lisieux

CARTE P225

UN SURSIS POUR LES ALLEMANDS ENCERCLÉS

La poche de Falaise est fermée le 19 août par les Alliés à Chambois ; des milliers de soldats de la 7e Armée allemande sont encerclés. Le nouveau commandant du front ouest, le Maréchal Model, ordonne une contre-attaque de l'extérieur. C'est le IIe SS-Panzer-Korps, avec des moyens dérisoires, qui est chargé de la manœuvre le 20 août. La coordination entre les unités du Panzer-Korps et les encerclés est loin d'être parfaite, mais le contact est rétabli. Les premiers à sortir du Kessel sont les parachutistes du général Meindl. Quelques milliers d'hommes s'échappent encore du piège, mais le 21 août, vers midi, la poche est définitivement fermée. Les Allemands établissent une ligne de résistance provisoire autour de Vimoutiers, mais c'est le début de la retraite allemande jusqu'à la Seine.

① CHAR ALLEMAND TIGRE ▲

Ce char allemand fut le plus redoutable ennemi des blindés alliés. Le Tigre type E était équipé d'un canon de 88 mm, son blindage frontal atteignait 100 mm et son pilotage nécessitait un équipage confirmé. Son coût de production était élevé : pour un char Tigre l'industrie du Reich pouvait presque fabriquer trois avions M 109.
Localisation : au bord de la D979, à la sortie ouest de la ville.

② PLAQUE 2e DIVISION D'INFANTERIE

Plaque dédiée au 8e Régiment de reconnaissance, de la 2e Division d'infanterie canadienne, qui a libéré la ville.
Localisation : sur un mur à droite de l'église

YVETOT-BOCAGE

Manche - 3 km sud-ouest de Valognes

CARTE P222

Un port pour la tête de pont alliée

Le 19 juin 1944, les forces allemandes du Cotentin passent sous le commandement du général von Schlieben. La presqu'île va être défendue par la 709ᵉ Division d'infanterie, l'unité la plus solide, par des éléments de trois autres unités déjà affaiblies, et une partie de la 77ᵉ Division qui arrivait de Bretagne et s'est retrouvée divisée avec la coupure du Cotentin. En face, les Américains attaquent avec trois divisions à plein effectif. Le 19 juin, ils percent à l'ouest de Montebourg ; les Allemands, profitant de la pluie, se replient sur l'axe Valognes-Quettehou. Le lendemain, 20 juin, la 79ᵉ Division d'infanterie américaine est devant Valognes et contourne la ville par l'ouest ; Yvetot-Bocage est libérée. Le lendemain, des patrouilles de la 4ᵉ Division d'infanterie découvrent Valognes, vide d'ennemis. La forteresse de Cherbourg se rend le 26 juin. Le général von Schlieben et l'amiral Hennecke sont conduits au château de Servigny près d'Yvetot-Bocage, poste de commandement du général Collins, où ils signent l'acte de reddition.

❶ Plaque de la reddition

Cette plaque commémore l'acte de reddition signé au château de Servigny, le 26 juin 1944, par le général Von Schlieben, commandant de la forteresse de Cherbourg et l'amiral Hennecke, avec le général Collins, chef du VIIᵉ Corps d'armée américain.

Localisation : au nord du bourg, sur la D87, sur le mur d'entrée de la porte principale du château de Servigny (propriété privée).

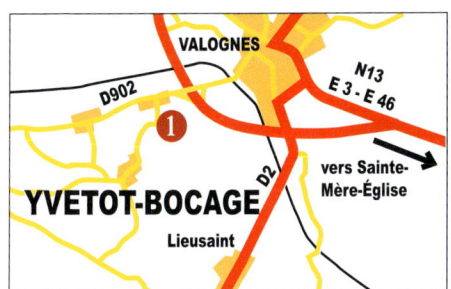

La tête de pont *Gold Beach, Juno Beach, Sword Beach*

Manche

M Musées ✝ Cimetières

GOLD BEACH

JUNO BEACH

SWORD BEACH

M COURSEULLES-SUR-MER

M ARROMANCHES-LES-BAINS
SAINT-CÔME-DE-FRESNÉ

M MERVILLE-FRANCEVILLE

LA BRÈCHE D'HERMANVILLE

LION-SUR-MER

LANGRUNE-SUR-MER
SAINT-AUBIN-SUR-MER
BERNIÈRES-SUR-MER

GONNEVILLE-EN-AUGE
GONNEVILLE-SUR-MER
GRANGUES
VARAVILLE
PETIVILLE
ROBEHOMME
BAVENT
LE MESNIL
HÉROUVILLETTE

SALLENELLES
LE HAUGER
AMFREVILLE
BRÉVILLE

BURES-SUR-DIVES

A13 - E46

OUISTREHAM M

ST-AUBIN-D'ARQUENAY
RANVILLE ✝ M
BÉNOUVILLE
BLAINVILLE-SUR-ORNE

COLLEVILLE M
MONTGOMERY
CRESSERONS
DOUVRES-LA-
DÉLIVRANDE M
HERMANVILLE-S-MER
ANGUERNY
PÉRIERS-
SUR-LE-DAN
BIÉVILLE-SUR-ORNE
BRETTEVILLE-L'ORGUEILLEUSE

LUC-SUR-MER
BASLY
BÉNY-SUR-MER
REVIERS ✝
SAINTE-CROIX-S-MER

FONTAINE-HENRY
COLOMBY-S-THAON
THAON
ANISY
VILLONS-LÈS-BUISSONS
SECQUEVILLE-EN-BESSIN ✝

CAEN

Calvados

VER-SUR-MER
ASNELLES M
GRAYE-SUR-MER

CRÉPON
BAZENVILLE
TIERCEVILLE ✝
CREULLY
LANTHEUIL
LE FRESNE
CAMILLY
MARTRAGNY
A13 - E46
BROUAY ✝
PUTOT-EN-BESSIN
NORREY-EN-BESSIN

PORT-EN-BESSIN M
LONGUES-SUR-MER
VAUX-SUR-AURE
SOMMERVIEU
SAINT-VIGOR-
LE-GRAND

ÉTREHAM
TOUR-EN-BESSIN
✝ M **BAYEUX**
DUCY-SAINTE-MARGUERITE
CHOUAIN ✝

Échelle

0 km   10 km   20 km

La tête de pont *Omaha Beach, Utah Beach*

M Musées **✝** Cimetières

Échelle

0 km   10 km   20 km

M CHERBOURG

RÉVILLE

VIDECOSVILLE

Manche

Manche

QUINÉVILLE **M**

VALOGNES

MONTEBOURG

YVETOT-BOCAGE

HÉMEVEZ   CRISBECQ **M**

COLOMBY   AZEVILLE **M**

MAGNEVILLE   SAINT-MARCOUF

NEHOU **M**   ✝ ORGLANDES

LA BONNEVILLE

BARNEVILLE-CARTERET

PICAUVILLE

N°13 E3 - E46

La percée d'Avranches

LITHAIRE

SAINT-JORES

LA HAYE-DU-PUITS   ▲ Mont Castre   CARENTAN

LE PLESSIS LASTELLE   MÉAUTIS

LESSAY   ST-GERMAIN-S-SÈVES   GRAIGNES

SAINTENY   ST-FROMOND

MILLIÈRES   LA VARDE   AIREL

PÉRIERS   LE DÉZERT   SAINT-CLAIR-SUR-ELLE

LE MESNILBUS   MARCHÉSIEUX   ST-GEORGES-D'ELLE

LA CHAPELLE-EN-JUGER   CLOVILLE

MARIGNY ✝   SAINT-LÔ

COUTANCES   CONDÉ-SUR-VIRE

Manche   *Manche*

GRIMESNIL

CÉRENCES

A84 - E401

Calvados

GRANVILLE   VIRE

VILLEDIEU-
LES-POÊLES

JULLOUVILLE

M AVRANCHES

PONTAUBAULT   MORTAIN

✝ HUISNES-SUR-MER

SERVON   *Échelle*

0 km   10 km   20 km

SAINT-JAMES
✝

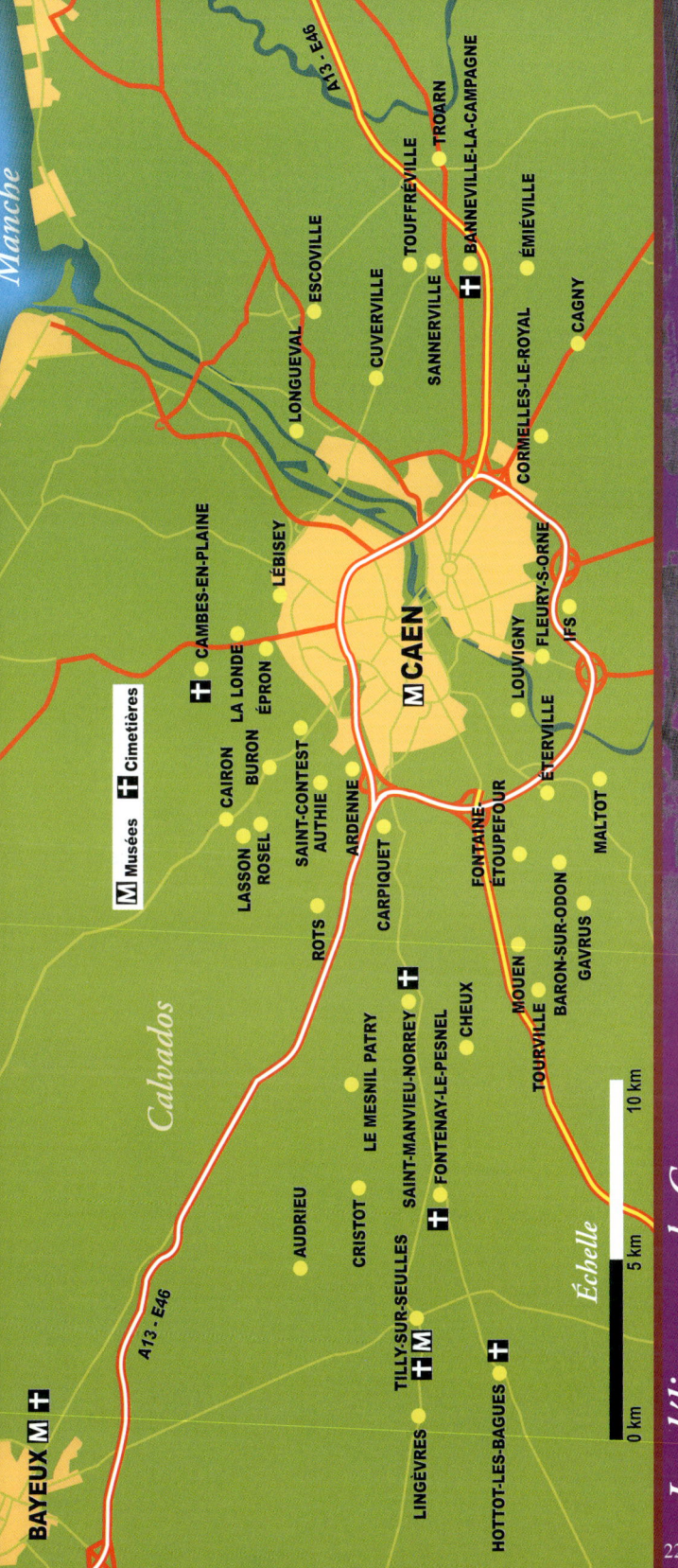

La délivrance de Caen

223

Le Chaudron de Falaise

M Musées **✝** Cimetières

M CAEN

ST-MARTIN DE FONT.

NOYERS-BOCAGE

ST-ANDRÉ-S-ORNE
ÉVRECY

CONTEVILLE
ST-AIGNAN-
DE-CRAM.

VILLERS-BOCAGE

MAY-SUR-ORNE
LAIZE-LA-VILLE

A84 - E401

FONTENAY-LE-MARMION
CINTHEAUX

✝

SAINT-
SYLVAIN

M
SAINT-MARTIN-DES-BESACES

URVILLE

GRAINVILLE-LANGANNERIE **✝**

THURY-HARCOURT

BOIS HALBOUT

MONT PINÇON ▲
LE PLESSIS GRIMOULT

FONTAINE-LE-PIN
CLAIR TISON

LE BÉNY-BOCAGE

POTIGNY

✝
SAINT-CHARLES-DE-PERCY

PÉRIGNY

VIRE

PROUSSY

PONT-D'OUILLY

FALAISE **M**

CHÊNEDOLLÉ
VIESSOIX

SAINTE-HONORINE-
LA-CHARDONNE

LE MESNIL VILLEMENT

NOTRE-DAME-DES-ROCHERS

AUBUSSON

HABLOVILLE

SAINT-GEORGES-DES-GROSEILLERS

M FLERS

Manche

BRIOUZE

LA FERTÉ-MACÉ

Mayenne

Échelle

0 km   10 km   20 km

A13 - E46

LE BREUIL-EN-AUGE
BLANGY-LE-CHÂTEAU

ANNEBAULT
CABOURG
DOZULÉ

SAINT-DÉSIR
✝

LISIEUX

MÉZIDON-CANON

Calvados

ESTRÉES-LA-CAMPAGNE

JORT

VIMOUTIERS

COUDEHARD
TRUN   Ⓜ MONTORMEL
SAINT-LAMBERT-SUR-DIVES
TOURNAI-SUR-DIVES
CHAMBOIS

LE BOURG-SAINT-LÉONARD
EXMES

Ⓜ L'AIGLE

ARGENTAN

ÉCOUCHÉ
FLEURÉ

SAINT-CHRISTOPHE-LE-JAJOLET
BOUCÉ   MORTRÉE

MAHÉRU

SÉES

Orne   TANVILLE

✝ ÉCOUVES-LE GATEY

ALENÇON Ⓜ

Sarthe

A28 E402

225

Le cimetière américain de Colleville Saint-Laurent-sur-Mer

LES MUSÉES

● Musée Leclerc

31, rue du Pont Neuf
61000 Alençon
Tél. : 02 33 26 27 26
Ouvert tous les jours sauf
dimanche et jours fériés, de
10 h à 12 h et de 14 h à 18 h.
Ce musée est situé dans une
maison, près de la Sarthe, où le
général Leclerc établit
temporairement son quartier
général au mois d'août 1944.
Deux salles au premier étage
de ce petit musée retracent, à
l'aide de documents, d'archives
et de photographies, l'histoire
de la ville d'Alençon pendant
l'Occupation, ainsi que sa
libération par la 2e Division
Blindée. Au rez-de-chaussée du
même bâtiment se trouve le
Musée de la dentelle « au point
d'Alençon ».

● Musée du Débarquement

Place du 6 juin
14117 Arromanches-les-Bains
Tél. : 02 31 22 34 31
Fax : 02 31 92 68 83
✉ info.arromanches@
normandy1944.com
🖥 www.normandy1944.com
Fermé en janvier, ouvert en
février, novembre et décembre
de 10 h à 12 h 30 et de 13 h 30
à 17 h, en mars et octobre de
9 h 30 à 12 h 30 et de 13 h 30
à 17 h 30, en avril de 9 h à
12 h 30 et de 13 h 30 à 18 h,
de mai à août de 9 h à 19 h, en
septembre de 9 h à 18 h.
Ce musée, inauguré en 1954,
explique à l'aide de maquettes
et de films vidéo, comment fut

Le Cinéma circulaire d'Arromanches-les-Bains

relevé le formidable défi
technique du port artificiel
d'Arromanches. La libération de
la Normandie est racontée sous
forme de vitrines consacrées
aux Nations qui ont combattu
sur le champ de bataille. À
l'extérieur plusieurs matériels
d'époque sont exposés.

● Arromanches 360

Chemin du Calvaire BP 9,
14117 Arromanches-les-Bains
Tél. : 02 31 22 30 30
Fax : 02 31 22 33 55
✉ contact@arromanches360.com
🖥 www.arromanches360.com
Fermé en janvier, ouvert tous
les jours.
Dans une salle circulaire de
neuf écrans, on peut regarder
un film de 18 minutes intitulé
Le Prix de la Liberté, un
montage de reportages de 1944
et d'images contemporaines.

● Musée de la Seconde Guerre mondiale

Le Val Saint-Père
50300 Avranches

Tél. : 02 33 68 35 83
Fax : 02 33 68 35 83
Ouvert tous les jours du 1er avril
au 11 novembre.
Ce musée relate la percée décisive d'Avranches. Des mannequins en uniforme, du matériel
et de l'équipement font revivre
des deux côtés, allemand et
américain, les combats de cet
épisode de la Bataille de
Normandie ; on peut aussi voir
un film qui retrace les combats.

● Musée de la batterie

La Rue, 50310 Azeville
Tél. : 02 33 40 63 05
Fax : 02 33 40 63 06
✉ musee.azeville@cg50.fr
Ouvert d'avril à mai de 14 h à
18 h, de juin à septembre de
11 h à 18 h. Hors saison :
contacter le musée.
Cette position d'artillerie côtière
comportait de nombreux blockhaus, abris et pièces souterrai-
nes. On peut en visiter une partie qui a été restaurée et circuler dans les tunnels de liaison.
La visite est complétée par un
film sur le Mur de l'Atlantique.

● Musée de la Bataille de Normandie

Boulevard Fabian Ware,
14400 Bayeux
Tél. : 02 31 51 46 90
Fax : 02 31 51 46 91
✉ museedelabataille@
mairie-bayeux.fr
Ouvert du 1er mai au
15 septembre, de 9 h 30 à
18 h 30, et du 16 septembre
au 30 avril, de 10 h à 12 h 30
et de 14 h à 18 h.
Fermé le 25 décembre et le
1er janvier, les matins du
26 décembre et du 2 janvier,
et du 15 au 30 janvier.

Le musée de la Seconde Guerre mondiale, près d'Avranches

Ce musée présente chronologiquement et thématiquement la Bataille de Normandie. Un film relate l'épisode final de la Poche de Falaise. Deux salles, Overlord et Eisenhower, exposent armes, uniformes et matériels. À l'extérieur plusieurs blindés des deux camps sont exposés.

● **Musée Mémorial du général de Gaulle**
10, rue Bourbesner,
14400 Bayeux
Tél. : 02 31 92 45 55
Fax : 02 31 51 46 91
Ouvert du 1er juin au 31 août, de 9 h 30 à 12 h 30 et de 14 h à 18 h 30, et du 1er septembre au 30 novembre et du 1er mars au 31 mai de 10 h à 12 h 30 et 14 h à 18 h. Fermé du 1er décembre au 28 février.
Le Mémorial est installé dans un hôtel du XVe et XVIIe siècle, où résidait le Gouverneur de l'époque. Ce bâtiment abrita le premier siège de l'autorité républicaine de la France libérée. On y trouve relatée les visites du général de Gaulle à Bayeux, et surtout le discours du 16 juin 1944. Photographies, souvenirs, textes et documents, films d'archives illustrent ces événements.

● **Mémorial de Caen**
Esplanade D. D. Eisenhower
BP 6261, 14066 Caen CEDEX 4
Tél. : 02 31 06 06 44
Fax : 02 31 06 01 70

⊡ contact@memorial-caen.fr
☞ www.memorial-caen.fr
Fermé du 2 au 18 janvier, et le 25 décembre. Ouvert tous les jours de 9 h à 19 h, de 9 h à 18 h en hiver et 9 h à 20 h en été.
Ce musée « pour la paix » a été érigé sur l'ancien emplacement du bunker de commandement du général allemand Richter. Inauguré en 1988, il présente les enjeux politiques et stratégiques du XXe siècle. À travers un parcours scénographique en cinq étapes, il retrace les grands moments de la Seconde Guerre mondiale et de la guerre froide. Une galerie des Prix Nobel de la Paix est installée en sous-sol.

● **Musée de la Libération**
Cherbourg Octeville
Fort du Roule
Tél. : 02 33 20 14 12
Fax : 02 33 20 14 12
Ouvert du 1er octobre au 30 avril, du mercredi au dimanche de 14 h à 18 h, et du 1er mai au 30 septembre, tous les jours de 10 h à 12 h et de 14 h à 18 h (fermé le lundi matin et le dimanche matin).
Le musée est situé dans un fort du Second empire, au sommet de la montagne du Roule. Ni arme, ni uniforme dans ce musée qui retrace à travers un parcours scénographique les années d'occupation, le Débarquement et le rôle du

port de Cherbourg dans l'approvisionnement des Forces alliées.

● **Batterie Hillman**
Rue du Suffolk Regiment
14480 Colleville-Montgomery
Ouvert en juillet et août, tous les mardi, contacter l'association Les Amis du Suffolk Regiment (Siège de l'association à la mairie : 3, rue Grande
14880 Colleville-Montgomery)
Tél. : 02 31 97 12 61
Fax : 02 31 97 44 63
⊡ suffolk@amis-du-suffolk-rgt.com
☞ www.amis-du-suffolk-rgt.com
La batterie de Colleville-Montgomery était inachevée le 6 juin 1944, elle comportait de nombreux blockhaus reliés par des souterrains et des tranchées. Le dégagement du site par l'association a débuté en 1990.

● **Musée des Épaves sous-marines**
Route de Bayeux, 14520 Commes-Port-en-Bessin
Tél. : 02 31 21 17 06
Ouvert du 1er juin au 30 septembre, tous les jours de 10 h à 12 h et de 14 h à 18 h.
Pendant 25 ans, le conservateur du musée a plongé, fouillant les fonds marins des plages du Débarquement, pour remonter à la surface de nombreux objets familiers qui appartenaient aux soldats alliés. Il a également extrait du sable des pièces importantes : canons, chars… Le musée raconte cette aventure à travers films et photos.

● **Centre Juno Beach**
Voie des Français libres, BP 104, 14470 Courseulles-sur-Mer
Tél. : 02 31 37 32 17
Fax : 02 31 37 83 69
⊡ contact@junobeach.org
☞ www.junobeach.org
Fermé en janvier. Ouvert tous les jours de 10 h à 13 h et de 14 h à 17 h du 1er février au 31 mars, de 9 h 30 à 19 h du 1er avril au 30 septembre, de 10 h à 13 h et de 14 h à 18 h du 1er octobre au 31 décembre.
Le Centre Juno Beach a pour vocation d'expliquer le rôle du Canada dans la Deuxième Guerre mondiale, et de présen-

Le Mémorial du général de Gaulle à Bayeux

Le musée de la batterie de Merville

ter la société canadienne contemporaine. On peut y découvrir plusieurs espaces d'exposition permanente et temporaire, qui font largement appel aux nouvelles technologies de l'information et de la communication.

● **Musée du radar**
Route de Basly
14440 Douvres-la-Délivrande
Tél. : 02 31 06 06 45
Fax : 02 31 06 01 66
✉ resa@memorial-caen.fr
☞ www.memorial-caen.fr
Ouvert du 1er juillet au 31 août, tous les jours de 10 h à 18 h.
Ce musée est implanté sur le site d'une ancienne base radar allemande fortifiée. Dans deux bunkers intacts une scénographie explique l'évolution et le fonctionnement des radars. À l'extérieur on peut observer un rare modèle de radar allemand Würzburg.

● **Musée août 1944**
Chemin des Roches
14700 Falaise
Tél. : 02 31 90 37 19
Fax : 02 33 24 36 99
Ouvert du 1er avril au 11 novembre de 10 h à 12 h et de 14 h à 18 h.
Ce musée est installé dans une ancienne fromagerie, au pied du château médiéval, et relate la Bataille de la poche de Falaise. Mannequins et matériels sont mis en situation pour faire revivre les combats de ce mois d'août 1944. Du matériel est également exposé à l'extérieur, dont un canon de 88 mm allemand et un blindé Sexton.

● **Musée du château de Flers**
Château de Flers, 61100 Flers
Ouvert du mardi au vendredi, de 14 h à 17 h 30.

Le château de Flers, du XVIe et XVIIIe siècle, abrite l'hôtel de ville. Outre quelques pièces meublées, d'époque, et une collection de peintures, deux petites salles sont consacrées à la Deuxième Guerre mondiale, l'une évoque la Déportation, l'autre la 11e Division blindée britannique qui libéra la ville en août 1944.

● **Musée des Rangers**
Quai Crampon
14450 Grandcamp-Maisy
Tél. : 02 31 92 33 51
Fax : 02 31 22 99 95
Ouvert du 1er avril au 31 octobre de 10 h à 13 h, et de 15 h à 18 h. Fermé le lundi matin.
Ce musée est consacré aux Rangers américains, qui prirent d'assaut la pointe du Hoc, le 6 juin 1944. Panneaux, objets et uniformes illustrent le destin de ces combattants d'élite.

● **Musée juin 1944**
Place Fulbert de Beina
61302 L'Aigle
Tél. : 02 33 24 19 44
Fax : 02 33 84 94 94
Ouvert d'avril à octobre, les mardi, mercredi, samedi et dimanche, de 14 h à 18 h.
Ce musée retrace la période de l'Appel du 18 juin 1940 jusqu'à la Bataille de la poche de Falaise. Douze scènes historiques constituées de personnages de cire, et sonorisées avec les voix authentiques des principaux acteurs de la Deuxième guerre mondiale (Pétain, De Gaulle, Churchill, Roosevelt, Staline…) en illustrent les principaux épisodes. Une grande carte animée présente les phases principales de la Bataille de Normandie.

● **Musée de la batterie**
Avenue de la batterie
14810 Merville-Franceville Plage
Tél. : 02 31 91 47 53
Fax : 02 31 91 47 53
✉ museebatterie@wanadoo.fr
☞ www.mairiemerville
franceville.fr
Ouvert du 1er avril au 30 septembre, tous les jours de 10 h à 18 h, du 1er octobre au 31 octobre et du 15 mars au 31 mars le lundi, mercredi et le week-end de 10 h à 17 h.
Le musée est installé dans la casemate n° 1 de la batterie. Il retrace les opérations et l'assaut de la position par les parachutistes britanniques. Il présente une importante collection d'armes, de matériels, d'uniformes et de documents liés aux combats.

● **Mémorial de Montormel**
Les Hayettes, 61160 Montormel
Tél. : 02 33 67 38 61
Fax : 02 33 67 38 72
✉ Memorial.montormel@
worldonline.fr
Le Mémorial de Montormel est implanté dans un cadre magnifique, sur le flanc d'une colline qui domine la région. Le Mémorial présente les combats de la poche de Falaise. Un plan relief animé et un spectacle son et lumière illustrent les différentes phases de la bataille. Plusieurs véhicules blindés sont visibles à l'extérieur.

● **Musée Patton**
Nehou 50390, (siège de l'association à la mairie
Tél. : 02 33 41 60 05)
Ce petit musée présente documents et photographies évoquant la présence sur le sol normand, en juin et juillet 1944, du général Patton, l'un des plus célèbres généraux américains.

● **Musée du Mur de l'Atlantique**
106, avenue du 6 juin
14150 Ouistreham
Tél. : 02 31 97 28 69
Fax : 02 31 96 66 05
✉ bunkermusee@aol.com
Ouvert du 1er février au 31 mars et du 1er octobre au 15 novembre de 10 h à 18 h, et du 1er mars au 30 septembre de 9 h à 19 h.
Ce musée est installé dans un

Le musée Patton à Nehou

bunker de dix-sept mètres de haut, un ancien poste de tir du Mur de l'Atlantique. Il fait revivre l'atmosphère des combats grâce à la reconstitution des pièces, sur cinq niveaux, avec du matériel et des mannequins. Au dernier étage on peut observer l'horizon à travers un télémètre allemand. Du matériel lourd peut être observé à l'extérieur.

● **Musée du N° 4 Commando**
Place Alfred Thomas
14150 Ouistreham
Tél. : 02 31 96 63 10
Ouvert tous les jours du 1er mars au 31 novembre de 10 h 30 à 18 h.
Dans ce musée on peut voir maquettes, armes, uniformes et objets retraçant l'action du N° 4 Commando, auquel étaient intégrés les Commandos français du commandant Kieffer. Une maquette à grande échelle présente la prise du blockhaus du casino par les Français.

● **Mémorial de la Liberté retrouvée**
18, avenue de la plage
50310 Quinéville
Tél. : 02 33 95 95 95
Ouvert tous les jours du 1er avril au 11 novembre inclus, de 10 h à 19 h.
On plonge dans le passé avec la visite de ce Mémorial, qui retrace la période de 1940 à 1944. Une rue entière d'un bourg normand sous l'Occupation est reconstituée avec personnages, véhicules, et accessoires. De nombreux objets font revivre le quotidien

de la population. On pénètre à l'intérieur d'un blockhaus qui est attenant au Mémorial. Dans une salle de 55 places on peut voir un film : « de Utah Beach à Cherbourg ».

● **Mémorial Pégasus**
Avenue du major Howard
14860 Ranville
Tél. : 02 31 78 19 44
Fax : 02 31 78 19 42
Fermé en décembre et janvier.
Ouvert du 1er février au 30 avril, de 10 h à 13 h et de 14 h à 17 h, du 1er mai au 30 septembre de 9 h 30 à 18 h 30, et du 1er octobre au 30 novembre de 10 h à 13 h et de 14 h à 17 h.
✉ memorial.pegasus@wanadoo.fr
👁 www.normandy1944.com
Ce musée, inauguré en 2000, est consacré aux troupes aéroportées britanniques. Deux parcours historique et thématique, un plan relief, de nombreux objets, dont la célèbre corne-

muse de Bill Millin, permettent de comprendre l'importance de la mission de la 6e Division aéroportée. A l'extérieur on peut voir l'authentique pont Pegasus, qui manqua de finir à la ferraille, et une reproduction d'un planeur anglais Horsa.

● **Musée Omaha 6 juin 1944**
Avenue de la Libération
14710 Saint-Laurent-sur-Mer
Tel. : 02 31 21 97 44
Fax : 02 31 92 72 80
✉ musee-memorial-omaha@wanadoo.fr
👁 www.musee-memorial-omaha.com
Ouvert du 15 février au 15 mars, de 10 h à 12 h 30 et 14 h 30 à 18 h, du 16 mars au 15 mai et du 15 septembre au 15 novembre, de 9 h 30 à 18 h 30, et du 16 mai au 14 septembre, de 9 h 30 à 19 h. (juillet et août jusqu'à 19 h 30). Ce musée raconte les opérations de débarquement sur la plage d'Omaha Beach et à la Pointe du Hoc. Des armes, des véhicules et de nombreux matériels provenant d'Omaha Beach sont présentés. À l'extérieur, on peut voir une péniche de débarquement, un char Sherman et un canon longue portée.

● **Musée de la Batterie de Crisbecq**
Route des manoirs
50310 Saint-Marcouf-de-L'Île
Tél. : 06 86 10 80 59
Ouvert en avril, octobre et novembre de 14 h à 18 h, en mai juin et septembre de 10 h à 18 h, en juillet et août de 10 h à 19 h. Ouvert hors saison pour les groupes sur rendez-vous.

Le musée du N° 4 Commando à Ouistreham

Située sur la commune de Saint-Marcouf, cette batterie d'artillerie côtière de marine comportait quatre pièces tchèques de 210 mm, d'une portée de trente-trois kilomètres. Sa résistance face aux Américains valut la Croix de Chevalier à son chef : le lieutenant Walter Ohmsen. Sur quatre hectares, on peut visiter 19 blockhaus restaurés, équipés de matériels d'époque et reliés par un kilomètre de tranchée.

Le musée de la Bataille de Tilly-sur-Seulles

● Musée de la Percée du bocage

5 rue du 19 mars 1962
14350 Saint-Martin-des-Besaces
Tél. : 02 31 67 52 78
Fax : 02 31 67 18 79
✉ bluecoat@wanadoo.fr
Ouvert du 1ᵉʳ juin au
15 septembre de 10 h à 12 h et 14 h à 18 h sauf le mardi, et en mai les week-ends et jours fériés de 10 h à 12 h et 14 h à 18 h.
Ce musée retrace les combats des soldats britanniques et de la Résistance, qui ont participé à la libération du Bocage. Huit espaces scénographiques, des photographies, un diorama et des mannequins illustrent cette période de la Bataille de Normandie.

● Musée des archives Omaha 1944

La Vallée, 14520 Sainte-Honorine-des-Pertes
Ouvert en été, tous les jours sauf le lundi, de 10 h à 12 h 30 et de 14 h à 18 h 30.
Tél. : 06 82 79 39 86
Ce petit musée est dédié au débarquement de la 1ʳᵉ Division d'infanterie américaine sur Omaha Beach. Objets d'époque, photos, et vidéos retracent les combats.

● Musée du Débarquement d'Utah Beach

Plage de La Madeleine
50480 Sainte-Marie-du-Mont
Tél. : 02 33 71 53 35
Fax : 02 33 71 92 36
✉ musee.utahbeach@wanadoo.fr
✆ www.utah-beach.org
Ouvert de juin à septembre de 9 h 30 à 19 h, en avril, mai et octobre de 10 h à 12 h 30 et de 14 h à 18 h, et de novembre à mars (week-ends, jours fériés et vacances scolaires) de 10 h à 12 h 30 et de 14 h à 17 h 30. Face à la plage d'Utah Beach, ce musée relate, au moyen de maquettes, d'objets et d'archives, le déroulement du Débarquement des troupes Américaines. Des engins (char, canon, péniche…) sont visibles à l'extérieur du musée.

● Musée Airborne

14, rue Eisenhower
50480 Sainte-Mère-Église
Tél. : 02 33 41 41 35
Fax : 02 33 41 78 87
✉ musee.airborne@wanadoo.fr
✆ www.airborne-museum.org
Ouvert tous les jours du
1ᵉʳ février au 31 mars et du
1ᵉʳ octobre au 30 novembre, de 9 h 30 à 12 h et de 14 h à 18 h, et du 1ᵉʳ avril au 30 septembre, de 9 h à 18 h 45. Fermé du
1ᵉʳ décembre au 31 janvier.
Implanté dans un espace arboré, ce musée est composé de deux bâtiments. Le premier, en forme de parachute, abrite un planeur américain Waco, et de nombreuses vitrines présentant armes, matériels et équipements. On peut visionner un film retraçant les événements du 5 au 6 juin 1944. Le deuxième bâtiment présente un avion de transport Douglas C47, des mannequins en uniformes et des souvenirs d'époque ; un film illustre ces différents sujets. À l'extérieur, un char Sherman et une pièce d'artillerie sont exposés.

● Musée de la Bataille de Tilly-sur-Seulles

Chapelle Notre Dame du Val
14250 Tilly-sur-Seulles
Tél. : 02 31 80 92 10
Fax : 02 31 80 72 89
Ouvert en mai et septembre, tous les week-ends et jours fériés, et du 1ᵉʳ juin au 31 août tous les jours.
Situé dans une chapelle, ce musée retrace les violents combats de Tilly-sur-seulles en juin 1944 ; documents, photographies, mannequins et objets retrouvés sur le champ de bataille illustrent cet épisode.

● Musée America Gold Beach

Musée America Gold Beach
Centre Saint-Exupéry
2, place amiral Byrd
14114 Ver-sur-Mer
Tél. : 02 31 22 58 58
Fax : 02 31 22 58 58
✉ jean-pierre122@wanadoo.fr
Ouvert du 1ᵉʳ mai au 31 octobre de 10 h 30 à 13 h 30 et de 14 h 30 à 17 h 30. Fermé le mardi en mai, juin, septembre et octobre. Ouvert tous les jours en juillet et août.
Dans ce musée, deux événements historiques sont relatés, d'une part le premier vol aéropostal entre la France et les États-Unis en 1927, et d'autre part le débarquement britannique sur Gold Beach.
L'essentiel des documents, objets et photos présentés a été offert par des vétérans des combats.

● Musée D Day Omaha

Route de Grandcamp-Maisy
14710 Vierville-sur-Mer
Tél. : 02 31 21 71 80
Fax : 02 31 21 71 80
✆ www.dday-omaha.com
Ouvert du 1ᵉʳ avril au 31 mai et du 1ᵉʳ octobre au 11 novembre, de 10 h à 12 h 30 et de 14 h à 18 h, et du 1ᵉʳ juin au

30 septembre, de 9 h 30 à 19 h 30.

Ce musée est consacré au Débarquement sur le secteur d'Omaha Beach. On y trouve du matériel et de l'équipement varié : radio, optique, génie qui mettent en relief les avancées technologiques en temps de guerre. Quelques engins et une dizaine de mannequins des deux camps complètent cette collection originale. Du matériel de guerre est exposé à l'extérieur.

Le musée des épaves sous-marines, près de Port-en-Bessin

LES OFFICES DE TOURISME

● **NORMANDIE**

Comité régional de tourisme de Normandie
14, rue Charles Corbeau
F27000 Evreux
Tél. : 02 32 33 79 00
Fax : 02 32 31 19 04
🖃 info@normandie-tourisme.org
☞ www.normandy-tourism.org

● **CALVADOS**

Comité régional de tourisme du Calvados
8 rue Renoir
14054 Caen CEDEX 4
Tél. : 02 31 27 90 30
Fax : 02 31 27 90 35
🖃 cdt@cg14.fr
☞ www.calvados-tourisme.com

Arromanches-les-Bains
Office de tourisme
2 rue du Maréchal Joffre
14117 Arromanches-les-Bains
Tél. : 02 31 22 36 45
Fax : 02 31 22 92 06
🖃 off-tour@mail.cpod.fr
☞ www.arromanches.com

Bayeux
Office de tourisme intercommunal
Pont Saint Jean, 14400 Bayeux
Tel : 02 31 51 28 28
Fax : 02 31 51 28 29
🖃 info@bayeux-tourism.com
☞ www.bayeux-tourism.com

Caen
Office de tourisme, Place Saint Pierre, 14000 Caen
Tel. : 02 31 27 14 14
Fax : 02 31 27 14 18
🖃 tourisminfo@ville-caen.fr
☞ www.ville-caen.fr/tourisme

● **MANCHE**

Comité départemental de tourisme de la Manche
Maison du département
Route de Villedieu
50008 Saint-Lô CEDEX
Tél. : 02 33 05 98 70
Fax : 02 33 56 07 03
🖃 Manchetourisme@cg50.fr
☞ www.manchetourisme.com

Maison du tourisme de Cherbourg et du Haut Cotentin
2, quai Alexandre III
50100 Cherbourg Octeville
Tél. : 02 33 93 52 02
Fax : 02 3 353 66 97
🖃 tourisme@ot-cherbourg-cotentin.fr
☞ www.ot-cherbourg-cotentin.fr

Office de tourisme de Carentan
Boulevard de Verdun
50500 Carentan
Tél. : 02 33 71 23 50
Fax : 02 33 42 74 01
🖃 Info@ot-carentan.fr
☞ www.ot-carentan.fr

Office de tourisme de Sainte Mère-Eglise
2, rue Eisenhower 50480

Sainte Mère-Eglise
Tél. : 02 33 21 00 33
Fax : 02 33 21 53 91
🖃 otste.mereeglise@wanadoo.fr
☞ www.sainte-mere-eglise.info

● **ORNE**

Comité départemental de tourisme de l'Orne
86, rue Sainte-Blaise
BP 50 61002 Alençon CEDEX
Tél. : 02 33 28 88 71
Fax : 02 33 29 81 60
🖃 info@ornetourisme.com
☞ www.ornetourisme.com

Office de tourisme du Pays d'Alençon
Maison d'Ozé - Place de la Magdeleine
BP 93 - 61000 Alençon
Tel. : 02 33 80 66 33
Fax : 02 33 80 66 32
🖃 alencon.tourisme@wanadoo.fr
☞ www.paysdalencontourisme.com

Office de tourisme d'Argentan
Place du Marché, BP 62
61200 Argentan
Tél. : 02 33 67 12 48
Fax : 02 33 39 96 61
🖃 tourisme.argentan@wanadoo.fr
☞ www.argentan.fr

La place principale de Vimoutiers

GLOSSAIRE DES LIEUX, DES STÈLES ET DES MONUMENTS

(C) Calvados, (M) Manche, (O) Orne

Alexander : plaque à Potigny (C)
Appleton : plaque à Sannerville (C)
Barber : plaque à Tourville (C)
Barttelot : stèle à Saint-Martin-des-Besaces (C)
Billington : stèle à Touffréville (C)
Caffey : crypte à La Madeleine-Utah Beach (M)
Chatelain : plaque à Caen (C)
Clostermann : plaque à Bazenville (C), stèle à Longues-sur-mer (C)
Combs : plaque à Chef-du-Pont (C)
Curtiss : stèle à Briouze (C)
Curry : stèle à Le Grand Vey (M)
Currie : stèle à Saint-Lambert-sur-Dives (O), plaque à Tournai-sur-Dives (O)
Dawson : stèle à Le Hauger (C)
De Gaulle : stèle 18 juin à Arromanches-les-Bains (C), monument 18 juin à Asnelles (C), monument à Bayeux (C), colonne du 14 juin à Bayeux (C),

Le Maréchal Montgomery à Colleville-Montgomery

stèle 18 juin à Biéville-sur-Orne (C), stèle à Caen (C), monument à Courseulles-sur-Mer (C), plaque à Creullet (château) (C), monument à Isigny-sur-Mer (C)
Doré : stèle à Cintheaux (C)
Duclos : monument à Saint-Aubin (C)
Dufy : monument à Le Mesnilbus (M)
Eisenhower : monument à Bayeux (C), monument à Jullouville (M), stèle à La Madeleine-Utah Beach (M), stèle à Tournières (C)
Finley : plaque à Cherbourg (M)
Gale : stèle à Ranville (C)
Gariepy : plaque à Courseulles-sur-Mer (sur le Sherman) (C)
Gauvin : stèle à Anguerny (C), monument à Carpiquet (C)
Gavin : stèle à Sainte-Mère-Eglise (M)
Gerard : plaque à Sallenelles (C)
Grdenich : stèle à Aubusson (C)
Hancock : plaque à Carentan (M)
Hawkins : plaque à Videcosville (M)
Hill : plaque et stèle à Le Mesnil (C)
Howard : stèle à Bénouville (C),

stèle à Ranville (C)
Howie : monument à Saint-Lô (M)
Huebner : stèle à Caumont-l'Éventé (C)
Hunter : plaque à Colleville-Montgomery (Hillman) (C)
Juckes (bridge) : stèle à Bures-sur-Dives (C)
Kieffer : Monument à Colleville-Montgomery (C), monument à Ouistreham (C)
Lanfranchi : stèle à Proussy (C)
Leclerc : monument à Alençon (O), stèle à Exmes (O), monument à Fleuré (O), stèle à Luc-sur-Mer (C), monument à Mortrée (O)
Legrand : monument à Mouen (C)
Lobdell : stèle à Mahéru (C)
Mac Donell : plaque à Boucé (C)
Mac Intosh-Walker : plaque à Baron-sur-Odon (C)
Montgomery : stèle à Blay (C), monument et statue à Colleville-Montgomery (C), plaque à Creullet (château), monument à Port-en-Bessin (C)
Nesbitt : stèle à Sainte-Honorine-la-Chardonne (C)
Otway : stèle à Merville-Franceville (C)
Patton : monument à Avranches (M), stèles à Nehou (M), plaque à Pontaubault (M)
Pearson : stèle à Bures-sur-Dives (C)
Peregory : monument à Grandcamp-Maisy (C)
Pethick : stèle à Airel (M)
Platt : stèle à Touffréville (C)
Pratt : stèle à Hiesville (M)
Ramsay : plaque à Ver-sur-Mer (C)
Rarey : stèle à Villers-Bocage (C)
Rémy : monument à Écouves (O)
Ridgway : stèle à Sainte-Mère-Eglise (C)
Rock : monument à Marchésieux (M)
Roseveare : stèle à Troarn (C)
Roosevelt : plaque à Méautis (M)
Rowe : panneau à La Madeleine-Utah Beach (M)
Stanier : stèle à Arromanches-les-Bains (C)
Strafford : plaque à Ranville (C)
Taylor : plaque à Hiesville (M)
Thompson : stèle à Cérences (C)
Thornburn : stèle à Aubusson (C)
Warfield : monument à Le Carrefour (C)
Wietzel : stèle à La Brèche d'Hermanville (C)
Wright : plaque à Ranville (C)

GLOSSAIRE DES LIEUX, DES STÈLES ET DES MONUMENTS

Monument au 1er Bataillon parachutiste canadien

La Chaudière Regiment : stèle à Anguerny (C), plaque à Bény-sur-Mer (C), stèle à Bernières-sur-Mer (C), stèle à Colomby-sur-Thaon (C), plaque à Rots (C)

Maisonneuve Regiment : plaque à Clair-Tison (C), monument à Saint-André-sur-Orne (C)

Mare Saint-Pierre : monument à Hermanville-sur-Mer (C)

Marines alliées : monument à La Brèche d'Hermanville (C)

Marine marchande : plaque à Arromanches-les-Bains (C)

Marins danois : monument à Sainte-Marie-du-Mont (M)

Middlesex Regiment : stèle à Cuverville (C)

N° 6 Commando : stèle à Amfreville (C)

N° 10 Commando : Panneau à Quinéville (M)

Northamptonshire Yeomanry : monument à Saint-Aignan-de-Crasmenil (C)

North Nova Scotia Highlanders : monument à Authie (C)

North Shore (New Brunswick) Regiment : monument à Carpiquet (C), plaque à Courseulles-sur-Mer (sur le Sherman) (C), Monument à Saint-Aubin-sur-Mer (C)

Norvégiens : monument à Villons-les-Buissons (C)

Parachutistes écossais : plaque à Ranville (C)

Plaque au Régiment The Fort Garry Horse à Carpiquet

Montcalm (croiseur FNFL) : plaque à Port-en-Bessin (C)

Monmouthshire Regiment : plaque à Viessoix (C)

Mulberry B : monument à Arromanches-les-Bains (C)

N° 3 Commando : stèle à Amfreville (C), stèle à Petitville (C)

N° 3 Beach group : plaque à Bernières-sur-Mer (C)

N° 4 Commando : monument à Colleville-Montgomery (C), stèle à Le Hauger (C), plaque à Ouistreham (C)

Pont Bailey : stèle à Bénouville (C)

Provisionnal Engineer Special Brigade Group : plaque à Colleville-sur-Mer (C)

Queen's Own Rifles of Canada Regiment : plaque à Anguerny (C), monument à Anisy (C), 2 plaques à Bernières-sur-Mer (C), plaque à Courseulles-sur-Mer (sur le Sherman) (C), monument à Le Mesnil Patry (C)

Quartier Général journalistes : plaque à Bernières-sur-Mer (C)

Quartier Général troupes

britanniques : plaque à Hermanville-sur-Mer (C)

Rangers : monument à Grandcamp-maisy (C), Monument à la Pointe du Hoc (C), Plaque à Vierville-sur-Mer (C)

Royal Artillery : monument à Hermanville-sur-Mer (C)

Royal Canadian Corps of Signals : plaque à Courseulles-sur-Mer (sur le Sherman) (C)

Royal Corps of Canadian Electrical and Mechanical Engineers : plaque à Courseulles-sur-Mer (sur le Sherman) (C)

Royal Engineers Corps (77th section) : monument à Lion-sur-Mer (C)

Royal Engineers Corps (179th SFC) : monument à Tierceville (C)

Royal Engineers : monument à Arromanches-les-Bains (C), plaque à Courseulles-sur-Mer (C)

Royal Logistic Corps : plaque à Arromanches-les-Bains (C)

Royal Marine Commandos : monument à Ouistreham (C), monument à Sannerville (C)

Royal Navy : plaque à Arromanches-les-Bains (C), monument à Ouistreham (C)

Royal Norfolk Regiment : stèle à Biéville-sur-Orne (C), monument à Blainville-sur-Orne (C), plaque à Viessoix (C)

Regina Rifles Regiment : monument à Bretteville-l'Orgueilleuse (C), stèle à Norrey-en-bessin (C), stèle et plaque (sur le Sherman) à Courseulles-sur-Mer (C), monument à Reviers (C)

Royal Regiment of Canada : monument à Louvigny (C)

Royal Ulster Rifles : plaque et stèle à Cambes-en-Plaine (C), monument à Longueval (C)

Royal Welch Fusiliers : monument à Evrecy (C)

Royal Winnipeg Rifles : monument à Audrieu (C), monument et plaque (sur le Sherman) à Courseulles-sur-Mer (C), plaque à Graye-sur-Mer (C), monument à Le Fresne et Camilly (C)

Sherbrooke Fusilier Regiment : monument à Buron (C), plaque à Courseulles-sur-Mer (sur le Sherman) (C)

Sherwood Rangers : stèle à Bayeux (C)

GLOSSAIRE DES LIEUX, DES STÈLES ET DES MONUMENTS

Somerset Light Infantry : plaque à Mouen (C)

South Alberta Armoured Regiment : stèle à Cormelles-le-Royal (C)

South Lancashire Regiment : plaque à Hermanville-sur-Mer (C)

South Wales Borderers : monument à Asnelles (C), plaque à Vaux-sur-Aure (C)

Stormont Dundas and Glengarry Highlanders : stèle à Caen (C), plaque à Courseulles-sur-Mer (sur le Sherman) (C), monument à Urville (C), plaque à Villons-les-Buissons (C)

Suffolk Regiment : plaque à Colleville-Montgomery (Hillman) (C), stèle à La Londe (château) (C)

Tyneside Scottish (Black Watch) : monument à Ducy-Sainte-Marguerite (C)

Typhoon pilotes : monument à Noyers-Bocage (C)

United States Naval Reserve : stèle à La Madeleine-Utah Beach (M)

United States Navy : stèle à La Madeleine-Utah Beach (M)

Worthington Force : monument à Estrées-la-Campagne (C)

1re Division d'infanterie américaine : monument à Caumont-l'Éventé (C), plaque à Étreham (C), monument et fresque à Saint-Laurent-sur-Mer (C), plaque à Tour-en-Bessin (C)

1er Bataillon parachutiste canadien : plaque à Courseulles-sur-Mer (sur le Sherman) (C), stèle à Gonneville-sur-Mer (C), stèle à Le Mesnil (C), 2 plaques à Robehomme, 2 monuments à Varaville (C)

1re Brigade Commando : vitrail à Ouistreham (C)

1re Division blindée polonaise : plaque à Chambois (O), plaque à Jort (C), plaque à Potigny (C), stèle à Saint-Sylvain (C)

1re Brigade spéciale du génie : monument à La Madeleine-Utah Beach (M)

1er Régiment écossais : stèle à Mezidon-Canon (C)

2e Division blindée britannique : monument à Chênedollé (C)

2e Division d'infanterie canadienne : monument à Saint-Martin-de-Fontenay (C),

plaque à Vimoutiers (8th RECCE) (C)

2e Division blindée américaine : plaque à Colleville-sur-Mer (C)

2e Division blindée française : plaque à Boucé (C), monument et stèles à Les Dunes de Varreville (M), plaque à Écouché (C), plaque à Écouves, plaque à Saint-Christophe-le-Jajolet (O), stèle à Tanville (O),

2e Division d'infanterie américaine : stèle à Colleville-sur-Mer (C), stèle à Saint-Georges-d'Elle (M), plaque à Trévières (C)

2nd Oxfordshire and Buckinghamshire Battalion : plaque à Hérouvillette (C), stèle à Ranville (C)

3e Division d'infanterie britannique : monument à Caen (C), monument à Cambes-en-Plaine (C), monument et plaque à Hermanville-sur-Mer (C), stèle à Lebisey (C), stèle à Périers-sur-le-Dan (C), monument à Sannerville (C)

3rd Parachute Brigade : stèle à Le Mesnil (C)

3rd Parachute Squadron Royal Engineers : plaque à Robehomme (C), plaque à Troarn (C), stèle à Varaville (C)

3rd Anti-Tank Regiment RCA : plaque à Courseulles-sur-Mer (sur le Sherman) (C)

4th/7th Royal Dragoon Guards : monument à Creully (C)

4th Special Service Brigade : monument à Dozulé (C), stèle à Le Hauger (C)

4e Division blindée américaine : stèle à Coutances (C)

4e Division blindée canadienne : plaque à Trun (O)

4e Division d'infanterie américaine : monument à La Madeleine-Utah Beach (M), monument à Montebourg (M), stèle à Réville (M), stèle à Sainteny (M)

4th/7th Royal Dragoon Guards : stèle à Lingèvres (C)

5e Brigade spéciale du génie : monument à Colleville-sur-Mer (C)

5th Hackney Battalion : plaque à Bernières-sur-Mer (C)

5th Field Company RCE : plaque à Courseulles-sur-Mer (sur le Sherman) (C)

La fontaine sur la place de Sainte-Marie du Mont

6e Brigade spéciale du génie : stèle à Vierville-sur-Mer (C)

6e Division aéroportée britannique : stèle à Bréville (C), stèle à Grangues (C), borne à Hérouvillette (C)

6th Canadian Field Company RCE : plaque à Courseulles-sur-Mer (sur le Sherman) (C)

6th/7th Green Howards Battalion : monument à Crépon (C)

VIIe Corps américain : plaque à Audouville-la-Hubert (M), monument à La Chapelle-en-Juger (M)

7e Division blindée : stèle à Villers Bocage (C)

7th Light Infantry Battalion : monument à Bénouville (C)

8th Battalion Parachute Regiment : stèle à Annebault (C), stèle à Bures-sur-Dives (C)

8e Division d'infanterie américaine : stèle à Millières (M)

9e Brigade : stèle à Hermanville-sur-Mer (C), monument à Villons-les-Buissons (C)

9e Division d'infanterie américaine : monument à Barneville-Carteret (M), plaque à Orglandes (M), stèle à Quinéville (M)

9th Beach Group : plaque à Ver-sur-Mer (C)

9th US Air Force : monument à Magneville (M), monument à Picauville (M)

9th Battalion Parachute Regiment : stèle à Annebault (C), stèle à Gonneville-en-Auge (C), stèle à Merville (C)

11e Division blindée britannique : stèle à Aubusson (C), plaque à Le Bény-Bocage (C), monument à Notre-dame-des-Rochers (O), monument à Saint-Georges-des-Groseillers (O)

11th Port : plaque à Vierville-sur-Mer (C)

12th Field Regiment RCA : plaque à Courseulles-sur-Mer (sur le Sherman) (C)

13th Field Regiment RCA : plaque à Courseulles-sur-Mer (sur le Sherman) (C)

13/18th Royal Hussars : stèle au Mont Pinçon (C)

14th Canadian Field Ambulance RCAMC : plaque à Courseulles-sur-Mer (sur le

Stèle polonaise à Pont d'Ouilly

Sherman) (C)

14th Field Regiment RCA : 2 plaques à Courseulles-sur-Mer (sur le Sherman) (C)

15e Division d'infanterie Scottish : stèle à Gavrus (C), 2 monuments à Tourville (C), plaque à Cheux (C)

17th Royal Canadian Hussars Duke of York's : plaque à Courseulles-sur-Mer (sur le Sherman) (C)

19th Canadian Field Regiment RCA : plaque à Courseulles-sur-Mer (sur le Sherman) (C)

22nd Dragoons : monument à Cresserons (C)

29e Division d'infanterie américaine : plaque et vitrail à Isigny-sur-Mer (C), stèle à Saint Clair-sur-l'Elle (C), stèle et plaque à Vierville-sur-Mer (C)

30e division d'infanterie américaine : monument à Mortain (M), plaque à Saint-Fromond (M)

35e Division d'infanterie américaine : stèle à Condé-sur-Vire (C)

41st Royal Marine Commando : stèle à Lion-sur-Mer (C)

43e Division d'infanterie Wessex : monument à Baron-sur-Odon (C), plaque à Cheux (C), monument à Conteville (C), stèle

à Le Plessis Grimoult (C), monument à Tourville (C)

45th Royal Marine Commando : stèle à Merville-Franceville (C)

47th Royal Marine Commando : monument, stèles et plaque à Port-en-Bessin (C)

48th Royal Marine Commando : monument et plaque à Langrune-sur-Mer (C)

49e Division d'infanterie West Riding : monument à Conteville (C), plaque à Cristot (C), monument à Fontenay-le-Pesnel (C)

50e Division d'infanterie Northumbrian : plaque à Bayeux (C), monument à Lingèvres (C), monument et panneau à Ver-sur-Mer (C)

50e Groupe de combat : stèle à Méautis (M)

51e Division d'infanterie Highland : monument à Bréville (C), monument à Conteville (C), vitrail à Ouistreham (C)

53e Division d'infanterie Welch : monument à Tourville (C)

56e Brigade d'infanterie : plaque à Bayeux (C)

58th Armored Battalion : stèle à Vierville-sur-mer (C)

59e Division d'infanterie Staffordshire : monument à

Cambes-en-Plaine (C), stèle à Epron (C), plaque et stèle à Saint-Contest (C), stèle à Thury-Harcourt (C)

79ᵉ Division d'infanterie américaine : monument à La-Haye-du-Puits (M)

81st Chemical Battalion : plaque à Vierville-sur-Mer (C)

82ᵉ Division aéroportée américaine : stèle à Hémevez (M), monument à la Fière (M), monument à Lithaire (M), monument à Picauville (M), plaque et vitrail à Sainte-Mère-Église (M)

83rd Group Control Centre (RAF) : plaque à Bazenville (C)

83ᵉ Division d'infanterie américaine : stèle à La Varde (M), stèle et plaque à Sainteny (M)

90ᵉ Division d'infanterie américaine : stèle à Colomby (M), monument à La Madeleine-Utah Beach (M), monument à Le Plessis Lastelle (M), monument à Lithaire (M), plaque à Orglandes (M), monument et plaque à Périers (M), stèle à Saint-Jores (M), monument à Saint-Germain-sur-Sèves (M)

95ᵉ Division d'infanterie américaine : vitrail à Trévières (C)

101ᵉ Division aéroportée américaine : vitrail et plaques à Carentan (M), monument à Hiesville (M), monument à Picauville (M)

110th Field Artillery Battalion : plaque à Vierville-sur-Mer (C)

116th Regimental Combat Team : fresque à Saint-Laurent-sur-Mer (C)

231ᵉ Brigade : monument à

Monument de la 50e Northumbrian division à Ver-sur-Mer

Asnelles (C), stèle à Hottot-les-Bagues (C)

349th Bomb Squadron : monument à Périgny (C)

406th Fighter Group : plaque à Avranches (C)

430th Squadron (Royal Canadian Air Force) : plaque à Saint-Vigor-le-Grand (C)

439th Troop Carrier Group : monument à Beuzeville-au-Plain (M)

467th Anti-Aircraft Artillery Automatic Weapons

Battalion : plaque à Colleville-sur-Mer (C)

501ᵉ Régiment parachutiste : monument à Angoville-au-Plain (M)

502ᵉ Régiment parachutiste : stèle à Carentan (M)

505ᵉ Régiment parachutiste : stèle à Sainte-Mère-Église (M), plaque à La Fière (M)

506ᵉ Régiment parachutiste : monument à Beuzeville-au-Plain (M), monument à Magneville (M)

507ᵉ Régiment parachutiste : monument à Amfreville (M), plaque à Cauquigny, stèle à Graignes (M)

508ᵉ Régiment parachutiste : stèles à Chef-du-Pont (M), plaque à La Fière (M)

574th Squadron : stèle à Sainte-Honorine-la-Chardonne (C)

712nd Tank Battalion : stèle à Le Plessis Lastelle (M)

741st Tank Battalion : plaque à Colleville-sur-Mer (M)

749th Tank Battalion : plaque à La-Haye-du-Puits (M)

Stèle de l'aérodrome américain A3 à Cardonville

Le « Mackzuga », de la 1re Division blindée polonaise à montormel

AMÉRICAINS

Stèle à Grimesnil (C), monument et plaque à La Madeleine-Utah Beach (M)

BRITANNIQUES

Plaque à Baron-sur-Odon (C), stèle à Escoville (C), plaque à Thury-Harcourt (C)

CANADIENS

Monument et plaque à l'abbaye d'Ardenne (C), monument à Basly (C), stèles à Bernières-sur-Mer (C), plaque à Caen (C), monument à Cairon (C), monuments à Carpiquet (C), stèle à Fleury-sur-Orne (C), stèle et plaque à Fontaine-Henri (C), stèle à Fontenay-le-Marmion (C), plaque à Graye-sur-Mer (C), monument à Lasson (C), plaque (pilotes Typhoon) à Le Mesnil Villement (C), plaque à Rosel (C), plaque à Sainte-Croix-sur-Mer (C), stèle à Tilly-sur-Seulles (C).

POLONAIS

Stèle (aviateurs) à Pont-d'Ouilly (C)

JOUR J, ANNIVERSAIRE

6 juin 1944 : stèle et plaque à Ranville (C), plaque à Saint-Côme-de-Fresné (C)
40e anniversaire : stèle à La Madeleine-Utah Beach (M)
60e anniversaire : stèle à Caumont-l'Éventé (C), stèle à Longues-sur-Mer (C)
Bataille de Normandie : observatoire à Caumont-l'Éventé (C), observatoire à Saint-Lambert-sur-Dives, observatoire à Thury-Harcourt (C), plaque à Trévières (C)
Bataille de Tilly : stèle à Tilly-sur-Seulles (C)
Capitulation : plaque à Tournai-sur-Dives (O)
Epsom (Opération) : monument à Cheux (C)
Poche de Falaise : monument à Chambois (O), monument à Montormel (O)
Reddition (26 juin) : plaque à Yvetot-Bocage (M).

AÉRODROMES ALLIÉS

Aérodromes britanniques : stèle à Martragny (C)
Aérodrome A2 : stèle à La Cambe (C)
Aérodrome A3 : stèle à Cardonville (C)
Aérodrome A5 : monument à Cartigny-L'Épinay (C)
Aérodrome A6 : stèle à Sainte-Mère-Église (M)
Aérodrome A7 : stèle à Crisbecq (C)
Aérodrome A13 : stèle à Bayeux (C)
Aérodrome A16 : stèle à Brucheville (M)
Aérodrome A17 : stèle à Méautis (M)
Aérodrome A21 : stèle à Colleville-sur-Mer (C)
Aérodrome B2 : monument à Bazenville (C)
Aérodrome B3 : stèle à Sainte-Croix-sur-Mer (C)
Aérodrome B4 : stèle à Bény-sur-Mer (C)
Aérodrome B5 : plaque à Le Fresne-Camilly (C)
Aérodrome B7 : stèle à Martragny (C)
Aérodrome B8 : stèle à Sommervieu (C), plaque à Saint-Vigor-Le-Grand (C)
B9 aérodrome : stèle à Lantheuil (C)
B11 aérodrome : stèle à Longues-sur-Mer (C)
B16 aérodrome : stèle à Villons-les-Buissons (C)

LIBÉRATION, LIBERTÉ, VICTIMES, BORNES

Monument et plaque à Bénouville (C), monument à Bernières-sur-Mer (C), plaque à Blainville-sur-Orne (C), plaque à Blangy-le-Château-Le Breuil-en-Auge (C), stèle à Blay (C), stèle à Caen (C), monument à Carentan (M), monument à Courseulles-sur-Mer (C), monument à Falaise (C), stèle à Fontaine-le-Pin (C), monument (civil et américain) à Graignes (M), monument à Graye-sur-Mer (C), monument à Isigny-sur-Mer (C), stèle à La Bonneville (M), borne 00 à La Madeleine-Utah Beach (M), stèle à Le Bourg-saint-Léonard (O), borne n° 1 à Les dunes de Varreville (M), plaque à Lessay (M), monument à Lion-sur-Mer (C), stèle à Luc-sur-Mer (C), stèle victimes 1944 à Merville (C), borne à Montebourg (M), monument à Ouistreham (C), monument à Port-en-Bessin (C), borne à Quinéville (M), monument à Saint-Laurent-sur-Mer (C), stèle à Sallen (C), plaques à Sainte-Marie-du-Mont (M), borne 0 et monument à Sainte-Mère-Église (M), plaque à Sées (O), stèle à Servon (M)

ALLIÉS

Stèle à Biéville-sur-Orne (C), vitrail à Brévands (M), stèle à Saint-Georges-des-Groseillers (O)

BIBLIOGRAPHIE

Hedgerow Hell John Allsup - Éditions Heimdal
Charnwood Dominique Barbe - Charles Corlet éditions
La Bataille de Caen Jean-Pierre Benamou - Éditions Heimdal
Les plages du Débarquement Georges Bernage - Éditions Heimdal
La Bataille de Normandie Georges Bernage, Laurent Mari, Jean-Pierre Benamou, Ronald Mac Nair - éditions Heimdal
Utah Beach Georges Bernage, Dominique François - Éditions Heimdal
Gold Juno Sword Georges Bernage - Éditions Heimdal
Cobra Georges Bernage, Georges Cadel - Éditions Heimdal
Overlord G. Bernage, J. P. Benamou, B. Crochet, F. de Lannoy, L. Mari, R. Mac Nair - Éditions Heimdal
Première victoire américaine en Normandie G. Bernage - Éditions Heimdal
Invasion Journal pictorial G. Bernage, J.-P. Benamou, R. Grenneville - Éditions Heimdal
First US Army Georges Bernage - Éditions Heimdal
Le Débarquement Georges Blond - Presses de la Cité
J'ai débarqué le 6 juin 1944 Gwenn-Ael Bolloré - Le Cherche-Midi
Un pont en Normandie Gilles Bré - Gilles Bré éditeur
Ils arrivent Paul Carell - J'ai Lu
Le Mur de l'Atlantique en Normandie Alain Chazette - Éditions Heimdal
D Day gliders Philippe Esvelin - Éditions Heimdal
Les Français du Jour J Georges Fleury - Perrin
Stalingrad en Normandie Eddy Florentin - Presses de la Cité
Opération Paddle, la poursuite Eddy Florentin - Presses de la Cité
9e SS-Panzer-Division Hohenstaufen Herbert Fürbringer - Éditions Heimdal
Jour J à l'aube Jonathan Gawne - Histoire & Collections
Fighting the breakthrough Rudolf von Gersdorff, Paul Hausser - Greenhill books
La Porte de l'enfer Franz Glockel - Hirle éditions
Battle zone Normandy Road to Falaise Stephen Hart - Sutton publishing
Battle zone Normandy Battle for Cherbourg R. P. W. Havers - Sutton publishing
La Normandie en flammes Jacques Henri - Charles Corlet éditions
Les paras US Philippe Jutras - Éditions Heimdal
Les Jardins de la Mémoire Éditions Orep
Falaise Jean Luc Leleu - Ysec éditions
Les panzer en Normandie Éric Lefèvre - Éditions Heimdal
Point d'appui WN 62 Hemut Konrad von Keusgen - Éditions Heimdal
Les bérets verts français du 6 juin 1944 - Commandant Kieffer - France Empire
Objectif Chambois Didier Lodieu - Ysec éditions
La Massue Didier Lodieu - Ysec éditions
45 Tiger en Normandie Didier Lodieu - Ysec éditions
D'Argentan à la Seine Didier Lodieu - Ysec éditions
Les généraux du diable Jean Mabire - Jacques Grancher
Les SS au poing de fer Jean Mabire - Fayard
Panzers SS dans l'enfer normand - Jean Mabire - Fayard
Villers-Bocage Henri Marie - Éditions Heimdal
The D Day atlas Charles Messenger - Thames & Hudson
Mourir à Caen Albert Pipet - Presses de la Cité
Parachutés sur Sainte-Mère-Église Albert Pipet - Presses de la Cité
La 2e DB en Normandie Hubert Pittino - éditions Muller
Jour J et Bataille de Normandie Jean Quellien - Le Mémorial de Caen
Les Américains en Normandie Eric Rondel - Astoure éditions
Hors série Historica n°4, 23, 29, 32,33, 39, 60, 68, 71, 74, 76, 77, 79 Éditions Heimdal
Hors série Militaria magazine n° 26, 29, 46, 52, 53, 54 Histoire et Collections
Batailles et blindés n°2 - Batailles n°2
39/45 Magazine n°14, 52, 93, 96, 192, 197, 199, 202, 203, 207, 212, 213, 214 Éditions Heimdal

Achevé d'imprimer sur les
presses de Ferré Olsina (Barcelona)
en juin 2005 pour le compte des Editions Heihdal